好妈妈必读

上班也能做个好妈妈

工作育儿两不误，轻松平衡小绝招

黎昕 著

中国商业出版社

图书在版编目（CIP）数据

上班也能做个好妈妈 / 黎昕著．—北京：中国商业出版社，2013.7

ISBN 978-7-5044-8138-2

Ⅰ．①上…　Ⅱ．①黎…　Ⅲ．①家庭教育　Ⅳ．① G78

中国版本图书馆 CIP 数据核字（2013）第 123401 号

责任编辑：张振学

中国商业出版社出版发行

010-63180647　www.c-cbook.com

（100053　北京广安门内报国寺 1 号）

新华书店总店北京发行所经销

北京毅峰迅捷印刷有限公司

*

710×1000 毫米　16 开　16 印张　240 千字

2013 年 10 月第 1 版　2013 年 10 月第 1 次印刷

定价：32.00 元

*　*　*　*

前言

妈妈是孩子最初的老师，第一任“老师”的教育好坏，直接影响着孩子的一生。这是头等大事，又是孩子一生最为重要的事。家庭教育因为拥有亲情的关怀，拥有着其他任何教育方式所无可比拟的优越性，它的作用和地位是不容置疑的。

但遗憾的是，望子成龙望女成凤的妈妈用尽了一切苦心，想尽了一切办法，孩子的成长却不太如意。那么到底问题是出现在哪里呢？

在中国传统的家庭中，一对夫妻，往往是男主外，女主内的格局。男的在外打拼，女的相夫教子。所以，在一个家庭中，往往是妈妈承担着教育责任。可是遗憾的是，现在的很多家庭妻子已经打破“相夫教子”的传统，而是走出去工作了。所以，很多妈妈既要负担工作的压力，又要承担教育孩子的责任，忙得不亦乐乎。很多妈妈两者不能兼顾，常常是因为工作而放松了对孩子的教育，孩子出现某种问题时，这些妈妈们总会自责说：“上班让我不能成为一个合格的妈妈。”

孩子是每一个家庭永恒的主题，他们是整个家族的心肝宝贝。可怎样教育孩子也是人生的一件大事，怎样才能教育好孩子几乎是所有妈妈们难以摆脱的心病。那么，上班真的就不能做一个好妈妈了吗？其实不尽然。只要懂得去平衡工作和育儿之间的关系，掌握教育孩子的那些技巧，上班族的妈妈也能做一个优秀的妈妈。

许多为人父母者只是凭自己的想当然，生搬硬套自己的经验“放”在孩子的身上，这样做的结果就是揠苗助长，反而对孩子的成长有百害而无一利。

还有更过分的是，一部分妈妈不认为有家庭教育的必要性，等到孩子出了问题，又急急忙忙地找“原因”，就是找到了什么“妙方”，这时的孩子心中也早就留下了阴影，给孩子造成了极大的负面影响。

教育孩子需要付出非常多的精力和心血，忙一点不是妨碍你教育孩子的理由，上班不是孩子教育失当的原因。只要妈妈爱孩子，尊重孩子，理解孩子，懂得孩子，那么不论你离孩子多远，和孩子相处的时间多少，教育的力量都不会因此而被削弱。

职场妈妈不能一天到晚地陪伴孩子，不能注视孩子的一举一动。既然不能保证和孩子在一起的“量”，那就在和孩子在一起的“质”上下些功夫。多想些亲子沟通的技巧，让孩子感受到母爱其实是无处不在的，在这方面你也不会输给全职妈妈。所以，繁忙的上班族妈妈更应明确树立自己的育儿原则，如果你因为对孩子的过于担心和惦念而不能用心工作，那是你不够专业、不够冷静；如果你由于工作的忙碌而不能教育好你的孩子，那是因为你不能科学地施行教育。工作和孩子并不是一道两难的选择题，《上班也能做个好妈妈》让你工作育儿两不误。

目录

第一章　妈妈教子不出错，懂得拿什么教育孩子

第二章　把握好教育时机，三分钟培养孩子的优秀品质

第三章　一分钟有效引导，让孩子聪明十分

第四章　尊重孩子的天性，教子不设限妈妈不会累

第七章　好妈妈不打骂，轻松改掉孩子的不良言行

第八章　抓住问题关键，及时矫正不良个性

第九章 留一点点时间，给孩子营造一个健康的环境

第十章 学做保健医生，健康的孩子妈妈更省心

第一章

妈妈教子不出错，懂得拿什么教育孩子

毫无疑问，促使孩子成人成才的因素是多方面的，但很多妈妈在家教过程中，往往会忽视关键素质的培养，对孩子的教育显得非常单一。妈妈是孩子的第一任老师，应该懂得从各个不同的层面、全方位培养孩子，这样，职场的妈妈教育孩子就不会出错。

做个好妈妈，母亲决定孩子的未来

教育家苏霍姆林斯基在《家庭教育学》一书中说：“孩子道德发展的源泉以及根本在于母亲的智慧、情感和内心的激情，人在自己的道德发展中变得如何，取决于有什么样的母亲。”

美国一位著名的心理学家为了研究母亲对孩子的影响，曾经做过一个研究。他在全美选了50位成功人士和50位有犯罪记录的人，分别写信给他们，请他们谈谈母亲对自己的影响。

其中有两封信让这位心理学家很震撼，一封来自白宫的一位著名人士，一封来自监狱的一位服刑犯人，巧的是，他们写的是同一件事情：母亲给他们分苹果。

那位来自监狱的犯人这样写道：

在我很小的时候，有一天妈妈拿来了几个苹果，大小不同。我一眼就看中了中间那个又大又红的苹果。这时，妈妈把苹果放在桌子上，问我和弟弟：“你们想要哪个？”我刚想说我要那个最大最红的，这时，弟弟抢先说出了我想说的话。妈妈听了，瞪了他一眼，责备他：“好孩子要学会把东西让给别人，不能总想着自己。”

于是，我灵机一动，说道：“妈妈，我要那个最小的，大的给弟弟！”

妈妈听了很高兴，并亲了我一下，还把那个最大的最红的苹果递给了我，说：“你真是个懂事的孩子，这个大苹果奖励给你。”

我得到了我想要的东西，而弟弟只好气呼呼地拿了那个小苹果。

从此，我学会了说谎，每次我都能得到自己想要的东西。后来，我学会了打架、偷窃，为了得到自己想要的东西，我总是不择手段。终于有一次，我被送进了监狱。

那位来自白宫的人士是这样写的：

在我很小的时候，有天妈妈拿来几个苹果，大小不同。我一眼就看中了中间那个又大又红的苹果。我和弟弟们都争着要那个最大最红的苹果。妈妈笑眯眯地拿着那个最大最红的苹果，却又严肃地对我们说："这个苹果最大最红最好吃，谁都想得到它。为了分配公平，现在，你们要来进行一个比赛，妈妈把家门前的草坪分成三块，你们一人一块，负责修剪好，谁干得最快最好，谁就有权利得到它。"

毋庸置疑，我们兄弟几个都要去修剪草坪，最后，我赢得了那个苹果。

我要感谢我的母亲，她让我懂得了一个最简单最重要的道理，那就是，如果想要得到最好的，就必须努力争取第一。在我们家里，有这样一个游戏规则：你要想得到什么东西，都要通过比赛来赢得。只有通过自己的努力付出，才能得到想要的东西。这也是我现在成功的原因。

孩子最早的教育来自于家庭，来自于母亲。母亲既是孩子的家长，又是同孩子朝夕相处的朋友，母亲的一言一行，做人处世，人生观、价值观，对孩子人格的塑造等等，都会潜移默化地影响着孩子，并在孩子的心间打下深深的烙印。

总体来说，家庭是母亲的管辖区。如果孩子要获得任何东西，那么他首先要经过母亲的批准。所以，在家庭教育中，母亲的榜样作用是至关重要的。

孩子对行为的模仿，这种影响是潜移默化的。几次的模仿无足轻重，但是重复不断地模仿，最终将形成难以改变的习惯，从而影响孩子的一生。

在现实生活中，母亲如果是一个懒惰、自私、粗鲁的人，那么，她的孩子身上则一定会或多或少地反映出一些。英国伟大的诗人拜伦就是一个活生生的例子。

拜伦在人们的印象中，一直是一个目中无人、刚愎自用、恣意妄为、性情暴躁的人，而这些不良的性格都来自于他的母亲。

拜伦自从出生后，母亲那自以为是、目空一切、脾气暴躁而且任性固执的性格，就影响着拜伦幼小的心灵。这个粗暴的母亲根本不懂得教育孩子，她甚至嘲笑自己儿子的生理缺陷。拜伦与母亲经常发生激烈的争吵，在拜伦逃离疯狂母亲的时候，他的母亲却经常拿着火钳或拨火棍向他猛掷过来。这种近乎疯狂的虐待行为造成了拜伦成年后的精神不健全。他焦虑、脾气暴躁、体弱多病，身上带着母亲自小就留给他的毒素。

在《柴尔德·哈洛德》一诗中，拜伦这样写道：

“是的，我的思想应该少一点野性，
我在黑暗中苦思冥想的太久，
大脑已经形成了旋转不停的涡流，
就像湾流紧张过度。
当初年幼，心灵未被驯服，
生命的春天已被人毒害。”

从诗人拜伦愤怒的诗中可以想像，母亲对拜伦的负面影响是多么深刻。正如乔治•赫伯特所说：一个好的母亲胜过一百所学校的老师。

卡尔·威特的教育取得成功后，其父亲老卡尔在谈到他的成就时，这样说道：“我认为卡尔取得的成就，首先应该归功于他的母亲。因为他不仅心地善良，而且具有丰富的知识。无论在儿子的教育方面还是在生活日常方面，她都堪称为一名合格的母亲。事实上，她在儿子的培育上表现得更为优秀。”拿破仑·波拿巴也曾说过：“一个孩子行为举止的好坏完全取决于他的母亲。”有许多人把母亲与伟大等同起来，由此可见母亲的神圣与其所承担的责任。

职场妈妈教子私房话

在家庭教育中，母亲的影响力远远大于父亲。有调查研究证明，孩子和母亲接触的时间要远远大于父亲，所以母亲在孩子面前要合理掌控自己的言行，避免自己的不良言行影响到孩子。

只要方法对，就没有教不好的孩子

中国人有句俗话叫“从小看到大”，意思是一个有出息的孩子，从小就会表现得很好；从小表现得不好，长大也不会有大的出息。其实，这种认识是错误的，对于一些孩子表现差，这只能说明妈妈对孩子的教育不到位，孩子今后如何，还要看他获得什么样的教育。孩子有很大的可塑性，是龙是虫，教育起着关键的作用。妈妈一旦有“从小看到大”的思想，孩子要是顽劣，有的妈妈可能就以为他不可救药了，对孩子的教育自然也就放松了，这样，即使潜质很好的孩子，也会成为“从小看到大”这句话的牺牲品。因此，对于顽劣的孩子，教育好了他照样能成为优秀的人，从古到今，在名人堆里就有很多是浪子回头的。

魏晋年间的皇甫谧是西晋著名的学者和医学家，但小时候的他却是一个异常顽劣的孩子，他不务正业，村子里的人都称他为小霸王。一次，他摘同学家的枣子被人责骂，他就偷偷将人家的枣树的树皮铲掉，使得枣树不久就枯死了。这是很恶劣的做法，全村人都很讨厌他，也很少有人理睬他。就是这样一个孩子，据说是因他的婶婶教导有方，最后使皇甫谧浪子回头，成为了一个有用的人。

在历史上，这样浪子回头的还很多，拿破仑小时候淘气、霸道、见人就打，就连自己的哥哥也不放过。一次，受他欺侮的哥哥哭着对他说：“你不过比我勇敢。”拿破仑记下这句话，从此不打架，刻苦学习，后来成为闻名世界的伟人。北大知名教授季羡林也有过同样的经历，小时候的他也十分调皮，后来受到合理的教育，他才开始发奋向上，最终功成名就。

其实，越是调皮的孩子，要是用心于学业，他越会比一般的孩子更出色，这就是所谓的“浪子回头更优秀”。一个有着很多不良嗜好的孩子，他处处的表现便不如人意，可有一点不可否认的是，他会比一般人聪明、能干、有胆识。因为调皮的孩子都是大人很难驾驭的，这样的孩子在很多方面都有可取之处，只是他没有用对地方而已，如果职场妈妈能够帮孩子把聪明能干用到学习上，那么孩子可能会前途无量。

当然，改造一个坏孩子肯定会有一些难度，但只要掌握方法，孩子优秀并不难。顽童当州长的故事是浪子回头更优秀的一个典型。

罗杰·罗尔斯出生在纽约的一个贫民窟。罗尔斯小时候可不是一个好孩子，他顽皮、逃课、打架，整天无所事事，令很多人厌恶。令罗尔斯浪子回头的关键，是他当时所在的小学来了位新校长。有一次，当调皮的罗尔斯从窗台上跳下时，出乎意料地听到校长对他说：“我一看就知道，你将来是纽约州的州长。”校长的话对他的震动特别大。从此，罗尔斯记下了这句话，“纽约州州长”对他有着无比的束缚力，使他衣服上不再沾满泥土了，说话时也不再夹杂污言秽语了，走路时腰杆也挺直了，他的表现很快使他成了班里的主席。在后来的日子里，他没有一天不按州长的身份来要求自己，在51岁那年，他真的成了纽约历史上第一位黑人州长。

皮格马利翁是古希腊神话里的塞浦路斯国王，他爱上了自己雕塑的一尊少女像，并且真诚地期望自己的爱能被接受，真挚的爱情和真切的期望感动了爱神，就给了雕像以生命，皮格马利翁的幻想也变成了现实。在对待表现不好的孩子时，我们的职场妈妈要多做皮格马利翁，将自己的期望通过自己的情感、语言和行为传染给孩子，使他感受到来自大人的热爱和期望，进而变得更加自尊、自爱、自信、自强，使各方面都得到异乎寻常的进步。一个看似难成大器的孩子，会在不经意中给你意外的惊喜。

职场妈妈教子私房话

当你的孩子有很多缺点的时候，千万不要放弃对孩子的教育，孩子喜欢打架也好，整天沉迷上网也好……谎话、淘气、攀比、乱花钱，这都不是真正能阻断孩子通往优秀的地方，真正阻断孩子通往成功之路的，是妈妈、老师给了这样的孩子一个不当的教育方式。

善良可以成就孩子的人生

在很多人的潜意识里，善良容易被人欺骗，因此，很多职场妈妈在教育孩子的时候，他们虽不反对孩子有一颗善良的心，但也不会对孩子的善良进行刻意地培养，他们过于信奉“人善被人欺，马善被人骑”的古训。因此，更多的孩子缺少善良教育，妈妈不知道不对孩子进行“善”的教育，这是教育的严重缺失，因为无论一个人多么有才华，要是没有一颗善良的心，那么，孩子很难成为一个优秀的人。

在现实中，当一个人面对世界的时候，站在他面前的，不论是不名一文的乞丐，还是腰缠万贯的富豪；也不论他是不懂世事的孩童，还是德高望重的老者，对对方都要持有一颗慈善的心，给人一个微笑，帮人一个小忙……对帮你的人多一些感恩，对弱势的人多一些怜悯……在这些充满善意的行动中，可能就是孩子走向杰出的开始。

有一个真实的故事是这样的：一天，一位行动蹒跚、衣着朴素的老妇人走进一家百货商店避雨。对于这位衣着简朴的老女人的到来，店里的许多售货员都用他们习惯的冷漠对其视而不见。这时，一个叫菲利的年轻人看见这个妇人神情狼狈地站在店里，就立刻走过来诚恳地问她：“夫人，我能为您做点什么吗？”

老妇人微笑着回答道：“谢谢，我躲会儿雨就走。”说话之际，菲利搬了一把椅子放在了她的面前，并对她说：“夫人，那您坐下来休息一会儿吧。”

不久，雨停了，老妇人起身向年轻人告辞，并在向这个年轻人道谢的同时，要了他的名片。几个月后，这家百货商店收到了一张意外的订单，令人感到奇怪的是，他们在订单中要求商店派菲利去负责这项业务，并去承包他们所属的几家大公司下一季度的办公用品供给。

原来这位老妇人是美国亿万富翁“钢铁大王”卡内基的母亲。因为那次躲雨中，这个叫菲利的年轻人对自己的尊重，给这个亿万富翁的母亲留下了深刻的印象，她觉得这个年轻人是一个很善良的孩子。她在回去以后，作为回报，就建议儿子把公司的一些采购业务让给这个年轻人去做。

事后，菲利得到了商店董事会的赏识，不久就成了这家百货公司的股东。后来的几年中，菲利更得到了“钢铁大王”卡内基的大力扶持，事业扶摇直上，成为美国钢铁行业仅次于卡内基的重量级人物。

这就是善良给人带来的奇遇。菲利凭借着自己的善良，在无意中改变了自己的一生。其实，善一直都是中国人弘扬的道德主题，今天妈妈对孩子“善良教育”的忽视，实在是教育的缺憾。在中国的一些文艺作品中，我们不难找到对善的弘扬，其中有很多因善念改变了主人公人生的故事。

金庸的武侠小说《射雕英雄传》中的郭靖，原是一位普通人家的孩子，他惟一的优点可能就是有一颗善良的心。在面对窝阔台皮鞭的恐吓下，他舍命救了哲别——他用善良换得自己成了这位神箭手的徒弟，这是很多人求之不得的幸运；随后，他又在豹口之中救出了成吉思汗的女儿华筝。当铁木真被重兵包围时，又是郭靖拼命相救方才化险为夷——他的善良使他成为金刀驸马，在草原上一下子由卑贱变得尊贵起来；他为救两只小雕，一箭射三雕——他的善良博得了射雕英雄的美名，这使他一夜成名。

这是很多人都熟知的故事，但似乎很少有职场妈妈受到启发，把善良教育落实到对孩子的培养中去。

用善良开启一个人的成功之门，很多职场妈妈认为那仅仅是运气，其实，菲利的奇遇不是善良得到回报的唯一经典，只要是一个善良的人，能在平平常常的生活中不怕麻烦，不怕吃亏，说不定哪天善良就会成就你的人生。这也是一个年轻人的故事：

有一天深夜，一对夫妇来到一家旅馆住宿，可遗憾的是房间已经满员了。当时已经很晚了，而且外面还下着大雪，怎么办呢？前台的服务员面对此显得很为难。就在这对夫妇要转身离去的时候，其中的一名服务员叫住了这对夫妇："二位请留步，如果你们不嫌弃的话，今晚可以住在我的房间里，因为今夜正好是我值夜班。"

"那太好了！"这对夫妇的脸上马上露出了舒心的笑容。

这位服务员马上把自己的房间腾出来，换好干净的床单、枕头，收拾好后让这对夫妇睡下，而他自己却趴在旅馆的柜台上睡了一夜。老夫妇俩很感动，在离开的时候，这对夫妇只对这个年轻人说了这样一句话："你的善良能使你有足够的能力管理一所更大的旅馆。"原来，这对夫妇就是希尔顿饭店的创始人，他们膝下无子，于是这个服务员就做了希尔顿家族的接班人，后来成了希尔顿饭店集团的老板。

职场妈妈在教育孩子的时候，要对孩子多加培养，引导孩子用一颗善良的心面对这个世界。

职场妈妈教子私房话

妈妈不知道对孩子进行"善"的教育，这是教育的严重缺失，因为无论一个人多么有才华，要是没有一颗善良的心，那么，孩子很难成为一个优秀的人。

孩子的聪明是后天培养的结果

一个优秀的人，他并不是天生就比别人聪明得多。他们显得不同于一般人，主要是和他们小时候的成长经历有关。可以说，很多有所成就的人就是因为有个美好的童年，从而成就了他们的“聪明”。

童年时，鲁迅常跟母亲住到乡下的外婆家，那个地方有小桥流水，是一个美丽的江南小镇。鲁迅很喜欢那里，他把那里看做是自由的天地，他常常会抛弃学习，和很多小伙伴一起，到河上去划船、捉鱼、钓虾……他常这样愉快地玩耍着。正是因为有着很多这样的童年趣事，在很小的时候，鲁迅就学到了许多社会知识，逐渐了解了旧社会的农民。后来，他能用犀利的眼光看穿旧社会阶段压迫、阶级剥削的事实，并成功地在他的小说里塑造了一些农民的形象。他的这份睿智，不能不说是得益于他在儿时的那段时间，对农村社会的接触。

如果说鲁迅“聪明”得益于儿时对社会的接触，那么，爱因斯坦的“聪明”可能就得益于他妈妈的引导了。

3岁的爱因斯坦不像其他孩子那样天真活泼、爱说爱笑，他总喜欢一个人傻傻地坐在那里。可在母亲的眼里，她从来没有把爱因斯坦看成是一个智商有问题的孩子，当母亲看着他聚精会神的憨样时，反而会开心地笑着对他说：“瞧你一本正经的模样，简直就像一个教授！喂，我的小宝贝，你为什么不说话呀？”母亲总是用赏识的眼光看待自己的孩子。

邻居家的孩子们，经常会聚在一起玩游戏，他们会一起尽情地唱着、跳着、叫着，可里面就是没有爱因斯坦的身影。因为他喜欢一个人玩，他能一个人静静地玩搭积木，并且一玩就是老半天。因为缺少与伙伴的接触与交流，小爱因斯坦到四五岁时还不大会说话，这时，他的妈妈开始犯疑惑了："难道他是低能儿，是个傻子？"

小爱因斯坦开始上学了，但与其他的孩子相比，他依然显得十分木讷呆笨。在学校里，他的学习成绩很差，孩子们在私下里也都经常地嘲笑他，认为他是一个"差劲的落伍生"，同学们还因为爱因斯坦的善良和呆笨，给他起了一个"老实头"绰号。小爱因斯坦在常人眼里，连一个正常的孩子都算不上，更不用说是一个聪明的孩子了，这一方面是因为他不大会说，另一方面则因为他总是提出一些稀奇古怪的问题，让人觉得有些低能、傻气，因此很多人怀疑他的智商有问题。一次，小爱因斯坦的父亲问学校里的老师，自己的儿子将来可以做什么，没想到那位老师竟说道："做什么都没有关系，因为你的儿子将会一事无成。"这位老师就认为小爱因斯坦是一个笨蛋。最后，因为小爱因斯坦总喜欢问一些古怪的问题，学校竟勒令他退学了。

虽然爱因斯坦十分"不争气"，但妈妈对他是十分宽容的。每当爱因斯坦显得很笨拙的时候，他的母亲很着急，担心自己的孩子将来一无所成，而他的父亲则说："不用把这放在心上，孩子只是不能适应学校机械的规则和教学罢了，等他长大了，了解了周围的一切后，就可以顺利适应了。"妈妈并没有将他视为"弱智儿"，没有因为他功课不好、被学校开除而责骂他，而是给他一个很宽松的环境，慢慢地帮助他成长。就在爱因斯坦退学的第二年秋天，16岁的爱因斯坦独自登上开往苏黎世的列车，开始了他非凡的人生历程。

当后人回看爱因斯坦的时候，没有人相信他曾经也是一个"笨蛋"，而这种从"笨蛋"到"聪明人"的孵化，得益于他有一个无忧无虑的家庭环境，还有他的妈妈能保护他聪明的特质。所以说，孩子的聪明往往是后天培养的结果，可能你的孩子是一匹千里马，假如职场妈妈不善做一个驯马的伯乐，那么，孩子即使是最优良的马，恐怕也难以驰骋千里。

职场妈妈教子私房话

职场妈妈要善于发现孩子的长处，多花工夫，根据孩子的特点对孩子进行有的放矢地教育，这样，孩子可能就会变得更聪明。

习惯是孩子通向成功的轨道

有一次，当几十位诺贝尔奖得主聚会时，记者问其中一位获诺贝尔奖的科学家："请问您在哪里学到了您认为最重要的东西。"

这位科学家平静地说："在幼儿园。"

"在幼儿园学到了什么。"

"学到习惯把自己的东西分一半给伙伴，习惯不是自己的东西不要拿，习惯东西要放整齐，习惯做错事要道歉，习惯观察事物要仔细……"科学家回答。

这位科学家的回答换一种说法就是：一个人的成功离不开从小养成的良好习惯，这是一个人杰出的基础。当我们翻开一些名人的传记，我们不难发现，他们在工作学习中，都会有一个良好的习惯，正是这些习惯，保证了他们事业的成功。

富兰克林出生在一个小商人家庭里，他父亲有17个孩子，他是其中的第15个。由于家里孩子多家境贫寒，富兰克林只读了两年小学就被迫辍学了，到他哥哥经营的印刷所里当学徒。但他从小就酷爱读书，利用印刷所的便利条件，经常通宵达旦、如饥似渴地刻苦读书。在他22岁的时候，他为自己制定了12项做人的原则：自制、慎言、秩序、坚定、节俭、勤勉、诚实、公正、宽容、平静、整洁、忠贞。他要把这些原则变成自己的习惯，因此每天以此来对照自己，以这样的方法来促使自己养成良好的行为习惯。富兰克林做到了，他一生始终不渝地坚持着这些好习惯，这些好习惯也成就了他辉煌的一生。

一个人一旦养成一种良好的习惯，就会形成他生命里固有的东西，它伴随生命中的每一天。在很多优秀人物的品质里，他们成功的保证，往往都是因为有一个好的习惯。

梁漱溟是中国现代思想家，现代新儒家的早期代表人物之一。他是一个在哲学、佛学、政治学、经济学诸多领域皆有建树的著名学者。梁漱溟的成功，用他自己的话说就是得益于两个好习惯。

第一个就是每一天都学习的习惯。梁漱溟的成才过程是一个自学的过程。他从八、九岁开始自学，直至九十五岁高龄辞世。在近九十年的时间里，他一直以书籍为伴，特别是在奠定其学问基础的青少年时期，梁漱溟孜孜不倦地勤于自学，没有一日间断过。据说，当时他读书看报已经成瘾，以至于“每日不看报，则无异于未曾吃饭饮水。”每天把读书看成是和吃饭喝水一样，才使梁漱溟从一个天资平平的人，变成一个文化界的大师，可以说习惯的力量是无穷的。

第二是遇到问题随时解决的习惯。梁漱溟曾多次申明：自己不是学问中人，而是问题中人；自己在各方面的知识是被问题逼出来的。梁漱溟自小就有爱思考的习惯，一思考就发现许许多多的问题，可他又是一个处世极其认真的人，凡是在心目中成为问题的，他都不会忽略，总是极力找寻问题的答案。为了找到令自己满意的答案，梁漱溟就大量地阅读各方面的书刊，参考别人的意见，就这样磨出了自己的才气。

梁漱溟天资是平常的，6岁时他还不会穿有背带的裤子，在学校里的成绩也不是很好，梁漱溟的最高学历仅仅为中学，但他后来却能成为令人敬仰的学者。可见，习惯的力量是巨大的，它在不知不觉中影响着一个人成长的轨迹，左右着一个人的成败，决定着一个人一生的命运。良好的习

惯可以成就一个人，使他终身受益。人一旦养成一种良好习惯，就会不自觉地在成功的轨道上前行。

鲁迅先生从少年时代起就养成了爱护图书的好习惯。要看书时，他总是先洗手；如发现书有破损，他会及时地把书整理、修补得面貌一新。爱书就是爱读书的体现，居里夫人从小就养成爱读书的习惯。当时波兰人成了亡国奴，但她用自己国家的语言偷偷地学习。不论周围有多吵闹，她都不会分心。对待书的好习惯，终使他们都成了不平凡的人。

加加林有着严谨的生活习惯。在确定人类首次太空飞行的人选前的一周，航天飞船的主设计师罗廖夫发现，在进入飞船前，20多名候选宇航员中，只有加加林一个人脱下鞋子进入座舱。这个细节，立即赢得罗廖夫的好感，他感到这个27岁的青年既懂得规矩，又能珍爱他人劳动成果，于是决定让他执行这次神圣的使命，使加加林成为世界第一位进入太空的宇航员。

人像一列火车，习惯就像铁轨，成功就是一个个站点，所以说习惯是通向成功的轨道。职场妈妈必须知道习惯的力量是相当大的，要让孩子养成对自己有帮助的好习惯。因为好习惯是孩子成功的基石，能使孩子从平凡到卓越，培养孩子更多的好习惯，孩子的人生就会因此而绚丽多彩。

职场妈妈教子私房话

一个人一旦养成一种良好的习惯，就会形成他生命里固有的东西，它伴随生命中的每一天。在很多优秀人物的品质里，他们成功的保证，往往都是因为有一个好的习惯。

有独立能力的孩子早成人

一个人的独立要有两个条件，一是能够养活自己，二是能够在生活中保护自己。能养活自己，就是要有足够的能力来为自己提供生活的来源，仅仅这一点还不行，如果他没有应对生活危险的能力，这可能比没有能力养活自己更可怕，因为一不小心可能会受到伤害。因此，要孩子早独立，在孩子很小的时候，就要对他进行这两方面的培养。

司马光是一个成才较早的史学家，他也许是受家庭熏陶，从小便非常聪明好学。7岁时，他能“凛然如成人，闻讲《左氏春秋》，即能了其大旨”；15岁时所写文章，当时就有人给他“文辞纯浑，有西汉风”的评价；在20岁时中进士甲第，用今天的话来说，他已经成才了。司马光的成就主要是他在30多岁时开始写的《资治通鉴》，他的《资治通鉴》为人类的进步提供了借鉴，其贡献卓绝。儿时的司马光不仅聪明，而且在平时的生活中表现也像一个成人，众所周知司马光砸缸的故事，与其说他机智，还不如说他从小就有处理紧急事件的能力。有一次，他跟小伙伴们在后院里玩耍。院子里有一口大水缸，有个小孩一不小心掉到缸里。别的孩子们一见出了事，吓得边哭边跑到外面向大人求救。司马光却急中生智，从地上捡起一块大石头把水缸砸破了，被淹在水里的小孩也得救了。小小的司马光遇事沉着冷静，这不是一个几岁孩子该有的能力。

司马光生在一个官宦世家，按理说富家的公子应该是仆人照应得很周到，司马光没有在富人该有的娇惯中变成低能儿，实在是难能可贵。

阿拉法特是巴勒斯坦民族的领袖，他出生于一个富商家庭，他在兄弟

姐妹七人中排行老六，有两个姐姐、三个哥哥和一个弟弟。

阿拉法特在4岁时母亲便过世，父亲无暇照管孩子，便将阿拉法特及其大姐依娜姆和弟弟送到耶路撒冷的舅舅家。比阿拉法特年长近10岁的大姐担负起照料弟弟们的责任，3个孩子相依为命，一起在那里生活了4年。

因为缺少家人的照顾，很小阿拉法特就知道如何自己照顾自己。不一样的童年生活，使阿拉法特从小就显露出了他的独立能力和超乎常人的组织能力。他成了小伙伴中的孩子王，在与伙伴的游戏中，他敢惩罚其中任何一个不听话的人，同时，他也知道如何去获得伙伴们的拥戴。

当时，巴勒斯坦出现反对英国的统治和犹太复国主义的斗争，当地阿拉伯民众急需武器，阿拉法特便表现出与众不同的才能和勇气，年仅17岁的阿拉法特就能够从劫匪经常出没的沙漠部落中购买武器，他能把武器从埃及偷运到巴勒斯坦，他做出了一般人不能完成的事，这使得他一时成为巴勒斯坦人心目中的英雄。后来，阿拉法特成了巴勒斯坦民族解放运动的发起者，逐渐地也成为20世纪的一位重要历史人物。为了表彰阿拉法特为和平做出的贡献，1993年9月，联合国教科文组织授予他“博瓦尼和平奖”。1994年，他与以色列总理拉宾、外长佩雷斯共同获得这一年的诺贝尔和平奖。

所以说，杰出的人在小时候就能表现出惊人的能力。正是因为有这个能力，才使他早早地走向辉煌的人生之路。相反，如果一个人不知道独立，就是他有不平凡的潜质，也会长时间尘封在低能和懦弱中。

曾热播一时的电视剧《士兵突击》讲述的是好兵许三多的故事：许三多在父亲的数落中来到了军营，但是，胆小、懦弱、低能的他，却无法成为一个战友认可的兵，因为他总离不了对他人的依靠，他不想离开已经生活习惯了的大草原。到了有着光荣历史的优秀连队“钢七连”，他又不想离开关照、培养他的一个叫史今的班长。当所有可以依赖的人都离他而去的时候，在战友的冷嘲热讽中，他感到在家里即使懦弱、低能一些也会活得很好，但在军营里就不一样了，在军营里就要像一个兵。他知道他不能依靠任何人，就是班长对他好一些，也是出于对他的同情和自己的责任，所有的人对他只有愚弄和嘲笑，于是，他决定要“好好地活，活得有意义”。他放弃了对任何人的依赖，他要成为一个真正的兵。于是，他按照自己的思维去锤炼自己。当他真的走向独立的时候，他也成了士兵中的最高标准，昔日被父亲常骂的一个“龟儿子”，一个常被伙伴们欺负的傻小子，一个被战友瞧不起的软兵蛋子，一下子变成了优秀的特种兵。

这个故事在告诉人们应为目标“不抛弃，不放弃”的同时，更告诉人们，一个人只有在独立时才能更好地成长。所以说，一个人的优秀，离不开在独立的生活中历练自己，反过来，当一个人有了独立能力的时候，也能促使他很快地成为一个优秀的人。

职场妈妈教子私房话

孩子早早地有了独立能力，这将对他以后的发展大有好处，因为很多杰出的人在他们很小的时候就能表现出很强的独立性，这给他们以后的生活奠定了很好的基础。

孩子的好性格成就完美的人生

几乎所有的职场妈妈都认为孩子拥有鲜明的个性很重要，他们最喜欢用“走自己的路，让别人去说吧！”去教导孩子，希望自己的孩子与众不同，这样，似乎孩子才有出息。因为他们看到，许多名人都有非常突出的个性。例如，爱因斯坦在日常生活中非常不拘小节，画家凡高是充满了艺术妄想的人，巴顿将军性格极其粗野……因为名人有突出的成就，所以他们许多怪异的行为往往被社会广为宣传，有些职场妈妈于是就产生了这

样的错觉：怪异的行为正是名人的标志，是其成功的秘诀——这种想法是十分荒谬的。名人确实有突出的个性，但他们的这种个性往往表现在创造性的才能之中。正是他们出众的才能，使他们的特殊个性得到了社会的肯定。如果是一般的人，一个没有多少本领的人，他的那些特殊的行为可能只会得到别人的嘲笑，甚至会影响他的杰出。

很多人都是在摒弃自己不良性格后才走向杰出的。

富兰克林年轻时，性格张扬无比，处处咄咄逼人。富兰克林曾经奇怪地觉察到他正在不断地失去一些朋友。他意识到自己在人际关系中出现了严重的问题，但不知道自己究竟问题出在哪里，直到有一天，他父亲的一位好友实在是看不下去了，才把他唤到面前，用很温和的言语规劝道：

“富兰克林，你想想看，你不肯尊重他人意见，事事都自以为是的行为，结果将使你怎样呢？人家受了你几次这种难堪后，谁也不愿意再听你那一味矜夸骄傲的言论。你所交往的人将一一远避于你，免得受了一肚子冤枉气，这样你将不能再从别人那里获得半点学识。何况你现在所知道的事情，老实说，还只是有限得很，根本不管用，其实你身边的人很多都比你有水平，你的轻狂自大只能让他们知道你很无知。”

富兰克林听了这一番话，满脸羞愧，大受感动，深知自己过去的错误，决意从此痛改前非。富兰克林经过考虑，开出了一张清单，清单上有他所有让人讨厌的性格特点。他把它们一一列了出来，并且把最有害的一种放在清单的第一位，然后依次排下来。他决定要一个一个地改掉这些讨厌的性格特点。每次当他发现自己已经改掉其中一个毛病的时候，他就把这个毛病从清单上划掉，直至清单上所列出的毛病全部划掉为止。不久，他便从一个被人鄙视、拒绝交往的自负者，渐渐地转变成为到处受人欢迎爱戴的人了。他一生的事业也得益于这次转变。华盛顿总统曾经这样说：“如果让我说出我所敬佩的人的名字，第一个是富兰克林，第二个是富兰克林，第三个还是富兰克林。”这句话道出了富兰克林在美国人心中的地位。如果富兰克林当时没有得到这样一位长辈的劝勉，仍旧事事妄自尊大，说起话来不知天高地厚，不把他人放在眼里，那结果一定不堪设想，至少美国将会少了一位伟大的领袖。

由此我们可以看到性格的巨大力量。而且，性格是可以改变的。在富兰克林这个例子上，我们应该让孩子学习他勇于改正自己的性格缺陷的精神，这样有利于孩子的成长。

古代的周处是江苏宜兴人，从小死了父亲，缺乏家庭管教。他力气大，性情暴躁，动不动就和人争斗，做事都由着自己的性子来，不讲理也不管后果。村里人暗地里把他和附近的猛虎、蛟龙合称为“三害”。

有一天，周处看到一些老人围坐在一起愁眉不展。他走过去问：“你们有什么不高兴的呢？”老人告诉他，他们活得不踏实，因为乡里有三害：一害是南山上的猛虎，二害是长桥下的蛟龙，该说第三害了，老人闭口不语了。看见大家看着他，周处以为乡亲们是希望他去除三害，就说：“这三害算得了什么，我去除掉它们。”于是大家都撺掇说：“你要是能除掉这三害，这可是大好事，我们一定感谢你。”

周处真的除三害去了，他用弓箭射死了张牙舞爪的猛虎，又纵身跳下了水，和蛟龙在水中搏斗起来，三天三夜过去了，周处还没有回来。大家想这回“三害”都死，大家喜出望外，喜气洋洋，互相庆贺。

可是周处最后杀死了蛟龙，爬上了岸，回到了村里。他一见大家正在庆祝三害已除，这才知道原来自己是三害之一。他难过极了，心想：一个人被看做和吃人的老虎、害人的蛟龙一样，还有什么意思。他痛下决心，改过自新。他改变了以前的所作所为，不再专横无理，尽心尽力帮助别人，尊老爱幼，严格要求自己，后来有人推荐他在吴国做了官，西晋灭吴后又出任晋朝的官吏。他为官清正，大家都称赞他是个了不起的清官！

性格与成功息息相关，很多困难和失败都是来自性格的缺陷。因此，职场妈妈在教育孩子的过程中，要谨防孩子抑郁、自卑、叛逆、任性等不良性格的产生，孩子性格太坏，就会阻碍他的成才之路。

职场妈妈教子私房话

性格决定命运，如果一个人缺乏良好的个性，不仅会影响他的成长成才，更会影响他一辈子的生活。

好妈妈要懂得：言传不如身教

古人说："言传不如身教"，能以具体的行动作表率，胜过无数次的训示和说教。曾有教育专家说："孩子的眼睛是录像机，孩子的耳朵是录音机，孩子的头脑是计算机。"这个比喻形象地告诉妈妈们，教育孩子不仅要言传，更要注意身教，示范和榜样的力量是无穷的。家庭教育寓于日常生活之中，妈妈毫无掩饰的言谈举止时时刻刻都会被孩子模仿，这种模仿对孩子的品格影响是潜移默化的。言传不如身教，这是教育的第一原则。年幼的孩子，他的心灵是敞开的。他总会情不自禁地模仿自己看到的、听到的一切。对他来说，一切东西都是他的榜样：行为方式、体态姿势、言语、习惯和品格等。妈妈的一举一动，孩子都会看在眼里、记在心里。妈妈说得再多，也往往不如亲自做一件事对教育孩子更有说服力。

作为孩子的第一任老师，如果妈妈希望能够把自己的孩子教育好，就应该给孩子提供良好的榜样，用自己的言行来感染孩子。

春秋时期的曾子，是我国著名的思想家。有次他的夫人要去集市，儿子说什么也要跟着一起去。曾子的夫人觉得集市人多，孩子跟着会很不方便，想让孩子留在家里，于是对儿子说："儿子乖，别哭，你在家里等着，妈妈回来杀猪给你炖肉吃。"儿子听说有肉吃，停止哭泣，就答应留在家里。曾子也把夫人的话记在了心里。

过了一段时间，曾子的夫人从集市上回来了，看到曾子正在磨刀，便疑惑地问曾子磨刀做什么。曾子说："杀猪给儿子炖肉吃。"夫人说："我那只是随便说说哄孩子高兴的，你怎么能当真呢？"

曾子看着妻子，语重心长地说："你要知道，孩子是欺骗不得的。如果父母说话不算数，孩子长大后就不会再讲信用。"最后，曾子与夫人一起把猪杀了，给儿子做了顿香喷喷的肉。

曾子夫妇的这种诚信行为直接影响到了儿子。这天晚上，刚睡下的儿子又突然爬了起来，从枕头下拿起一把竹简向外跑。曾子便问他去做什么，儿子回答："我从邻居那里借的书简，说好要今天还的。现在已经很晚了，我要尽快还给他，我不能言而无信呀！"曾子看着儿子跑出门，会心地笑了。

所以，职场妈妈在孩子面前一定要注意自己的言行，承诺给孩子的事情，一定要做到；让孩子遵守的事情，自己首先要遵守；教育孩子不能做的事情，自己首先不能做。妈妈作为孩子的第一任老师，言行举止都将会是孩子模仿和学习的范版，妈妈们若言行不一，会给孩子造成"言教"与"身教"的困惑。生活中，职场妈妈总是对言传过于重视，却往往忽视了身教。与其苦口婆心，不如以身作则身先示范。

一位妈妈，每天都要到酒馆里喝上一杯酒，这已经成为他的一种习惯。在一个大雪纷飞的日子，她依然在吻别了丈夫后，又径直走向酒馆。没有走多远，她感觉有人跟在她的后面，当她转身时，才发现不满8岁的女儿正踩着她留在雪地上的脚印，并且兴奋地说："妈妈你看，我正踩着你的脚印！"

孩子的话让这位妈妈为之一震，她陷入了深深的思索："我这不是身教吗？我嗜酒成性，女儿却在踩着我的脚印，跟随着我的脚步！"

从那天开始，她再也没有去过酒馆。

在家庭教育中，职场妈妈的行为是孩子最容易模仿的，上行下效，"上梁不正下梁歪，中梁不正倒下来"。言传不如身教的道理相信很多职

场妈妈都懂，只是在是日常生活中常常因为不太注意而忽略了，往往是无意识地就给孩子带去了一些不良的行为习惯。很多时候，我们总是要求孩子要做到行正矩方，而自己却在不经意中给了他相反的身教。

家庭，是人生的第一课堂，是孩子生长成长的摇篮。孩子，在这里生活、成长；习惯，在这里养育；教育，从这里开始；情感、是非、好坏、善恶和信念，在这里奠定。家庭最初及持续灌输的是非观念、善恶标准、为人原则和习惯养成等将影响孩子的一生。

职场妈妈教子私房话

作为孩子的第一任老师，如果妈妈希望能够把自己的孩子教育好，就应该给孩子提供良好的榜样，用自己的言行来感染孩子。

当你没有创新，可以用传统的方式

现在很多孩子在德行上有这样或那样的问题，很多妈妈找不到一个有效的纠正办法。这时，他们在教育孩子的时候，挂在嘴边的口头禅是“现在的孩子，用老方法不管用了”，其中的“老方法”，就是指中国传统的教育方式。中国文化的久远众所周知，在几千年的文化沉淀中，先人们给我们积累了很多教育经验。可现实的状况是，很多妈妈都在排斥一些传统的教育方式。我们不能说中国几千年来积攒下来的一些传统教育经验都一无是处，相反，其中却有着很多的精髓。有的妈妈说“用老方法不管用了”，其实不是老方法不管用、老方法过时了，而是很多妈妈并没有用到真正的好的老方法，或者是他们把一切传统的教育都列为“封建”的行列，认为“传统=封建”。这样，在中国的很多妈妈既不延续传统的教育思想，又掌握不好新的教育理念，对于孩子的教育，就像对待广袤无边的草原上的羊群，对其不加任何的管束，让它们自然地生长。用这种方式培养出的孩子，往往是有着身体的健康，但品德多有不足。可以这么说，现在的孩子无法无天、目无尊长，很大一部分是缺少传统的教育，因此，教育孩子，妈妈要多用一些传统的教育方式。

在家庭中，对孩子跪拜尊长传统教育不可缺失。

谈到“跪”这个字的时候，很多人认为这是最令人痛恨的封建礼教中的一种行为，更不足以提倡把它用到孩子的教育中来。人们排斥“跪”的原因，更大一部分是由于在旧社会封建礼教给人留下了阴影，再一方面就是有碍于对他人人格的尊重和有着体罚的意味。在教育孩子上，后者又是极其违背现代教育原则的，因此，妈妈在教育孩子时，他们不会用“跪”来教育孩子。但是，如果在家庭教育中，妈妈能在跪中做点文章，把“跪”推陈出新，这对孩子的德行教育是非常有效果的。

我们很多人可能没有去过日本、韩国等东南亚的一些国家，但我们可以在一些电视剧中看到一些韩日等国的风土人情，其中跪拜尊长是他们常见的礼节。比如在韩国，子女新婚归来要向父母行跪拜礼，过年过节时晚辈也要向长辈行跪拜礼。但在中国这些礼节越来越少见了。可能是必须对尊长有那一份跪拜的尊重，我们可以看到韩国人说话很有分寸，对尊长说话绝对不容许使用对平辈、晚辈的语言，一定要用敬语。

但不可否认，在中国的一些家庭中，有时也用“跪”来教育自己的孩子，可是，这些妈妈却把“跪”当成了对人的一种责罚，这就与封建礼教无异了，它更会让犯错的孩子产生逆反心理，对孩子的教育无益。因此，对孩子提倡“跪”的教育时，我们要注意方式。我们要在适当的时候，用适当的方式，把它变成一种教育孩子尊老的手段。比如，祖辈、父辈大的寿诞时，在春节，在子女大婚时，我们可以适当地要求孩子向长辈行一些跪拜礼。要告诉孩子，在尊长寿诞时跪拜，是感谢他在生活的艰辛中最先建立了这个家庭；在春节时跪拜尊长，是感谢他们一年来对这个家庭所做的辛劳和贡献；在子女大婚时跪拜尊长，是感谢父母的养育之恩。在孩子的教育中，合理地融入跪拜，可以养成家庭尊老的氛围，对孩子尊老的培养很有好处。

有一年的母亲节，在深圳静颐的茶馆，就有人组织孩子跪拜母亲的活动。母亲们看着跪在自己面前的孩子时流下热泪，孩子们看到母亲流泪也跟着流泪，然后紧紧地拥抱一起。周围的人们一个个都控制不住激动的泪水。一个不到两岁的男孩，看到别人在行礼，也跑到母亲面前说："妈妈，我也要跪！"更没有想到的是，在场的一个念大学的女儿也提出跪拜他的母亲，并把母亲也拉到台上，与旁边站着的一个三岁的女孩同时行跪拜礼，她的母亲也流下了眼泪。我们不难看出，这场跪拜是多么有感染力。

当然，我们在家庭中不仅要提倡跪拜活的人，对于死去的先人们，我们也要在孩子中间提倡用跪拜的方式缅怀他们。

我们不能把祭悼先人都当做是迷信活动，适当地在清明、春节等特殊的时候对祖先进行焚香跪拜，对孩子尊老的教育是很有好处的。妈妈应该向孩子明确祭悼先人的目的：因为祖先在千百年来走过战乱，走过瘟疫，顽强地面对种种灾难，最后才把生命传承下来，使他的子孙能幸福地活在今天，我们祭奠是因为我们感恩。妈妈教育孩子对于千百年的祖先都要怀念、感恩，那么他对眼前的父母尊长还能不尊重？值得一提的是，现在国家也把清明节定为法定假日，从很大程度上说，这也是让更多人有了接受传统教育的机会。所以，我们要延续传统的教育，并把它赋予新的含义，这样对孩子的教育是非常有效果的。

在传统的教育方式上融入新的含义，使孩子感受到尊老的真正意义。如果一个家庭能延续这些传统的教育，孩子在成长的过程中，目无尊长，不孝顺的情况就会渐渐地改变，因为这种传统的教育一直使中国有尊老的传承，教育效果也是显而易见的。

职场妈妈教子私房话

可以这么说，现在的孩子无法无天、目无尊长，很大一部分是缺少传统的教育，因此，教育孩子，妈妈要多用一些传统的教育方式。

做妈妈，也应该“持证上岗”

评判一个妈妈是否合格，不是看她的腰包鼓不鼓，也不是看她的学历高不高，而是看她教育孩子的素质。一般而言，教育素质包括五大要素——现代的教育观念、科学的教育方法、健康的心理、良好的生活方式、平等和谐亲子关系。如果能在这五大要素上，有所研究和突破，相信距离一个合格的职场妈妈也就不远了。

任何工作都需要“执证上岗”，更何况是做妈妈这一人世间艰难而复杂的“职业”呢？

周末的晚上，晓彤在自己的房间里做作业。一道难题让他皱起了眉头。想了好久，也没有找到解题的思路。无奈之下，他来到了客厅，向爸爸求助。

“爸爸，您帮我看看这道题吧，我没有思路了。”晓彤老实相告。

“去问你妈妈。”爸爸正在电脑上打游戏，显然对儿子的求助毫不在意。

“妈妈去姥姥家了，明天才回来呢，您忘了吗？”

“那你等我打完这局啊。”老爸嘴里敷衍着儿子，眼睛却一眨不眨地盯着屏幕。

晓彤只好拿着书本坐在沙发上，等着爸爸从“战场”上下来。

过来很久，爸爸终于结束了游戏，意犹未尽地离开了电脑。

“我看看。什么难题呀？”他随意地问道。

“就这道题。”一想到周一还要交作业，晓彤就很着急，盼着爸爸能帮上自己的忙。

可怜的爸爸，拿着笔，算了半天也没有结果。眼看都要到睡觉的时间了，解题思路却还都没有找到。爸爸打算放弃了，“明天等你妈妈回来帮你解吧，爸爸实在解不出来。”说完，爸爸又回到了电脑屏幕前，开始了

新一轮的鏖战。

“唉，白等了！”晓彤一边嘟囔着，一边回到了房间。他很奇怪爸爸平时做什么事情都挺厉害的，怎么一道数学题就难住了他呢。

解不出难题不是爸爸的错，但是作为父亲，只顾流连于自己的娱乐活动，却忽视对孩子的辅导，就是大错特错了。几乎所有的职场妈妈，都认为学习只是孩子的事情，自己只要能给他提供舒适的生活，良好的学习环境就足够了。很少有职场妈妈想到自己也要学习。

其实，学习不仅仅是孩子们的必修课，作为职场妈妈也应不断修炼这项功课。社会在发展，时代在进步，每时每刻都有新鲜事物进入我们的眼帘。如果我们不能掌握新的知识，就无法融入日新月异的社会，就跟不上时代的步伐。

有家报纸报道，奥地利儿童缺乏纪律性，政府为了从根本上扭转这种状况，准备推出一项计划，让那些打算或刚刚为人父母的奥地利父母，都去学校专门学习家庭教育。只有当他们取得家庭教育执照了，确保他们有能力担当教育儿女的重任，才允许他们“上岗”当父母。

要取得执照，这些父母们必须重返学校，学习全套教育子女的本领，执照到手后，方有资格享受社会提供的各种家庭福利。如果父母拒绝上课，将与这些福利无缘。此外，今后夫妻离婚时，领有父母执照的一方在获得子女抚养权方面将得到优待。

媒体刚刚报道了此事，就引起了全国舆论的关注。“什么，要想生孩子，得先去学习？还得取得执照？”不少人对政府的这一举措都相当不解。也有一些人公开在媒体上，诋毁政府的这项举措，认为是政府在变相“剥夺公民合法权益”。

推行一项新政策远比取消一项政策更难，为了让新政策能够执行下去，政府只得给全民洗脑：主张推行这一计划的议员们认为：人的一生，几乎什么事都要接受像驾驶汽车那样的训练，偏偏在教育子女这一人生最重要的事情上，却缺乏足够的培训。所以，培训合格的父母是政府的责任，关系到国民的整体素质的提高，必须执行。

奥地利政府是明智的。当然，要推行父母执照，既需要重大的观念变革，也需要强大的财力和人力保障。关于这点，在有着十几亿人口的中国，短时期是难以做到的。

你会当职场妈妈吗？如果有人问职场妈妈这个问题，可能多数职场妈妈都会嗤之以鼻，怎么不会呢？都当了这么多年了。没错，会不会当都当了，这也是中国家庭教育的现状，大多数职场妈妈都在没有取得“上岗证”的情况下，就稀里糊涂地做上了妈妈，担当起教育子女的重任。

马克思说过做父母是门职业。可是，几千年来，谁来考核过妈妈的资格？进入21世纪之后，尤其进入互联网时代，几乎有一半以上的妈妈都认为，教育孩子越来越难了，妈妈更加难当了。

“当你有了孩子，你就有了问题。”对这句话的理解，每一位为人父母者都有自己的感悟。随着孩子的降生和成长，我们必定会面临关于孩子形形色色的问题，许多父母从此被拖入无穷无尽的无奈当中。成长在传统环境下的父母，沿袭了上一代的教养方式，面对成长在E时代的孩子，缺乏应对的教育理念和方法，往往感到茫然和焦虑。

现今的社会，各行各业都需要专业的知识和能力。然而，在亲子教育这个最伟大的事业当中，父母们往往忽略了学习一定的知识和技巧，其实当职场妈妈也要“持证上岗”，才能胜任这个神圣的职位。

教育子女看似简单，其实却是一门很深的学问。妈妈生个孩子很容易，把他教育好，却需要妈妈付出相当大的精力。尤其是在这个地球村的时代，孩子接受新鲜事物非常快，如果职场妈妈不知道学习和进步，不重视家庭教育观念的转变，不提高自身素质和研究教育方法，那么教育水平就跟不上孩子的成长，孩子怎么会听妈妈的话呢？所以教育孩子，绝不是千年不变的照本宣科。而应该是与时俱进、不断学习的过程。

职场妈妈教子私房话

在亲子教育这个最伟大的事业当中，父母们往往忽略了学习一定的知识和技巧，其实当职场妈妈也要“持证上岗”，才能胜任这个神圣的职位。

第二章

把握好教育时机，三分钟培养孩子的优秀品质

品德决定成败，性格成就未来。品质的塑造与培养是教育一个优秀孩子的前提，是家庭教育的关键所在。职场妈妈再忙也能对孩子进行品德教育，因为只要把握好教育时机，职场妈妈也能让孩子拥有良好的品质。

爱心培育不费力，妈妈可以随机设计

原苏联教育家苏霍姆林斯基说："爱心是一个人最宝贵的东西，但她必须从小就开始培养。"爱心是孩子心理健康的重要内容，对孩子爱心的培养也是孩子成材的关键。因此，职场妈妈在孩子的成长过程中，培养孩子的爱心，这对塑造优秀孩子有着十分重要的意义。

有的职场妈妈觉得，孩子有爱心是一件可遇而不可求的事，他们在教育孩子的过程中，似乎不需要知道怎样去培养孩子的爱心，他们关注最多的是对孩子智力上的开发，忽视对孩子爱心的培养。职场妈妈不知道一个孩子缺少爱心时，该会变成什么样子，甚至毫不夸张地说，很多孩子因为缺乏爱心，会做出一些令妈妈心痛的事。

有这样一个孩子，他在一所重点中学念书，成绩倒还不错，这令孩子的父母感到很宽慰。但同时使他父母感到困惑的是，孩子一点也不会体贴人。

一次，父亲在厨房里切菜时，手指被刀切伤了，他向孩子发出求助时，正在看电视的孩子半天才起身过来帮父亲包扎，还发了一句"什么事都要找我"的牢骚。还有一次孩子看见母亲生病躺在床上，放学回家进家门的第一句话就是："你在躺着，那我晚上吃什么呀？"

看到妈妈遭遇这样的境况，孩子就连一句关心的话都没有，这怎能不让妈妈感到寒心。正是孩子爱心的缺乏，才是造成孩子这种状况的原因，因此，职场妈妈要学会培养孩子的爱心。

在一个端午节的早晨，6岁的儿子小林正在客厅兴致勃勃地玩他的玩具。这时，在厨房的母亲把他叫到面前：

“小林，把这几个粽子送到对面的阿强家去。”

“为什么呀？”儿子不解地问。

“因为阿强的妈妈在住院，家里没有人包粽子呀。”妈妈回答，“阿强的妈妈不在家，一定感到很伤心，我们又是邻居，应该照顾他一下。你是一个聪明的孩子，我想你会把这几个粽子送到他家的。”

小林显得很高兴，拿过粽子就出门了。也没有几步路，不一会，就敲开了阿强家的门。

“什么事？”开门的正是和他年纪相仿的阿强。

“我妈妈说你妈妈在医院里养病，没有时间包粽子，叫我送几个给你吃。”小林说完，就把粽子递了过去。

阿强很高兴，热情地把小林拉到屋里，收下粽子后，马上拿出了很多玩具和小林一起玩。到小林临走的时候，阿强还让小林选一个喜欢的玩具送给他。回家后小林显得很开心。

第二天，小林从幼儿园回家就对妈妈说：“妈妈，妈妈，我们幼儿园里有好多小朋友都没有粽子吃，好可怜呀！明天，我多带一些分给他们，好吗？”

“那当然可以啦！”母亲高兴地回答。

在这个事例中，母亲在培养孩子的爱心时，并不要花费太多时间去告诉孩子要“如何如何”去做，而是在生活中让孩子用实际行动去感知做这件事的意义所在，这就是所谓的引导教育。

小林的妈妈随机设计了一个“送粽子”来培养小林的爱心。因为送粽子，使小林得到了阿强的“热情款待”，更使他感受到了自己爱心得到回报的那种快感和满足，这种体验使小林的爱心得以强化。孩子一旦有了爱心，他就会把爱心运用到生活中去，因此，第二天他就会注意到其他小朋友也需要粽子。所以，用实际行动来培养孩子的爱心，效果是非常明显的。

职场妈妈在培养孩子爱心的时候，可以随机设计一些帮助人的小事情让孩子去完成。在生活中，这些小事的设计也许就是职场妈妈举手之劳的事。比如，在公交车上对孩子说：“你看那个老爷爷年纪大了，我们给他

让个座。”或者在马路边上看到乞讨的残疾人，可以对孩子说：“看那个老奶奶多可怜，把这一块钱给他。”因此，对于孩子爱心的培养，职场妈妈要会利用身边的一些小事，让孩子去做，这样，在孩子的心里，就会慢慢地滋生出爱心来。

在你随机设计的这些事件中，孩子在爱与被爱的环境中成长，这样就会逐渐形成良好的人格，成为一个孝敬父母、尊重他人、乐于帮助他人的人。所以，在职场妈妈给予孩子无限爱的同时，也要随机设计一些生活环节，引导孩子拥有一颗关爱他人的心。

职场妈妈教子私房话

职场妈妈在培养孩子爱心的时候，可以随机设计一些帮助人的小事情让孩子去完成。在生活中，这些小事的设计也许就是职场妈妈举手之劳的事。

注意利用善行，上班也能打造孩子的善心

职场妈妈要及时利用孩子所做的一些事，用行动使孩子感受到自己“做好事”是快乐的，这样的感受多了，孩子慢慢地就会变成一个善良的人了。

在孩子很小的时候，教育家卡尔•威特就注意培养孩子的善良，并且把孩子这种品行的培养，当做教育孩子的首要任务来抓。卡尔•威特常给年幼的孩子讲一些行善人的故事，同时，只要孩子做了一件好事，他总是在人多的时候表扬孩子一句：“这件事我儿子今天做得很不错。”由于卡尔•威特常常这样教育自己的孩子，因此孩子们从小就立志要一辈子多做好事。

卡尔·威特很会把儿子向善良的路上“引”。一次，家里来了很多

人，客人们在一起聊得很开心。这时，家里的一条狗跑到客厅里来了，儿子一时兴起，一下子抓住狗的尾巴，强行把狗拉到自己的身边。在通常情况下，一般父母对孩子的这种行为及时进行制止也就了事了，但卡尔·威特却不是这样，他走到孩子的跟前，伸手也拽住孩子的头发，儿子对父亲的这种举动感到很惊讶，更是吓得脸色通红。

卡尔·威特对孩子说："你很喜欢人家拽你的头发吗？"

儿子紧张地说："不喜欢。"

"如果是这样，那么我们家的狗也不会喜欢的，他会感到很痛的，你对它不应该这样做。"卡尔·威特对他的孩子说。

尽管孩子对待的只是一条狗，卡尔·威特也没有纵容孩子的"恶行"，他要孩子亲自感受到"恶行"会给对方带来怎样的痛苦，这样从反面来让孩子感到善行的重要性。

众所周知，一个优秀的孩子，应该是品德、健康、才能三位一体，职场妈妈在对孩子智力和身体培育的同时，更要用赞赏孩子善行的方式来锻造出孩子善心——这对孩子来说，引导是一种很好的教育方式。

赞赏孩子的善行，使孩子做好事的行为及时得到他人的肯定和表扬，那么孩子就会一如继往地这样去做。因此，只要是自己的孩子帮了别人一点点忙，妈妈都要赞赏孩子的举动。有时，孩子为了帮助他人，可能会给自己或家庭带来一些损失，这时的妈妈一定不要因此责怪他，相反更要赞扬孩子这种无私的举动。如果妈妈因此而责骂孩子的善举，这就会打击孩子继续行善的信心，对孩子善良的培养是非常不利的。或许在下次遇到类似事情的时候，孩子善行的热情就会大大地减弱，甚至于有可能会对他人的难处作壁上观，因为他怕自己的善行又会给自己带来什么损失，又会受到妈妈的批评。而孩子善行的减少，他的善心也会渐渐地消退。

当然，由于孩子的生活相对简单一些，可能在生活中没有太多的"善事"可做。因此，职场妈妈还要常为孩子创造孩子善行的机会。可以来一次"节外生枝"：

一个年轻的妈妈带着一个七岁的儿子从集市上购物回来，孩子走在前面，蹦蹦跳跳地一边走一边吃着冰淇淋，在后面的妈妈两手提着沉重的手提袋，累得气喘吁吁。这时，母亲突然“哎呀”一声——不小心崴了脚。

儿子折回头，看着蹲在地上的妈妈不知所措。

妈妈对他的儿子说：“我的脚崴了，手里的东西又太重，我们走不了了。”看到儿子关切的眼神，这位年轻的妈妈又说：“如果你能够帮我提一些东西，我可能会忍着走回去。”

“那好吧，我替你拎一些东西。”儿子爽快地回答。

年轻的妈妈把一些东西分到一个手提袋里，当她感到有足够分量的时候，她把东西递到了孩子的手上。这样，与先前的状况不同了，前面是一个不堪重负的孩子，迈着踉踉跄跄的脚步，后面是年轻的母亲迈着轻快的步子，脸上还流露一丝诡秘的笑。

回到家里，孩子已经满头大汗了，小手也被手提袋勒红了。母亲放下东西，就把孩子搂在了怀里说：“今天要不是你，妈妈还真回不来呢！”这时孩子的脸上露出了喜悦，他感到了帮妈妈以后那种愉快的感觉。吃饭的时候，年轻的妈妈一边夹菜给儿子一边说：“儿子知道关心别人了，真是妈妈的好儿子。”孩子显得更加高兴了。

其实，在这个故事中，年轻的妈妈并没有崴了脚，她是为了给孩子创造善行的机会。所以，用善行来塑造孩子的善良，并不需要孩子做什么惊天动地的大事，职场妈妈忙，并不能妨碍对孩子善心的培养，只要会利用平时的一些小事，注意从中培育孩子就可以了，因为目的是塑造孩子有一颗善心，事情的大小无关紧要，这就是教育引导的技巧。

职场妈妈教子私房话

一个优秀的人，一定是一个品德高尚、对社会有用的人，他们从小就注意善良品行的培养。可是，孩子的善良，不仅仅要职场妈妈言语的教导，更多的是需要在行动中来培养孩子。

营造感恩的环境，让孩子懂得感恩

懂得感恩，也是一个孩子善良的表现。一个人千万不要大言不惭地说："没有人给过我任何东西！"这种人无论是多么有才华，他们的内心一定是很自私的，这样的人更不会成为一个优秀的人。

在西方有一个感恩节，西方人在这一天都要赶回家与父母团聚，一起吃火鸡等食品，以此来感谢父母的养育之恩。著名的仁爱教育研究所的教育专家周澜，从美国留学回来深有感触地说："美国人的生活，并不全都是随意、开放的，在某些方面，他们显得很保守，给我印象最深的是美国人的感恩文化。"在美国的一些集体活动，不论规模大小，他们都会举行一个短暂的感恩仪式，这种仪式通常是参会者与仪式的主持者一起朗诵感恩辞，这时的每个人都是感恩者和被感恩者。不难看出，西方的感恩文化，实际上是对人们善良品质的一种集体引导。

在中国的传统教育中，往往是崇尚"施恩不图报"，仿佛这样才是"君子"的行为，从另一个角度来说，这会使中国的孩子忽视应有的感恩教育。面对孩子的冷漠，妈妈常常伤心地感叹：是谁偷走了他们的爱心？其实，在仔细观察和深刻反思之后，我们惊愕地发现：爱心的杀手正是教育者自己，他们使孩子只知道享受温馨和幸福，却不懂得对获得的东西感恩和回报——因此，对孩子感恩之情的培养，我们就不会有很好的社会环境了，这种教育大部分就落到了家庭中，具体来说就是落到了职场妈妈的肩上。

对孩子任何一种品质的培养都需要妈妈花一定的时间，但这并不意味着职场妈妈一定会没有时间去教育自己的孩子，因为只要在平时稍加注意，哪怕上班再忙，那些聪明的妈妈也会有时间做好家教。所以，就要职场妈妈善于培育孩子的感恩情怀。有这样一个故事：

妈妈给孩子买来一篮苹果，孩子拿了一个正津津有味地吃着，这时爸爸走过来逗孩子："这么多好吃的，让爸爸也尝尝。"孩子不愿意父亲分享自己的东西，急得大哭。这时，妈妈连忙跑过来说："孩子别哭了，妈妈买的苹果，也不是给你一个人的，谁都可以吃。爸爸工作很辛苦，你一定要知道心疼爸爸，给他吃一口。"随后，爸爸在孩子递来的苹果上轻轻咬了一口说："宝宝知道心疼爸爸啦……"这时的孩子破涕为笑。

教育孩子懂得感恩，和妈妈忙不忙没有多大关系。在日常生活中，利用那些最常见的事，不让孩子形成了"好的应该由我独享"的习惯就行了，否则，就会滋长孩子自私、贪婪和非人性的意识。所以，职场妈妈要善于营造感恩的环境，孩子生活在充满爱心和亲情的环境里，他才能从最初的行为模仿到慢慢地强化，最终塑造出孩子有一颗感恩的心。孩子不是天生就会冷漠，每个孩子生来都有潜在的爱心，许多时候，不是孩子不懂得爱父母，而是职场妈妈不善于引导出孩子的感恩之心。

由于社会竞争激烈，多数职场妈妈热衷于对孩子智力的开发，忽视了对孩子的感恩教育，会使孩子滋生非人性意识的思想，孩子因此认为：妈妈的爱是天经地义的，父母的付出也是理所当然的，有的孩子甚至变得无情无义、蛮横自私、冷漠残忍。如果妈妈在向孩子施爱的同时，注意引导孩子理解真爱，理解父母挚爱后面的艰辛，理解父母期望中的深情，这更会激发出孩子对父母养育的感激之情。

因此，要教会孩子以爱回报父母，就要引导孩子从一些力所能及的小事情做起。比如给刚下班的父母递上一杯热茶，为劳累一天的父母捶捶腰腿，为父母做一件家务事等。也许父母和帮助我们的人并不是为了得到回报，但感恩教育不可缺少，因为只有知道感恩的人，才能收获更多的人生幸福。感恩，会使爱在孩子的心中流动起来，能有效促使孩子不断由"被爱"向"施爱"转化，形成孝敬父母、关爱他人的良好品质。

感恩是情感的回馈，会在不经意之中增加孩子优秀的因子；感恩更是开启智慧之门的钥匙，能使孩子出类拔萃；感恩使孩子成为受人欢迎的人，它可以改善孩子的人际关系。孩子如用感恩的心去度过每一天，孩子的心灵将得到净化，自己的人生更会赢得更加广阔的发展空间。

职场妈妈教子私房话

一个人怀有感恩之情，并不是他生来就有的，这需要父母在他孩提时用心对其培养。可现在，很多职场妈妈由于过分用心于对孩子知识的培养，他们会忽视对孩子的感恩教育，这就使得现在的很多孩子内心变得很冷漠，缺少人情味。

抓住教育契机，上班也能培育善良品质

很多职场妈妈认为，善良不善良是孩子天生的性格决定的，这与自己的培养无关。还有一些妈妈甚至认为孩子善良的话，走向社会容易被别人骗，因此他们往往希望自己的孩子“狡猾”一些好。其实不然，相反的，有很多人正是因为自己的善良才得到了很好的回报。其实，现实中很多孩子有欠善良的原因，就是职场妈妈不知如何在这方面引导孩子的结果。

职场妈妈可能会说：“我工作太忙，陪孩子的时间太少。”其实，对孩子善良的引导不需要花费妈妈太多的时间，只要你抓住契机，随时都能培育孩子善良的品质。具体来说，妈妈可以从以下几个方面来对孩子进行“善良”的引导：

1. 从细节着手，培养孩子的善良品质。

麦克是一个美国人，虽然生活在北京，但他的生活方式和教育孩子的方法，却一直沿袭着美国人的做法。孩子刚会走路，麦克就送给他一只小兔子，孩子很喜欢，自觉地担负起了喂养兔子的责任。后来，麦克还让孩

子养了很多其他一些宠物。好多中国朋友不理解，一是孩子接触宠物不卫生；二是养宠物会使孩子玩物丧志。但麦克却认为，只要父母让孩子养成正确的卫生习惯，孩子就不会因宠物而染病。他让孩子养宠物的目的，就是为培养孩子善良的天性：孩子本身就是弱小的，让他们学着照顾宠物，其实也就是在学习照顾比自己还要弱小的生命。这样，孩子就会在照看宠物的细节中变得更善良。当然，对于孩子善良的培养，麦克还会及时纠正孩子行为的不当。

有一次，麦克和孩子一起逛街，有个小乞丐把破盆子递到孩子面前。孩子慌了，打掉小乞丐的手："干什么？这么脏！""不要这样，儿子。"麦克的脸沉了下来，麦克制止住孩子不友好的举动。麦克掏出些零钱，放进那个小乞丐的破盆子里。那天回家后，麦克严肃地批评了孩子的做法，告诉孩子："每个人都需要尊重，如果你没有零钱，没关系，你可以不帮他，但你不能因此就训斥他，伤害他的自尊心。"他的中国朋友觉得他有点小题大做，麦克却严肃地说："这是为了孩子有颗善良的心，善良的心是金子。"

很显然，一个善良的孩子，不是在一时一事中培养而成的，当孩子有了情感反应后，妈妈就应该对孩子进行培养。孩子在会走路后，妈妈就可以要孩子帮父母做一些事，比如，拿一双鞋子、拿一份报纸、递一个水果和捶几下背等；要启发孩子向长辈问候，给工作归来的父母讲故事、唱歌，把好吃的留给长辈等。这些小事都能培养孩子的善良。

2. 妈妈要给予孩子榜样作用。

妈妈是孩子的第一任老师，也是孩子极力模仿的对象。妈妈的言行，对孩子有着很强的示范作用，在日常生活中，对他人妈妈所表现出的体贴和尊重，这对孩子善良品德的养成起到事半功倍的作用。如果父母不尊敬长辈，那么孩子长大后也会缺乏孝敬长辈的意识。

有这样一个民间故事：有个老人生病卧床多年，他儿子觉得老人是个累赘，于是准备把老人背到无人烟的野外去扔掉……老人的孙儿默默地看着这一切，在他爹背起爷爷跨出家门的时候，老人的孙儿开口了：“爹，记得把装爷爷的箩筐带回来啊！”老人的儿子觉得，一个不值几个钱的破箩筐拿回来干什么，于是随口问道：“拿回来干什么？”老人的孙儿说道：“将来你老了，那箩筐还能用来背你啊！”

因此，职场妈妈时刻要记住：孩子们随时随地都在看着我们，自己的一举一动，在孩子的潜意识中都是一种引导。

3. 不要让孩子吃“独食”。

在一些家庭里，孩子的待遇往往是很特殊：孩子吃得最好，孩子穿得也最好，孩子用得更是最好的。家里人常常会把好的东西全都留给孩了，比如，有什么好吃、有营养的食品，妈妈就会给孩子独享。妈妈一旦让孩子养成“吃独食”的习惯以后，孩子就不会知道好东西要与家人分享，更不会知道在生活中谦让。所以，只有在孩子小时候，妈妈常与孩子分享一些好东西，哪怕是象征性地分一点，这对孩子来说，也有利于他善良品质的形成。

4. 鼓励孩子多参加公益活动。

一个孩子善良品质的培养是与社会生活紧密联系在一起的，因此，让孩子参加一些社会公益活动，这既可使孩子得到锻炼，又可培养孩子的爱心。有一些妈妈往往会阻止孩子参加一些社会公益活动，像保护生态活动、到孤老院做好事、维护公共设施等，认为孩子这样做会耽误学习。其实，孩子在社会中，如能体验到自己做好事所带来的那份愉快的话，这会加大孩子与人为善的热情，对孩子善良的培养是很有效果的。

很明显，就一个孩子人生的发展来说，善良是非常重要的，它是孩子为人处世、亲近社会的基础。如果孩子生性狡诈，他在遇到困难时，就不会先替别人考虑，甚至还会做出损人利己的事，这样的孩子就是学习成绩再好，也很难成长为一个优秀的人。因此，职场妈妈要用心培养孩子的善良，在家里到家外，从言语到行动，从大体到细节，这样就能轻松培养孩子善良的德行。

职场妈妈教子私房话

妈妈是培养孩子善良品质的主导者，不要忽视了在细节上对孩子善良的培养。

让孩子懂爱，再忙也要给孩子爱的机会

职场的妈妈因为忙，和全职妈妈相比，往往对孩子接触少，但不管有多忙，都要留点时间给孩子，给孩子一个爱的机会。

接受别人的爱是一种幸福，给予他人爱也是一种幸福。前者是一种收获的满足感，后者是一种奉送的成就感。当你接受孩子奉送的爱的时候，“我也有价值”的意识就会在孩子的心中逐渐形成。因此，当孩子为你夹菜的时候，你应说：“宝贝，你夹的菜真香，小心别烫着自己了。”当孩子伸出小手去接你手中的拖把的时候，你应说：“孩子，你能帮妈妈做事了，你真棒。”当孩子偎依在你的身边时，你说：“孩子，让我牵牵你的小手，你想讲个故事给我听吗？”周末了，你对孩子说：“孩子，和妈妈一起做顿饭吧，妈妈想品尝一下你的手艺。”

想想看，如在当时的情况下，你不是夸奖孩子，而是说：“不要夹了，看弄得满桌子都是。”你是不是在一次次拒绝孩子给你的爱，一次两次三次……在孩子的潜意识里就形成一种思维定势，妈妈自己能着呢，哪还需要我呢！都说现在的孩子冷漠，可你给过他爱你的机会吗？

职场的妈妈和孩子接触少，但不能拒绝孩子的爱，我们要给孩子爱我们的机会。当我们抱怨孩子不爱我们的时候，你是否想过是不是你曾经的拒绝撵走了孩子的爱？

孩子的爱常常表现在细微之处，它虽不像100分、大奖杯那么显赫，但却是人生路上的丰碑，是妈妈辛苦后最该收获的果实。但中国很多妈妈

只知对孩子无私奉献自己的爱，对孩子给予自己的爱却一点也不在乎。

所谓孝顺，即孩子对你的爱，是每个妈妈的基本需要。那些夸口父母之爱不需要回报的，固然说明父母之爱的伟大，但试问天下哪个父母不希望孩子对自己充满爱，家里洋溢着浓浓的暖暖的亲情。这种亲情氛围绝对不是只有妈妈对子女的单向的爱。妈妈付出的何其多，更需要孩子的爱和关心。

小文的儿子小时候，小文带他住在奶奶家。平时小文不给他零花钱，因为家里不宽裕。有一天，小文领儿子回姥姥家，有意给了他几元钱，让他买点吃的。可没想到，他自己什么都没买，却给小文买回了一个戒指。

“妈。我给你买了一个礼物，你看，戒指！”儿子一脸得意。小文一看就气了，指着儿子骂：“你呀！尽给我丢脸，买这么一个假戒指，还美哪！”

儿子一下懵了，低下头，把戒指紧紧攥在手里，一声不响。小文当时只是想：我让你自己买吃的，你买这么个假戒指干嘛。小文只心疼钱，没想到却伤了孩子的心。后来想起来，觉得特对不起儿子这份心！

从那以后，小文特别注意保护孩子的爱心。

小小的戒指，未必值钱，但这毕竟是孩子的一颗爱心！这颗爱心是稚嫩的，你在乎它，它就会长大；你忽视它，它就会枯萎；你打击它，它就会死去。如果你想拥有一个爱你的孩子，你一定要在乎它、呵护它，精心培育它。然而，遗憾的是，有些职场妈妈只知道为孩子奉献爱，对孩子给予自己的爱却视而不见。他们更在乎孩子的分数、名次。饭后，妈妈在厨房洗碗，孩子探进头：“妈，我来洗！”“去，去，念书去。你将来想当厨师呀，没出息！”晚上，父亲看电视，儿子从屋里出来，沏好一杯清茶端上来，“爸，喝茶！三姑刚送来的新茶，喷儿香！”“谁要你倒茶，我自己不会倒？我就知道你在屋里坐不住，借倒茶出来看电视，真是黄鼠狼给鸡拜年没安好心！”儿子委屈极了，他沮丧地回屋做作业，以后再也没有心情给父亲倒茶。

都说现在的孩子冷漠，可很多时候，你给过他爱你的机会吗？忙碌的妈妈们，常常无意中就淡漠了孩子的爱心。有的孩子心灵的世界由爱变成

恨，由荒芜变成沙漠，而妈妈们全然不知，却用自己精心调制的苦酒，麻醉了自己。爱是一个大口袋，装进去的是满足感，拿出来的是成就感、幸福感。一味向孩子施爱，孩子并不觉甜，更不懂得珍惜，一旦爸爸妈妈学会接受孩子的爱，孩子的价值得到体现，才会产生无比的快乐！

职场妈妈教子私房话

把孩子给你的爱表现在外表上，孩子会因为你在乎这份爱而备感自豪：我也有价值！

只要心“狠”一点，妈妈的麻烦就少一点

职场妈妈和孩子相处少，大多家庭又都是独生子女，所以对孩子特别溺爱——舍不让孩子吃苦，舍不得责骂孩子。在这样的一个环境里，处处是对孩子的疼爱，孩子就像温室里的花朵，经不起一丝的风雨，稍微遇到一点失败，不是叫爹就是求娘，孩子一刻也离不开父母，这样那样的琐事让父母麻烦不断。

有许多这样的孩子，他们在学校里的成绩很优秀，但他们经不起挫折，往往只因为一次考试的失利，或只因师长的一句不合他口味的言语，他就会变得消沉起来，学习成绩也急速下滑。孩子这样的性格，使他的成长存在着障碍。但一个优秀的孩子就不同，他在遭遇挫折时，不仅能直面挫折，还会充分吸取失败的经验，能在对困难得挑战中获得满足感，自发持久地应对困难。很显然，孩子如果不敢面对挫折，他的一生只会碌碌无为，便谈不上他会成为一个优秀的人。

那么，职场妈妈没有太多的时间，如何教会孩子直面挫折呢？其实，教孩子直面挫折，就是教会孩子拥有面对失败的正确态度，孩子这种直面

挫折的心态是妈妈慢慢植入孩子心里的。有这样一个故事，值得很多职场妈妈去借鉴：

美国联合保险公司董事长克莱蒙，靠着他勇于正视失败的精神，成为美国商业的一个巨子。他小时候非常喜欢下国际象棋，那时，他每天都要和妈妈对弈一盘。小克莱蒙下棋非常认真，总是一丝不苟地走好每一步，偶尔，他也能真的凭实力赢上妈妈一局，但在更多的情况下，都是妈妈为培养他对国际象棋的兴趣故意输给他的。可不久妈妈发现，每当赢棋的时候，小克莱蒙总是高兴地跳起来高喊："我是第一！我是第一！"在这样的鼓励下，小克莱蒙进步虽很快，但他很快也变得目中无人了，有一次他竟然轻蔑地对妈妈说："妈妈，你已经不是我的对手了，再跟你学，我不会有什么进步了。"

这时，妈妈才意识到自己对孩子的鼓励过了头，孩子的嚣张气焰要尽快地给扑灭掉，不然，孩子过于自负，以后就会经不起挫折。

为了培育孩子能有直面挫折的心态，在一天晚上，妈妈在与小克莱蒙对弈中，小克莱蒙被杀得落花流水。一盘，两盘，三盘……不到一个小时，小克莱蒙就被妈妈收拾了好几盘。每次赢棋后，妈妈也学着小克莱蒙的样子高呼："我是第一！我是第一！"这时小克莱蒙的脸总会被涨得通红。小克莱蒙这时才明白，自己的棋艺才是初步阶段，根本不值得夸耀。

妈妈用类似这样的方式来培养小克莱蒙面对挫折后的正确态度，使小克莱蒙长大后在自己的事业能屡败屡战，最终成为一个优秀的人。所以，当今的职场妈妈，应该从小教孩子学会怎样面对困难与挫折，从小掌握应有的本领，学会吃苦耐劳，并有直面挫折的勇气。

有这样一个妈妈，当儿子三四岁的时候，妈妈就有意把儿子往坑坑洼洼的路上带，当儿子要绕道走过去时，妈妈却鼓励孩子直往洼处走。当孩子稍大一点时，妈妈让儿子踏着自己的大自行车，在一段小坡路上，让孩子从坡顶一直溜到坡底。孩子在开始时摔了又摔，有时疼得嗷嗷大哭，但妈妈对此视而不见，还骂孩子没出息，要孩子继续练。反复这样，孩子居然学会了自己上下车，不久能自如地骑走一辆几乎和自己一样高的自行车。

如今，儿子在自己的工作领域中，面对各种挑战和挫折不仅能从容对待，而且还敢于开拓创新，工作上取得了一个又一个新的突破，这都得益于妈妈原先那种独特的教子方法。

上面的所说的故事就好比幼鹰，长到足够大的时候，老鹰便把巢穴里松软的铺垫物全部扔出去，这样，幼鹰就会被树枝上的针刺扎到，不得不爬到巢穴的边缘。而此时，老鹰就把它们从巢穴的边缘赶下去。当这些幼鹰开始往下坠时，它们就会拼命地拍打翅膀来阻止自己继续下落。最后，它们的性命保住了，因此也掌握了作为一只鹰必须具备的本领——飞翔！

老鹰看似狠心，其实，它对待幼鹰的“狠”恰恰是对幼鹰的爱。没有这种狠心，幼鹰将永远离不开巢穴，无法掌握生存的本领。作为一个妈妈，在无限度地溺爱、过度呵护自己的孩子时，应该想想鹰是怎样对待它们孩子的。

职场妈妈教子私房话

职场妈妈在教育孩子时，心“狠”一点，在孩子面临挑战或失败时，让孩子自己去解决，使孩子能直面挫折，以后有信心去战胜失败。

把教育融入生活，打造孩子的意志力

一个意志坚强的人，在面对社会、工作和学习上所带来的压力时，他都能勇敢地把这份属于自己的责任担当起来，不管遇到多少苦难，他都会坚持下去。因此，对于孩子意志力的培养，是从平凡到优秀路上的一种不可缺少的教育。当下的很多孩子，一会儿学这，一会儿学那，一天到晚忙忙碌碌却不见成效，行动没有目的性，学习没有计划；孩子在做事也是“前怕狼，后怕虎”，犹豫不决，缺乏果断性；他们自制力也很差，上课经常开小差，学习时精力无法集中。所有的这些表现，都说明孩子缺乏坚强的意志力。因此，要使孩子优秀，职场妈妈在孩子对意志力的培养中要多下功夫。

孩子的意志力不是天生就有的，它需要妈妈后天对孩子进行这方面的引导。妈妈在孩子小时候，就用小事来培养孩子意志力，孩子哪怕是花了很长时间和很多精力才能完成，也要让孩子坚持做下去，这是磨练孩子意志力最好的方法。

日本电视《女王的教室》中，老师不惜将自己当成一面墙壁，故意引发很多的事情，让学生经历许多的磨难，被学生当做生活中"恶魔"，他以这样的手段使学生心智成熟，增强孩子的意志。培养孩子的意志力，要随着孩子年龄的增长和能力的加强，从易到难，让孩子逐步接受挫折的挑战，使孩子逐渐变得坚强起来。

俗话说："宝剑锋从磨砺出，梅花香自苦寒来"，"不经历风雨，怎能见彩虹，没有人能随随便便成功"，所有这些表明，妈妈只有使孩子在生活的磨砺中变得更坚强，这样才能使孩子更优秀。

职场妈妈该如何有效地打造孩子的意志力呢？妈妈们可以参照下面的做法：

1．用独立的生活来打造孩子的意志。

从孩子能站立那时起，妈妈就要让孩子独立来完成一些简单的事情，以此来锻炼孩子的意志力。比如，让孩子自己摸索着穿衣服，让孩子尽量把自己的东西收拾的有条理，自己吃饭，自己大小便等。孩子在实施这些事情的时候，往往需要克服障碍，孩子在克服这些困难的过程中，自己的意志也得到了很好的锻炼。

2．给孩子设障碍。

现在的孩子，过着"衣来伸手，饭来张口"的日子。在这种状态下，妈妈往往缺失对孩子意志力的培养，孩子往往也是生在福中不知福。因此，妈妈要适当地设一些障碍来有意地培养孩子的意志力。一位父亲是这

样给孩子设障碍的：在孩子2岁的时候，地下有一块小石头，有一半埋在土里，他让孩子把它挖出来，孩子用一根小木棍在地上抠着这块石头，直到抠了一个下午，弄得满脸是泥，手也磨坏了，才把石头给抠了下来。其实，这块石头对这位父亲来说没有任何用途，但就是这块石头给了孩子莫大的锻炼，在那么难抠的石头面前，孩子没有退缩，没有半途而废，这样正锻炼了孩子可贵的意志力。

3．要求孩子做好每件事。

在小时候，林肯的妈妈就告诫他说："无论从事何种工作，一定要全力以赴、一丝不苟。能做到这一点，就不需为自己的前途操心了。因为世界上到处都是散漫粗心的人，那些做事善始善终的人是供不应求、深受欢迎的，只有认认真真做事的人才是未来竞争的成功者。"可以说，就是林肯后来当了总统，他依然把妈妈的这句话当做自己的座右铭。因为做好每件事，不仅能体现一个人的责任心，更是锻炼一个人意志的重要手段。孩子由于年龄小，做事往往会虎头蛇尾，这时，妈妈须严格要求孩子把每一件事做完、做好，不要因为孩子缺乏耐心或事情的难度较大，便纵容孩子放弃手上的事，要孩子能完成百分之百的，就绝不允许孩子只做百分之九十九。

孩子在成长的过程中，如果没有意志力，做事常就会半途而废。半途而废就意味放弃，放弃就意味着失败。所以巴尔扎克说："苦难，对于天才是一块垫脚石，对于能干的人是一笔财富，对于弱者是一个万丈深渊。"因此职场妈妈要多告诉孩子：一个人在生活中每天都要遇到困难，无能的人绕着困难走，优秀的人迎着困难行，克服一个小困难就是一次成功，克服一个大困难就是一次胜利。只有坚强意志的人，才能不断克服困难，在人生的旅途上不断进步。

职场妈妈教子私房话

妈妈在孩子小的时候，就用小事来培养孩子的意志力，孩子哪怕是花了很长时间和很多精力才能完成，也要让孩子坚持做下去，这是磨练孩子意志力最好的方法。

利用小事情，有效地培养孩子的耐心

耐心是孩子抗击挫折的关键因素之一。培养孩子的耐心，不仅可以帮助孩子学好功课，而且对孩子未来的发展也会大有裨益。但是，现在很多孩子都没有足够的耐心，他们做事虎头蛇尾，对难事更是浅尝辄止，因此他们常常做不好事。

什么是耐心，对于孩子的学习来说，耐心就是坚持，这会使孩子有更多的学习时间；同时，耐心使孩子做事更踏实，这是学习最基本的保证。因此，妈妈再忙，也要从小注意引导孩子养成一份耐心。

林肯出生在一个正值败落的家庭里，虽然家里一贫如洗，但贫穷并没有使林肯的母亲放弃对孩子的培养。疼他、爱他的母亲希望林肯长大后能有所作为，当然，母亲把对孩子的期望也转化到自己的行动中来。在林肯刚刚能上学时，母亲就因势利导，注意培养林肯各个方面的品质，其中的耐心更是她培养的重点。

林肯的母亲总会花心思设计一些游戏来从中教育孩子，有一次，母亲又给小林肯策划了一个别开生面的游戏。

在烈日炎炎下的海边沙滩上，母亲在预先划定好的区域里撒下好几斤豆子，这些豆子对于家里来说也是一笔不小的财产，她要小林肯务必一粒不剩地捡回来。在这松软的沙滩上，如果稍不留神就有可能把大豆踩入细沙中，小林肯只有在沙滩上耐心地捡拾，他才有可能把所有的豆子捡回来。在完成任务后，母亲作为奖励才让他喝上一些茶水。

有时，父母还让他做穿针的游戏。母亲发给小林肯一把针眼儿特别细小的绣花针，让他在行进着的马车上把它们一一穿在一根又细又软的丝线上，完不成任务就不准下车。林肯被逼得眼花缭乱、头昏脑涨，一不小心还会扎破了自己的手指。但是，林肯还是咬着牙硬把所有的小针穿成了非常漂亮的长串儿。

林肯母亲让林肯做的另一个有名的游戏就是“为岁月签名”。在一个烈日炎炎的午后，他让小林肯提着水桶，用水把自己的姓名用羽毛笔在晒热的大理石地面上写365遍。火辣的太阳令林肯写的字马上就干了，但认真的林肯随干随写。他先是弯着腰写，后来又蹲下写，再后来索性坐下来写，到了最后，进入到某种状态的小林肯竟然忘记了艰辛和干渴，自己的名字也越写越流畅、越写越好看了。

他的母亲常常这样语重心长地告诉他：无论在生活和工作中，许多不能成功的例子，都是因为失去应有的耐心半途而废造成的。因此，耐心是考验一个人毅力和意志的试金石，耐心是成功和失败的分水岭，无论从事什么行业或事业，谁持之以恒、耐心细致、锲而不舍，谁就是最终的成功者。

可能正是因为母亲小时候培养了林肯持久的耐心，才使得他后来在政治上有着超人的耐力，在多次失败以后，依然执著追求，最终能入主白宫。

因此，培养孩子的耐心，上班的妈妈可以有意识地设置一些事情来锻炼孩子，另外，在孩子做事的过程中，职场妈妈要对孩子进行监督指导，这种监督指导，主要是妈妈在关键时刻给予孩子的某种提示。比如当孩子碰到难题灰心丧气的时候，孩子会因为耐心不足而偷懒，这时妈妈要适时地给孩子鼓励和严格要求。从小就要求孩子这样坚持下去，孩子的能力会慢慢地提高，习惯会慢慢地养成，孩子的耐心也就会有了。

在孩子的学习中，有很多东西是需要耐心才能学得好的，比如最初外语的学习、繁琐的数学计算……这些事情的本身可能并不是很难，却必须要让孩子慢慢地去做。还有，就是孩子走向社会以后，也需要耐心才能做好一些工作。很多工作可能不是很难，但很多人做不了的原因就是没有长时间坚持的那份耐心。

著名英语教育专家周澜，在没去美国之前是在一家民营企业做编辑工作，当初她只有本科学历，但工作还是可以胜任的。可是，当初去这家企业求职的人有很多，其中有很多是高学历的，但是，他们在那里干不了多长时间就被老板炒了鱿鱼，原因是他们在岗位上坐不住。周澜则不一样，手上的工作不难，但任务很多，周澜能够在自己的位子上一坐就是半天，专心自己的工作。于是，公司里博士、硕士被老板“炒”走了好几拨儿，而只有本科学历的周澜最终被老板留了下来。所以说，耐心的培养对一个人的影响是深远的。

就对待失败的心态而言，耐心能使人在失败面前多一份毅力，耐心能使人在失败面前多一些沉稳，耐心能使人在失败面前多一份宁静……它使人不受以前的失败所干扰，踏踏实实地去做当下的事，这种品质是优秀孩子所必须的。

职场妈妈教子私房话

对孩子有耐心，不是靠妈妈嘴巴说出来的，它是妈妈在诸多的小事中，对孩子慢慢培养的结果。

第三章

一分钟有效引导，让孩子聪明十分

在现实中，不仅很多妈妈不知道如何对孩子进行智力开发，而且下班后的妈妈已经劳累一天，更是没有太多的精力给予孩子有效的智力开发。那么，如何对孩子进行有效的智力开发，有没有更省心的办法让孩子变得更聪明呢？告诉你，只要你花上一分钟，就能让孩子聪明成长。

摈弃呆板思维，激发孩子的创造力

有人分析了诺贝尔奖获得者的分布情况发现，在以儒家文化为背景的地区，虽然人口占有很大的比重，但诺贝尔奖获得者所占的比例却不高。这并不是说明以儒家文化为背景地区的人不聪明，而是在儒家文化的影响下，人们多了几分束缚，少了一些开放，因而使人缺乏一种创造力。

从我们传统的教育中就可以看到，很多妈妈在教育孩子的时候，对孩子的要求总是显得很“正统”，有一丝与现实相违背的东西，就会被定性为错误的，这就束缚了孩子创造力的发展。

在十年前，一个孩子正在一张白纸上画一个又圆又大的东西，并在上面涂上橙黄色。他的妈妈走过来问：“在画什么呀？”

“我在画西瓜。”孩子回答。

“你见过黄色的西瓜吗？”妈妈很生气，“我看你在胡乱地画，简直是在浪费纸张。”

这位妈妈在扼杀孩子的创造力，在现在看来，黄色的西瓜不是摆在市场上了吗？孩子那个时候没有，并不代表人们以后就培育不出来，孩子能这样画，就说明他有这样的想法，说不定他以后就会培育出这样的西瓜，妈妈没有必要扼杀孩子的创造力。但在现实中，类似这样的例子屡见不鲜。因此，很多孩子的创造力，就这样会被大人剥夺得干干净净，这可能也是多少年来，在中国的土地上没有一个诺贝尔奖获得者的原因之一。

现代人的竞争，往往就是创造力的竞争，同等水平的人，谁有创造力谁就有可能更优秀。职场妈妈要培养一个聪明的孩子，也就是培养一个具有开拓创新精神的孩子。大量研究表明，孩子是创造力发展的关键时期，特别是几岁的孩子，他们最富有幻想，思想和行为都没有太多潜在束缚和制约，因此，他们的思维是大胆、自由和富有创造性的。

在西方，孩子很小的时候父母就非常注意培养他们的创造力，父母都积极支持孩子从事一些具有创造性的活动。在空闲的时候，父母和孩子一起自编自演一些小品、话剧等，让孩子扮演各种不同的角色，看谁演得最像、表演得最有创意。父母有时还放手让孩子自己和同学、伙伴一起办一些家庭小聚会，让孩子自己去策划。孩子可以自己装饰美化房间，自己到超市购买物品等。通过这些小的活动，让孩子按照自己的想法去做事，同时也培养了孩子创造性的思维能力。

对孩子创造力的培养，就是孩子在做一些事时，职场妈妈不要用一些条条框框进行限制，更不要用一些所谓的经验对孩子强加指导，这样对孩子的创造力培养很不利。强迫孩子顺从成人的意志，这样就会使孩子经常处在外界的压力之中，孩子就不会安心地做事。因此，妈妈应允许孩子“异想天开”，鼓励孩子“标新立异”，按照自己的想法活动。比如，妈妈带一个只有几岁的孩子走在街上时，就可以一边走一边启发孩子的想像力：“孩子，你觉得××看上去像什么？”当孩子对所看到的东西做出不当的比喻时，妈妈不应责备孩子“胡说”，而要夸奖孩子想像的与众不同，鼓励孩子在此基础上，再去联想“看上去还像什么？”这样增强孩子的创造性。对于大一些的孩子，除了放手让他们做事以外，妈妈还要用丰富多采的创造活动来增强孩子的创造能力。游戏、欣赏、表演等活动都是发展孩子创造力的有效手段，妈妈应综合加以运用。例如，在和孩子一起听音乐时，可鼓励孩子想一想、说一说“这段乐曲告诉了我什么”，并要求孩子用语言、表情，甚至是体态、动作等不同的方式将所感受到的表现出来。在孩子的世界中，充满想像力与创造力，问题的答案往往超出大人的逻辑之外。孩子的一些好奇心、新概念、新想法，也可以说这就是他们改良或创新事物的能力。有创造力的孩子，除了有想像力、灵活的思维外，还要有各种知识相辅，所以创造力其实不是一种单一能力，而是集合多种能力的表现。

职场妈妈面对孩子的创造力行为时时间有限，所以要有耐心、会包容、多赞美，鼓励孩子多看、多听、多触摸、多操作、多探索、多想像；尊重孩子的想法和好奇心，这样会更有助于孩子创造力的培养。孩子在一种轻松愉快的环境之中，就能充分发挥自己的创造性，这样既能增加孩子的自信心，又有利于孩子创造能力的发展，使孩子变得更聪明。

职场妈妈教子私房话

妈妈必须抓住时机，创设条件，从小培养孩子的创新意识，使得孩子更聪明。

不管自己多累，都要满足孩子的好奇心

一个聪明的孩子，他常喜欢对自己未知的领域进行思考，对他所注意到的东西，他会不停地去探索，这时所表现出的，往往就是孩子的好奇心。事实证明，对事物保持好奇心的孩子，兴趣往往都是十分广泛的，就是一般人看来平平常常的事，对于一个有着好奇心的孩子来说，也有着很大的吸引力。那么孩子的聪明，往往也就是在平常中能做出不平常的事来。因此，要满足孩子的好奇心，这样孩子才会变得越来越聪明。

遗憾的是，很多职场妈妈对孩子的好奇心没有一个正确的引导方式，一是认为孩子对一些事情的好奇是不务正业；二是因为孩子的好奇心具有一些破坏作用。这样，妈妈往往会对孩子的好奇言行进行百般的阻挠。妈妈用这两种方式看待孩子，不仅不能满足孩子的好奇心，还会扼杀孩子因为好奇而对未知世界的探索精神，对孩子智力的发展是非常有害的。这两种情况不乏在生活中找到实例。比如，孩子会一动不动地看蚂蚁搬

家；孩子会长时间地呆在自己养的宠物旁，还会要求妈妈养更多的宠物；孩子会围观一些看似无聊的事情而不愿回家……这些事对孩子的吸引力之所以是非常的大，这是因为孩子对它们感到好奇，所以才痴迷于其中。但妈妈看到这样的情况时，他们就会不理解，因为这些事情在大人看来并没有什么趣味可言，孩子这样做，常常会因此误了吃饭，误了休息，误了做作业……在大人看来简直是"正事不足，邪事有余"，于是"一切为了孩子好"的妈妈就会对其阻挠和纠正，当然更少不了对孩子严加批评。孩子这种"玩物丧志"的做法是妈妈不允许的，要是孩子再在自己好奇心的驱使下，干一些具有破坏性的事的话，那么就更不会得到妈妈的允许了。比如，孩子因为好奇会毁坏一些家里的物品。在现在的家庭，像孩子拔花扯草、拆解电器、砸坏钟表这样的事会时有发生，但事后妈妈都是以孩子犯了大逆不道的错误论处，这样就扼杀了孩子的好奇心。一位母亲对陶行知抱怨说，她的儿子非常淘气，把她的一块金表给拆坏了，她把儿子打了一顿。陶行知当即说："可惜呀，中国的爱迪生让你给枪毙了。"陶行知先生的话，道出了家庭教育中，很多职场妈妈是怎样在无意识中扼杀了孩子可贵的好奇心。

孩子因为好奇会提出这样或那样的问题，这也是孩子对未知世界的一种探索。孩子往往会向妈妈提出一些问题，例如：为什么月亮会有时是圆的，有时是扁的，有时还没有？为什么飞机那么大却能在天上飞？铁质的轮船能在水上漂浮着？电视里的人吃什么……对于孩子的提问，妈妈切不可默然处之，要注意引导孩子，把孩子的好奇转到善于分析和积极思考方面上来。妈妈对于自己不能理解的问题也不必勉强解释，可以告诉他：这些事，你以后读的书多了，懂得的道理多了，就能理解了，这可以鼓励孩子进一步学习知识。鲁迅先生在这方面就注意对孩子进行引导，满足孩子的求知欲。

一次，海婴冷不丁问："爸爸，你是谁养出来的？"

"是我的爸爸、妈妈养出来的。"鲁迅回答。

"你的爸爸、妈妈是谁养出来的？"

“爸爸、妈妈的爸爸、妈妈养出来的。”

“爸爸、妈妈的爸爸、妈妈，一直往前，最早的时候，人是哪里来的？”鲁迅告诉儿子：“是从‘子’——单细胞来的。”但海婴还要问：“没有‘子’的时候，所有的东西都是从什么地方来的？”为了不使孩子失望，鲁迅耐心地告诉他：“等你大一点读书了，先生会告诉你的。”

关于“人从哪里来”这个问题，可以说很多妈妈都会遇到，但很少有妈妈能满足孩子的好奇心，并激发孩子的求知欲。孩子能提出怪问题，说明孩子在动脑筋，做妈妈的就应该抓住这一瞬间，对孩子传授一些他们年龄能够接受的知识，对孩子一时还无法接受和理解的问题，就应该像鲁迅先生那样告诉孩子，将来“先生会告诉你的”。这样来满足孩子的好奇心，就是对孩子的引导教育。又例如，孩子突然想知道妈妈养的那些花为什么长得那么好看，便把花连根拔了。妈妈知道后并没有责备孩子，而是告诉孩子：这些花之所以开得这么鲜艳，全靠根吸取土壤里的营养，如果根离开了土壤，那就会因缺水分和营养而枯死。说完，就让孩子和她一起把花重新栽到盆里。妈妈没因此去责骂孩子，不仅使孩子学到了知识，还满足孩子的好奇心。如果因孩子毁坏花草对孩子进行批评，这样的事情多了，孩子就会觉得好奇是自己的一种错误，孩子的好奇心渐渐地就会泯灭。

孩子在成长的过程中，只有随着他知识和经历的增加，他才会变得更聪明。满足孩子的好奇心，就是丰富孩子的知识和经历。牛顿因为苹果从树上掉落地而引起好奇，后来发现了“万有引力定律”；瓦特对开水把水壶盖子掀起产生好奇，进而探究其原理，才有蒸汽机的发明……所以说，满足孩子的好奇心，往往会使孩子变得更优秀。

职场妈妈教子私房话

妈妈提高孩子聪明程度的最好办法，就是利用孩子的好奇心，把孩子引向他所好奇事情的更深层，这样孩子就会学到更多的东西，思维也会得到锻炼，从而就会聪明得多。

遵照科学规律，好记性不是孩子天生的

记忆力的好坏能直接反映出一个孩子的聪明程度。许多妈妈经常抱怨，自己的孩子记性不好，学过的东西记不住，或者平时记得好好的，一到考试就忘了。在一些妈妈看来，孩子记忆力的好坏那是孩子天生的，就像孩子的聪明也是天生的一样，对于孩子这些与生俱来的东西，妈妈是无法改变的。其实这是很多妈妈对孩子记忆力的一种误解，从心理学上讲，记忆力也和其他的意志品质一样，可以通过后天的培养进行提高。

一个记忆力很好的孩子，他在进行记忆的时候，他记忆的方法符合他记忆的习惯，这样就会表现出很好的记忆力。人的记忆能力的差距，在很大程度上是由记忆方法的差距引起的。对于一些记忆力差的孩子来说，妈妈对他们记忆力的培养，主要就是引导孩子在记忆时能利用到记忆的规律和方法，当孩子把这些方法当做自己的一种记忆习惯的时候，孩子就会成为一个有很好记忆力的人了。那么，职场妈妈如何能使孩子养成这种记忆习惯呢？这些记忆习惯又有哪些呢？

1. 掌握记忆规律，让复习来加强记忆。

记忆力有一个特点，就是人们常说的“脑子越用越灵”，包含的意思就是经常记忆的人会提高记忆能力。“经常记忆”的办法，就是对要记的东西进行不断地复习，有句谚语说得好：“复习是记忆之母”，重复有助于巩固所学习的东西，这也会提高自己的记忆力。对孩子复习的引导，妈妈主要是帮孩子找出最佳的记忆时间。一般地说，把要记忆复习的内容分在几个时段来记忆，这比集中记忆复习的效果要好。有人认为，早晨起床后学习最为有效，因为这时头脑最清醒；有的人认为睡觉前的记忆效果最好，因为学习后立即入睡，没有什么干扰，可以减少遗忘。每个人的最佳复习时间并不一样，妈妈要让孩子找出自己最佳的复习时间，提高孩子的记忆效果。

2. 引导孩子寓记忆于趣味之中。

如果孩子能把要记忆的东西附着到自己感兴趣的东西上来，那么事情就很容易记忆了。

一个孩子小时候记不住自己的生日，他的父亲就对他说，你的生日是“爱你一生一世”。孩子不解，父亲就对他说，你的生日是2001年3月14日，就是“爱你（200）一生一世（1314）”，这是孩子三岁的事。到孩子七岁的时候，老师教背圆周率，没想到孩子几分钟就记住十几位。原来，孩子把“3.14159265358979323846”记成“要死邀我，酒儿辣，我杀鹅，罚我七舅，三儿三伯死了”，他用了小时候父亲教他的方法。

可以说，孩子能在潜移默化中，把所记的东西融入到有趣味的事情上来，这样就会表现出很出色的记忆力。

3. 给孩子的大脑加营养。

好的记忆力需要有发育良好的大脑，这样大脑才能充分发挥正常的生理作用。增强孩子的记忆力，妈妈安排孩子的饮食要做到科学、合理。因此，在饮食上，尽量给孩子食用大量的天然野生动植物，因为它们富含大量保持着自然状态的矿物质、维生素、蛋白质等成分，保证孩子吃到足够的蛋黄、瘦肉、鱼肉、海产品、水果、豆制品和葡萄糖等，因为这些对大脑发育有益。

研究人员给一组5～15岁、智商在17～77的弱智儿童补充8种矿物质和11种维生素，8个月后，他们的平均智力商数增加了6，身高增加了2厘米。

所以给孩子的大脑加营养，多吃健脑食物，也是提高孩子记忆力的一个重要步骤。

对于提高孩子记忆的方法还有很多，像让孩子在理解的基础上记忆、让孩子运用多种感官去记忆和加强身心训练等，这些都是加强记忆力的好办法。妈妈要让孩子在弄懂要记的内容的基础上再去记忆；发挥多种感官的作用，增强记忆效果；生活有节奏，劳逸结合……这些对记忆的提高有事半功倍的效果。妈妈要指导孩子记忆的方法，让孩子善于运用各种记忆方法提高自己的记忆力。

有的人记忆力好得出奇，这并不是孩子天生的，是因为他们能天长日久地训练自己的记忆力，脑子中的记忆方法越来越多，记忆力就越来越好。因此，要想成功地改进孩子的记忆能力，关键要加强记忆方法的训练。

职场妈妈教子私房话

孩子的记忆力需要妈妈的鼓励和培养，如果妈妈想让自己的孩子变得更聪明，就要学会运用不同的方法提高孩子的记忆力。

孩子需要的是放养，聪明是玩出来的

一个聪明伶俐的孩子，他往往也是一个喜欢玩耍的孩子。一个人的聪明程度，往往与他的“玩”有着密切的关系。可以说玩是孩子生活的主要内容，孩子最先是在玩耍中认识客观世界、获得身心各方面发展的。美国医学院的专家认为：“就孩子身体和智力的正常发育来说，玩耍与营养丰富的食物、干净的空气、充足的睡眠一样重要。”前苏联教育家马卡连柯也说过：“游戏在孩子生活中具有与成人活动、工作和劳动同样重要的意义。”在一些有所成就的人当中，他们小时候玩耍的事，常常成了后人传颂的经典。

居里夫人有两个女儿：大女儿伊雷娜，二女儿艾芙。居里夫人在对她们严格要求的同时，更注意引导孩子如何学会去玩。在自家的花园里，居里夫人为孩子设置了吊杆、一条滑绳、吊环和秋千，她把花园变成孩子们的乐园。每天功课一完，居里夫人就让这两个孩子到外面尽情地玩耍。有时候，无论居里夫人工作得是如何疲倦，她都要抽出时间陪女儿骑自行车出游。居里夫人用引导孩子“玩”的办法，成功地发掘了两个女儿的天赋，最终使她们都成为杰出人物：大女儿伊雷娜在1939年荣获诺贝尔化学奖，小女儿艾芙日后成为杰出的音乐教育家和传记作家。

还有，宋氏三姐妹可以说都是中国较为优秀的女性，在她们的小时候，三姐妹常常在院子里玩耍，她们爬过院墙，在别人的田地里嬉戏；她们到田野里采集花草、捕捉虫鸟……有一次，姐妹几个玩“拉黄包车”的游戏，宋霭龄装做黄包车夫，宋庆龄扮成乘客，小妹小弟们跟在身后又蹦又跳。在旧社会，女孩子能如此地“疯玩”实属不易。可能正是因为在这样一个开明的家庭里，才使得三姐妹在“玩”中提高了智慧，成为那个时代最杰出的女性。

因此，职场妈妈要想自己的孩子变得聪明，就要教会孩子如何去玩。让孩子怎样去玩，怎样在玩中达到提高智商的效果，这还必须依靠妈妈的引导。

1．让孩子放开手脚去玩。

给孩子一个良好的态度，就能够激发孩子玩耍的兴趣，因此，妈妈要让孩子放开手脚去玩。妈妈不要因为孩子在玩耍中好犯一些小错误，而限制、干预孩子的玩法。如果这样，就会淡化游戏给孩子带来的自由和愉快。另外，教孩子玩时，要注意培养他们的自主能力意识，让孩子独立地玩。在西方国家的教育中，就较重视培养孩子的独立性，玩也是这样的。他们会把初生的婴儿就放在一间独立的房间里，让孩子独自活动，因此，他们一岁多的孩子大都能自己玩。可我们的很多妈妈，总怕孩子不会玩，怕孩子在玩中摔疼摔伤，总陪在孩子身边，时间一长，就养成了依赖成人的习惯。不会自己去思考问题，也就影响到孩子智力的健全发展。让孩子成为玩耍的主导者，才能让孩子享受到玩给他带来的教益。

2. 妈妈是孩子游戏质量的提高者。

游戏是孩子玩的主要方式，孩子能在游戏中锻炼自己，但这种锻炼效果的好坏，往往取决于孩子游戏的质量。妈妈应该注意对孩子的游戏作出适当的引导，使孩子玩得更健康、更有益。一个村庄里有个驼背老人，走路的样子很难看，村里的孩子常常在游戏中模仿他。这时妈妈就应及时纠正孩子的不良行为，对孩子讲清道理，说明利害。孩子喜欢模仿，可以让孩子模仿动物，模仿声音等，从正面引导孩子去游戏。所以并不是所有的游戏对孩子都起好的作用，妈妈应多关心、了解孩子的游戏，及时发现问题，并解决问题，这样孩子才可以在游戏中受益。

3. 倡导“绿色”游戏。

现在，电视、电子游戏、电动玩具和因特网这些现代的东西，使孩子渐渐失去了与大自然亲近和相处的机会。所以妈妈要多带孩子到户外去活动，让孩子在自然界中进行“绿色”游戏。在户外，孩子可以无拘无束地玩，与小伙伴们尽情嬉戏。因此，倡导“绿色”游戏，就是多让孩子接触水、土、动植物等自然物质，扩大孩子的视野，陶冶孩子的情感，丰富孩子的内心世界。

孩子在玩耍中能促进智力的发展，因为很多游戏过程就是一个运用智慧的过程。要让孩子变得更聪明，在教育上就要诱导孩子发挥出潜在的能力，这种诱导最好的方式就是让孩子学会玩耍。有关专家研究发现，孩子在玩耍中，需要观察力、记忆力、创造力、注意力、思维力和想像力等多种智力要素的参与，从而能提高孩子的智商。

也许你的孩子喜欢到处捉虫子、捣鸟窝，这时妈妈千万别嫌孩子太顽皮；陪孩子一起玩，给孩子讲些小知识、小故事，帮孩子制作一些动物标本，妈妈千万不要推辞说自己没有时间；假如孩子喜欢画画、唱歌、下棋，做一些与学习无关的事，妈妈千万不要抱怨孩子不务正业。古人云：“顺天木以致其性”，妈妈在教育孩子时要因势利导，为孩子智商的提高创造有利条件，很多伟人的“聪明”就是这样“玩”成的。

职场妈妈教子私房话

职场妈妈要想自己的孩子变得聪明，就要教会孩子如何去玩。让孩子怎样去玩，怎样在玩中达到提高智商的效果，这还必须依靠妈妈的引导。

忙也不耽误孩子，让孩子多动手是好事

孩子在动手做事情的过程中，手的动作是在大脑的活动支配下进行的，是孩子的观察、注意、记忆、想像、思维、言语等能力的综合运用过程，同时，手的动作又刺激大脑的活动支配能力，促进观察、注意、记忆、想像、思维、言语等能力的发展，这就是我们平时所说的“心灵手巧”。在现实生活中，许多职场妈妈为了让孩子专心学习，什么家务都不让孩子做。

有个初中一年级学生说：“妈妈挂在嘴边的总是学习学习，作业作业，除此之外没有别的。”当然，妈妈关注孩子的学习是不错的，但是，只关注孩子的作业就片面了。孩子的生活本应是丰富多彩的，学习书本知识只是孩子生活的一部分，是孩子学校生活的主要内容。回到家里，孩子需要丰富的家庭生活，需要有回到家里的感觉。他们应和成年人一样做他力所能及的事情，特别是让孩子干使用手指的细活，例如，让孩子剥圆白菜、洋葱皮、去掉豌豆荚的筋，这种细微的手指运动刺激大脑。可以说手是头的一部分，手的神经与大脑中枢神经直接相连，孩子手的活动越灵活，其头脑的活动越灵活，可以说对手的刺激就是对头脑的刺激，动手是日常生活中的“头脑体操”。

无论孩子动手做什么事情，第一体验可能不是成功，而是失败。这时有的妈妈就要斥责孩子：“你怎么这么笨？”“还不如我自己干呢！”而智慧型的妈妈会鼓励孩子：“找找没有成功的原因，再仔细地想一想。”

当孩子想做却又不知从何处下手时，妈妈应给予必要的具体指导。

曾经看到这样一个电视画面：一个3岁的孩子在屋子里玩，过了一会儿，孩子可能有些饿了，看见桌子上放着饼干筒，于是，他站起来伸出手够饼干筒。桌子高没有够着，孩子站在那里左看右看，看见桌子右边有一个塑料脸盆，孩子把脸盆拿过来放到桌子下，自己站到盆里面伸出手够饼干筒，还是没有够到。他从盆里出来，站在那里想了想，用手把脸盆翻过来，使脸盆的底朝上，自己站上去够饼干筒，一伸手够着了，坐在地上吃起来。

孩子的行为过程留给我们很多思考，假如妈妈在孩子的身边，他们会做什么呢？把饼干筒递给孩子。妈妈的这个行为代替了孩子的什么过程呢？代替了孩子的智力发展过程。所以，我们不仅提倡让孩子动手做事，还提倡让孩子在做事中动脑，发展智力，培养能力。

在现实生活中，职场妈妈往往是给孩子讲做事做人的道理，忽略了让孩子去亲身做，更忽视对孩子做事情的具体指导。以至于出现这样的情况，妈妈滔滔不绝，孩子置若罔闻。我们常说：教育孩子的好方法是“言传身教”，现在，从孩子接受教育的角度来看，我们强调的是：“听进身做”，在做中明理。

有个妈妈说他的孩子做事不认真，常常丢三落四，已经批评很多次，还是没有效果。专家建议这位妈妈要给予孩子积极的约束，也就是在孩子做事情时提出明确的具体的要求，同时让孩子把这些要求听进去，知道这些要求是什么，然后按照要求去做，在做的过程中要求孩子：“不做则已，做就做完美。”如果孩子做得很好，妈妈要及时给予肯定，如果做得不符合要求，必须重新做，直到符合要求。这位妈妈这样做的目的是使孩子体会到：我按照要求努力去做，我能做得很好，从中体会到怎样做是“认真”，而从中使孩子有“我行，再来一次”的需要和要求，妈妈要及时地捕捉到孩子的需要和要求，鼓励、肯定孩子：“你真行，再来一次！”从中培养孩子的自信心。

作为职场妈妈，首先要认识到孩子动手做事是孩子成长的基础，是孩子手脑结合、身心和谐发展的过程。如果您真正的爱孩子，就创造条件满足孩子“想自己做事”的需要，给孩子一个动手做事的机会，不要用您的“过度好心”剥夺了孩子成长的机会。

对一个人最直接、最强有力的影响是此人独一无二的个人经历。不论职场妈妈多么努力，她们也不可能完全控制孩子的经历，部分原因是一个人的经验很大程度上取决于自己的生理特征和条件。就算是一对双胞胎，虽然妈妈总是平等相待，但二人在经历日常生活和活动中所获得的体验也会有重要的差别，从而决定了兴趣和能力的不同。

职场妈妈教子私房话

如果您真正的爱孩子，就创造条件满足孩子“想自己做事”的需要，给孩子一个动手做事的机会，不要用您的“过度好心”剥夺了孩子成长的机会。

让孩子观察，是提高智力的办法之一

从心理学来说，观察力是一个人智力的一个方面。俄国生理学家巴甫洛夫经过多年对大脑条件反射研究得出一条至理名言：“观察，观察，再观察！”可见观察是一个人提高智商的方法，是打开知识宝库的金钥匙。可以这么说，现在的很多职场妈妈往往呕心沥血地教孩子去写、去画、去唱、去跳……不仅费事费力，效果还不好。很少有职场妈妈去教孩子去观察。很多妈妈不清楚大脑高级思维的启动，大部分来自观察，因此要提高孩子的智商，妈妈对孩子观察力的训练就显得十分重要。

很多科学家在一些领域之所以取得一些成就，很大程度上不是因为他们有多么的聪明，而是他们具有比其他人更敏锐的洞察力。他们善于观察，能及时发现问题，并找出问题的关键所在。

安是一个七年级的学生，一次他到普林斯顿大学参观。她在喷水池边发现一个人正目不转睛地盯着水柱落下，头还不停地左右摇摆，他的右手指还在自己的眼前不停地晃动。安学着他的样子，发现眼前的水流仿佛凝固成千万个微滴，煞是好看。这个人教他改进观察方法，要走的时候，他对安说："孩子，科学就是像这样子去观察的。"这个人就是爱因斯坦。他在引导孩子：通过观察，可以进入科学的神秘世界。

爱因斯坦也就是这样一个喜欢观察的人，可以说，他的聪明才智很大部分都是靠后天观察得到的，绝不是天生的。所以说培养孩子的观察力是使孩子聪明的办法之一。

那么，在生活中职场妈妈该如何教孩子学会观察呢？

首先，妈妈要培养孩子观察的兴趣。

一般来说，孩子都会有观察的兴趣，孩子的观察"品位"要比大人低得多，在大人看似乏味的东西，孩子可能都会有着很浓的兴趣。比如像秋天树叶要落，冬天结冰；鱼儿在水中游，鸟儿在天上飞等，这些现象都是接近孩子生活且孩子感兴趣的。孩子喜欢看成群结队的蚂蚁，喜欢呆在池边看游来游去的鱼儿等等，孩子有这些举动是好事，妈妈千万不要以为这"没有看头"，或因会给孩子带来危险而阻止孩子。其实这是孩子在观察他们未知的世界，妈妈不但不要阻止，更要鼓励孩子的这种行为。我们可以给孩子养一些小昆虫和小动物，让孩子看看它们如何吃食、如何喝水、如何睡觉、甚至是如何交配等。还可以让孩子种一些花草，让孩子看看它们是如何生长的，这样可以使孩子对这个世界更加的好奇，激发观察兴趣。

其次，让孩子在观察时学会比较。

在孩子观察的过程中，妈妈要适当地给他一些语言提示，引导孩子在

观察时学会比较。比如，孩子在观察乌龟的时候，可以问孩子："乌龟的脑袋像什么的脑袋？""它吃的食物和什么东西吃的差不多？"等等，这样可以让孩子把观察过的东西都在脑海里放到一块，自己加以归纳总结。孩子用这种比较细致的观察比较，可以使孩子记住事物的特点和它们之间的差别。让孩子在观察时学会比较，不仅可以提高孩子对事物观察的细致程度，还可以提高观察水平。

第三，让孩子观察有个连续性。

有很多东西可能让孩子看几分钟就能弄清楚是怎么回事，比如说，螃蟹有几条腿，蚱蜢有几条腿，它们走路的方式是怎样的等。但有的东西要想全面地了解，就需要很长时间，比如蝌蚪变青蛙、蚕结茧变蛹成蛾的过程。这时，妈妈要适时地提示孩子观察，妈妈可以这样说："看看蝌蚪的腿长出来了没有"、"看看桑叶吃完了没有"、"看看茧子破了没有"等等，在整个事件中，妈妈隔一段时间要对孩子做一次提醒，这样来督促孩子观察事物的整个过程。像这样长时间的观察完了以后，可以用谈话的方式对孩子所观察的东西进行讨论，在讨论中加深孩子对所观察事物的印象。

在让孩子观察事物的过程中，妈妈要注意保持孩子对观察的热情，不时地给孩子一些鼓励，这样可以使孩子喜欢上观察。当你看到孩子有一个新的发现时，尽管自己已经熟知，但还要认真地对孩子说"你真棒"、"看得真仔细"等之类的话。在孩子观察提出问题时，你要不厌其烦地给孩子讲解。在生活中我们经常听到妈妈因此斥责孩子："你烦不烦？""你哪来那么多问题！"这些不耐烦的话，是给孩子的观察热情泼冷水，孩子的观察兴趣就会大减。

尔威特曾经这样说："在教育上与其填鸭式地给孩子灌输知识，莫如开阔他们的眼界，培养他们的观察力。"观察是人认识世界的主要途径，大量的感性知识都是通过观察获得的。孩子聪明并不是天生的，它是在对世界万物观察中锻炼的结果。如果培养了孩子的观察力，他们就不会感到无聊、厌倦，相反，孩子对生活会多一些热情和好奇，孩子就会不断地探索观察各种自然现象。培养孩子的观察能力，有利于孩子发现问题，引导孩子思考问题。这样就有利于孩子思维的发展，孩子因此就会变得很聪明。

职场妈妈教子私房话

孩子的聪明才智很大部分都是靠后天观察得到的，绝不是天生的。所以说培养孩子的观察力是使孩子聪明的办法之一。

由浅入深，逐步提高孩子的记忆力

一个具备良好记忆力的人通常能给人以聪明的印象，而且良好的记忆力能推动一个人走向更大、更多的成功。良好的记忆力是每个人都想拥有的，从小进行培养便显得十分必要。那么，如何培养和提高孩子的记忆力呢？职场妈妈可从以下几方面入手：

1. 尽量运用生动、形象和富于兴趣的材料吸引孩子，使他们的注意力集中。

采取多种形式，最好是各种活动交替进行。这样，孩子才不会感到枯燥无味。科学证明，人的智力与大脑皮质的功能有密切关系。人的各项活动就是由大脑皮质各个部分支配的。大脑的某个部分活动，其他部分休息，这是大脑功能的分工。我们可以运用这种分工，调节孩子大脑的活动。例如，将听故事、绘画、计算、朗读、游戏等活动交叉进行，让脑子各部分轮流休息，效果更好，记忆力也会加强。

2. 充分提高孩子的理解能力。

我们知道，记住了的东西，不一定理解；而理解了的东西，很容易记住。因为只有真正理解了的东西，才能更快地记往和更长久地保持在记忆中。要想提高孩子的理解能力，应该让他掌握尽可能多的感性知识，学会在实践中运用和检验概念，学会将知识迁移，做到触类旁通。此外，应教孩子学会把握本质的东西，即通过现象看本质。同时，应注意使机械记忆与理解记忆相结合。

3．培养有意记忆能力。

在孩子的理解能力相对较差时，机械记忆起主要作用，所以培养孩子的有意记忆能力非常重要。给孩子提出明确的记忆目的和要求，调动孩子多种感官参与记忆活动，加强有意注意力，常能取得好的效果。

4．要注意劳逸结合。

人在进行各种学习活动的时候，神经系统尤其是大脑皮质的活动是很紧张的。如果较长时间进行脑力活动，就会出现疲劳。年龄越小的孩子，持续学习的时间就应越短，否则，大脑机能下降，孩子的理解、记忆能力就会减弱。因此，学习一段时间以后，应该让孩子休息，使孩子的大脑消除疲劳，这样能更好地对学习内容进行识记。

对比较复杂难记的学习内容，应教会孩子分段分部分记忆。比如：教唱一首歌，可以一段一段地教，然后整首歌连贯来教，这样就容易记住。这种方法叫做分散记忆，其记忆效果往往比集中记忆的效果好得多。

职场妈妈教子私房话

随着年龄的增长，孩子接触的事物越来越多，知识积累也多，记忆会越来越容易，因此，职场的妈妈不管时间多宝贵，帮助孩子掌握知识，也要一步一步来，由浅入深，循序渐进，不能急于求成。

循循善诱，提高孩子的思维力

一般情况下，妈妈们最爱犯的一个毛病就是经常注意到孩子的知识贫乏和记忆力不好，主动去想办法改善，然而很少有妈妈注意孩子的思维能力，更想不到去培养、提高。实际上，有处理问题的过程中，思维能力比知识和记忆力更重要。那么，职场妈妈该如何培养和提高孩子的思维能力呢？

首先，要激发孩子的好奇心，培养他们善于发明问题和提出问题的能力。在通常情况下，当孩子遇到了问题，感到必须设法解决时，才会引起积极的思维活动。为此，妈妈在孩子的学习、生活和其他活动过程中，要根据孩子的实际情况有意识地对孩子“设疑”，引起孩子对问题的注意和思考。比如：孩子们都喜欢看鱼在水中嬉戏，这时，做妈妈的为了引导孩子思考，就可以对孩子设问：“为什么鱼能在水中游戏而不会淹死？鱼游水时尾巴为什么要左右摆动呢？”等等。这样就能激发孩子的好奇心和浓厚的兴趣，从而有效激发他们思考和寻找问题的答案，达到培养孩子思维能力的目的。但是，在启发孩子思考问题时，对他们的“设疑”应该做到难度适中，要富有启发性。否则，就达不到培养和提高孩子思维能力的目的。

其次，采用多种形式扩大孩子的知识面，在使孩子掌握知识的同时，发展思维能力。知识是思维的依据和源泉，是发展思维的基础，离开丰富的知识，孩子的思维能力便无从表现和发展。

美国历史上受人尊敬的林肯总统，年轻时曾做过法官，有一次审理了一桩案子，被告的罪名是谋财害命。审讯中被告口口声声说冤枉，而证人却一口咬定他亲眼看见罪犯作案。证词是：“10月18日晚上11时，我站在一个草堆后面，亲眼看到被告在离草堆西边30米外的大树旁作案，因为月光正照在被告脸上，所以我看清了作案人的面孔。”

证人的话音刚落，林肯就站起来指责他编造谎言。证人本以为自己的证词毫无破绽，不料马上被林肯戳穿了。林肯之所以能够迅速地作出正确的判断，就是因为他具有丰富的自然科学知识。因为案子发生那天是10月18日晚上11时，正是阴历上旬，是上弦月，11点钟，月亮已经西沉了，不会有月光。假如证人记错了时间，把作案推前，月亮还在天空的西边。如果月亮从西边照过来，照在被告人的脸上，被告面向西，藏在东边草堆后的证人是无法看到作案人的面容，倘若作案人面向证人，月光照在作案人后脑壳上，证人根本看不清在30米以外的作案者是谁。

聪明的林肯正是运用月亮升降圆缺的规律作为断案依据，巧断了这宗所谓的目击案。从这个事例中我们可以认识到，假如林肯没有月亮升降圆缺的知识就不可能迅速地断案，他能够迅速地作出正确的判断与他拥有这方面的知识是分不开的。

最后，要教给孩子正确的思维方法。我们知道，人们在思考问题时，总要有一条具体清晰的路径。因此，职场妈妈培养孩子的思维能力有没有效果，关键就在于使孩子掌握这种思路。一般情况下，思考问题的思路是提出问题，抓住关键问题进行分析，加以论证，得出结论。例如：组词是小学生语文学习的一个重要内容。有的小学生靠死记硬背，所组的词重复而又水平得不到提高，有时东拼西凑仍然组不出所要求的数目。有经验的妈妈，在帮助孩子学会组词时，常常是教会孩子思维的方法，使之思想开阔，从根本上掌握组词的方法。比如："桌"字的组词，可以从用途、形状、颜色的不同角度去思考，就可以组成"课桌"、"饭桌"、"办公桌"、"圆桌"、"方桌"、"长桌"、"黄桌"、"绿桌"、"红桌"、"白桌"等。按用途、形状、颜色等方面去想，就是一种具体的思维路线。

职场妈妈教子私房话

职场妈妈在教育孩子时，还要突破传统教育的束缚。妈妈不应该仅仅向孩子传授固定的知识，而应注重启发与诱导，让孩子自己去探索、研究、发掘，这样才能将所学知识融会贯通，逐步提高思维能力。

拓宽发展的空间，孩子就是天才

很多妈妈总以为现在的孩子教育条件是优厚的，天才的极少出现，可能只是孩子自身问题。可是，他们忽视了一个重要的问题，社会对孩子的教育面往往很狭窄。举个例子说，一个孩子从小学到高中，看似是个读书的过程，实际却是一个提升智力的过程，在这个过程中，更能发现一个人的智力优势。但是，现有的教育体系存在的不足使孩子的发展空间很有限。其原因一是个人自从上学那天起，就被迫地接受学校的一些规定和熏染，这种把一个自然性很强的孩子放到学校这个模型中去教育，往往会束缚孩子的发展。看现在学校所开设的课程不难发现，除文化以外，也开设了体育、美术、音乐、手工等课程。但存在的问题是，这些课程的设置，不能完全满足所有孩子的要求；二是这些课程往往因为文化课的重压，使得孩子无心顾及，学校也“等闲视之”，这些无法改变的事实，使孩子发展的空间很有限。

可一个天才的诞生，往往都是挣脱出了惯有的教育束缚，例如，“五笔字型”汉字输入法的发明人王永民，他的父亲虽是一个农民，但他心灵手巧，不但会编篓砌房，而且在解放前还会自己造出“汉阳造”步枪和手枪，是个闻名乡里的大能人。小时候他能用父亲的工具做手工，在当时，学校就没有手工课，但王永民并没有拘泥于当时那些课程的设置，一头钻进去而不顾其他。家里的这个条件，使他的发展空间比一般人宽广，这也是他能成为天才的重要原因之一。

当妈妈明白了这些道理以后，在培养孩子的时候，要善于拓展孩子的发展空间。一个天才的诞生，往往在以下三个方面有着广阔的空间，职场妈妈需要从这三个方面来为孩子拓展。

1. 认识空间

一个孩子对这个世界认识有多少，他能发现机会的可能就会有多大。用爱因斯坦的话来说，就是“已知的半径越大，所感触的未知空间就越大；所知的半径越小，所感触的未知空间就越小。”韩国的金宇中在卖菜、卖报的过程中发现了做生意的秘诀，才使他成为韩国经济英雄，这些都源于他对这个世界的认识与众不同，才令他显现出天才的特质。因此，妈妈要善于拓展孩子的认识空间。

可以说，对学校以外的天地，在孩子的认识上是盲区，当然，我们不

要求孩子超越认识自身的局限，能认识到精神、生命、社会、自然这些高深的东西。按照孩子的特点，我们至少要让孩子认识一些基本的东西。比如，让孩子了解不同的职业类别、科学类别和人文类别等，能使孩子更好地选择适合自己智力优势的事去做。数学家高斯就是因为从舅舅那里了解到17边形这道难题，他才有机会解决这个难题，不然，就是他再聪明，他也没有展示的机会。香港的李嘉诚，因为在茶馆里的历练，使他全面了解了当时的职业状况，这才使得他选择了推销员的职业。假设他不知道有推销员这个职业，即使他很有推销的天赋，也不会发现自己的优势。

因此，妈妈要以孩子的发展为准则，来拓宽孩子的认识空间。不然，孩子就会变得僵化刻板。宽广的认识空间，能让孩子的发展有更多的机会——有时天才的诞生，就不是比别人多发现一些机会吗？

2．硬件条件

一个天才的发展，往往需要比一般人特殊一些的条件，因为他们的思路宽广，对硬件的需求就会比一般人特别。妈妈要为孩子提供一些所特需的条件，孩子才能很好地成长。不可否认，我们的教育设施落后，因此，妈妈应该从硬件设施上拓宽孩子的发展空间。举个例子说，从某种意义上讲，我们为孩子配备了电脑，我们可以使孩子成为一个电脑天才的可能；我们为孩子买了篮球，孩子就会有希望成为下一个姚明；我们为孩子买了一架钢琴，他就有可能成为中国的另一个郎朗……如果我们的孩子不接触电脑、篮球和钢琴……那他们就没有机会成为某一个方面的天才。这就像前文说过的那样，给予孩子多一些条件，孩子就会多一个机会，因为总有最适合孩子做的事。

对于一个家庭来说，我们无法为孩子提供千万种硬件让孩子去选择，妈妈在硬件上为孩子发展空间的拓宽，就需要妈妈做到以下两点：一是利用社会资源，勇于让孩子去尝试；二是家庭的教育硬件资源的配置，一定要拿准孩子的兴趣爱好。给予孩子多一些发展条件，让孩子去选择自己最喜欢的、最有兴趣的事去做，这样，孩子某些天才的特质就不会被埋没。

3．专业空间

一个孩子能否成为一个天才，往往与他选择的专业有关。比如百度的老总拥有电脑软件专利而创立了公司；腾讯的东家也是靠即时通信起家的……这些成功的人士，他们适时地抓住了当时最热、最火的专业，及时进入了人才最紧缺的行业，各自在自己的专业领域里，创造出了自己的事业。学习一个热门专业，这往往就是一个人成功的起点。但是，学校的教育和社会的影响，往往会从某种程度束缚了孩子专业选择的广度，一是因为学校设置的专业前瞻性不足；二是人们因为就业，往往追求一时的热门专业，他们不能顾及到专业的前景和孩子自身的需求。

无论是百度的老总还是腾讯的东家，他们都是选择了在那个时代最具有前途和最适合自己发展的专业。因此，在孩子选择自己专业的时候，不要被一时的热门专业和就业所限制，让孩子了解更多的专业及其前景，这样，孩子所选择的，有可能就是一条通往使自己成为天才的道路。

职场妈妈教子私房话

为孩子拓宽发展的空间，妈妈要让孩子考虑到自身优势，选择最有兴趣、能发挥自己特长、符合社会发展需求的事去做。给自己一个最好的定位，孩子在所学的领域内才能有所建树。

第四章

尊重孩子的天性，教子不设限妈妈不会累

梦想，兴趣，特长……不同的孩子都各不相同，这些不同反映了孩子的特质和天性。职场妈妈能不能轻轻松松地教好孩子，关键是看她能不能顺应孩子的天性去培养孩子。顺性而为，教子会事半功倍，孩子会轻轻松松成才；逆性而为，教子会事倍功半，妄费大量心血。

要想孩子优秀，让孩子有一个美好的梦想

要想孩子优秀，首先就要让孩有梦想，这样才能开启孩子智慧的大门。很多功成名就的人，他们在自己还是一个孩子的时候，心里面就充满着很多梦想，正是这样的梦想引领着他们走向杰出。

达尔文从小就对各类昆虫有着浓厚的兴趣，他对昆虫的喜爱达到了痴迷的程度，他常把各种各样的昆虫捉回家制成标本。有一次，他在草丛里捉昆虫，突然发现好几只从未见过的小昆虫，由于两手不够用，情急之中，他干脆将一只昆虫含在嘴里，此时，他感到又涩又恶心，但他一直坚持回到家中才小心翼翼地将昆虫吐出来，以用来制成标本。

达尔文上学后，他常常利用课间活动采集植物，却又常因为自己太投入而忘记了去上课。有一次校长实在对达尔文学习的“散漫”看不下去了，就警告他说：“如果你还玩这些东西，我就把你赶出学校。”达尔文伤心地把这件事告诉自己的父亲，父亲没有批评他，只是告诉他，不要因为在学校采集标本而影响了功课，父亲同时表示支持他的爱好，并给了他一间在花园里的小棚子作为实验室，还对他说：“你要善于并敢于想像，只有大胆的想像，你才能有所发现。”父亲的鼓励使达尔文对昆虫的兴趣矢志不渝，也使他的观察、努力有了动力。后来，他就成为世界著名生物学家，他的《物种起源》一书，被公认为生物学发展史上的一座里程碑。

许多孩子都会有看似不合实际的梦想，孩子优秀，常常是因为他们小时候的那些梦想在他们心里产生了激情，这种激情能最大限度地激发孩子的潜能，从而使梦想变为现实。可在现实中，很多职场妈妈对待孩子的那些梦想，要么对孩子说那是不切实际，要么斥责孩子好高骛远，这就是很多孩子平庸的原因。因此，职场妈妈要给予孩子梦想，让孩子在自己的梦想中成长。一个有梦想的孩子，都离不开妈妈对他的引导。让孩子产生梦想的方法有：

1. 锻炼孩子的想像力

孩子有好的梦想，首先是要孩子有一定的想像力，因此妈妈在孩子小时候，就要注重对孩子想像力的培养。关于对孩子这方面的培养有很多种办法，例如妈妈可以把一个很有趣的故事讲给孩子听，要到结尾处给孩子留下悬念，要孩子自己来设计故事的结尾；可以画一幅简单的画，让孩子根据画里的内容编故事；可以引导孩子去欣赏音乐，让孩子在音乐声中去设想美丽的境界……通过这些活动，我们可以锻炼孩子丰富的想像力。人们都熟知达•芬奇画蛋的故事，人们只知道老师要达•芬奇画蛋，是为了锻炼他的耐心。其实，不仅是如此，老师更重要的是通过这个枯燥的“0”来锻炼达•芬奇的想像力，因为画家是要有充分想像力的。

2. 做孩子梦境中的导师

孩子的思维是活跃的，他们的想法可能是漫无边际，这时，妈妈要有意识地在孩子的梦想与现实之间搭一座“桥”。

莱特兄弟俩从小丧母，一直和父亲一起放羊。一天他们在山坡上放羊时，看到大雁从头顶上飞过，其中一个孩子看着大雁说：“我要是能飞就好了，这样我就能到天国中去看我的妈妈。”另一个孩子也说：“能飞真好，我们就可以到我们想去的地方。”

父亲看着自己两个儿子，沉默了一会儿，然后对他的儿子们说：“如果你们想飞，你们就一定会飞起来。”两个孩子虽不解父亲的话，但还真的像大雁一样扇了扇自己的手臂，但他们并没有飞起来。他们疑惑地看着自己的父亲。

父亲让他们看自己是怎么飞的，于是他也像大雁一样扇了扇自己的手臂，他也没有飞起来。但父亲很认真地说：“我是因为年纪大了才飞不起来，你们可能是因为还小而飞不起来，只要你们努力，你们就一定会飞起来，到你们想去的地方去。”

从那以后，父亲总是肯定人能飞起来，两个孩子也一直在为这事努力着，等他们长大以后，他们真的飞起来了，这样，莱特兄弟成了飞机的发明者。

所以，当孩子有梦想的时候，妈妈要顺着孩子的思路把孩子的梦想拓宽开来，做孩子梦境中的导师。

孩子的梦想是他今后奋斗的目标，或许仅仅有目标不一定会成功，但没有目标的人成功更是无从谈起。

职场妈妈教子私房话

职场妈妈要辅佐孩子在心里播下梦想的种子，让孩子学会梦想，敢于梦想，如果孩子的心里是一个五彩缤纷的世界，那么他的前程也会是花团锦簇。

孩子有了梦想，你做梦想实现的催化剂

孩子有了梦想，就是孩子在成长中有了目标，但要孩子把他的梦想变成现实，这中间还需要有一个摸索、奋斗的过程。在这个过程中，孩子成功与否，往往取决于妈妈对孩子梦想的态度。孩子有一个梦想，妈妈要顺着孩子的这个梦想去引导孩子学习，孩子常常就能把梦想变成现实。如果妈妈总是以幼稚、可笑来定义孩子的梦想，那么孩子也会认为自己是可笑的，他的梦想就会变成空想或妄想。因此，对于孩子的梦想，妈妈不论有多忙，都要做一个引导者，做孩子把梦想变现实的催化剂。

一些事情能令孩子着迷，才会因此萌生想法，这样诞生的梦想，对孩子来说是有很大诱惑力的，这样的梦想更对孩子有着巨大的牵引力和激励

作用。但是，孩子的梦想有时完全是感性化的，他们往往对一种现象做出无边际的发挥，缺乏经验和认识，因此，妈妈要做的，就是把孩子对梦想追求的那份巨大力量，转化成孩子的行动力，引导孩子实现自己的梦想。在很多情况下，孩子梦想的实现，是同妈妈的鼓励和帮忙是分不开的。

小时候，他向往自己能成为一个大人物，他的母亲也鼓励他树立成功的梦想。但是，现实与理想往往有很大的差距，孩子在学校的糟糕表现，使他没有一点“大人物”的征兆。他的数学经常不及格，老师还经常因为他的错误而责骂他，孩子对自己成为大人物的梦想开始放弃了。“你的老师不了解你。”他的妈妈发现孩子的情况后对他说，“将来有一天，你们学校所有的老师将会以你为荣，你的名字将会被刻在你们学校的墙上。”

母亲的话又燃起了孩子对自己梦想的追求，从那以后，他坚定自己的梦想——成为一个伟大的作家。

以后，每当他取得一些进步的时候，妈妈都要称赞他一番，还把孩子的作品读给邻居们听，在这样的引导下，这个小时候想成为“大人物”的孩子终于写了一部巨著——《老人与海》，这就是海明威小时候的故事。海明威后来谈道：母亲帮我树立了梦想，我开始相信自己……

所以，妈妈帮助孩子向梦想迈进，会让孩子产生巨大的原动力，使孩子在困难面前变得坚强，能主动去克服困难，追求自己的梦想。

职场妈妈可以从这两个方面着手来帮助孩子实现梦想：

1. 强化孩子的梦想

孩子有了一个好的梦想，有时候可能只是他冲动的想法，或者孩子同时有很多个梦想，妈妈要善于抓住最有价值的梦想，用强化的方式坚定孩子对自己梦想的追求。

乔丹在很小的时候，一个偶然的机会，他告诉自己的母亲：他有一个想成为篮球明星的梦想。他的母亲听后很高兴，当晚就为孩子的这个梦想庆贺了一番。此后，母亲常常鼓励他向一些球星学习，并抽出一些时间帮

孩子买一些体育杂志，把其中明星的照片剪下来，贴到乔丹的房间里，以此来坚定乔丹的梦想。后来，在母亲的引导下，乔丹的成长结果在这儿就不用多说了。

2．把孩子的梦想分段实现

妈妈要帮孩子把梦想分解成一个个小的目标。因为不能一口吃一个胖子，孩子只有通过小目标的实现，以这种积累的方式成就他大的梦想，这样梦想的实现就会容易得多。

有一个孩子对他的父亲说，他要做一个国际刑警。他的父亲就告诉他，做刑警首先要有一个好的身体。于是孩子在自己梦想的感召下，没事就进行体育锻炼，从六七岁开始，他就因此喜欢上了篮球、跑步等体育锻炼。以后父亲发现，因为孩子经常锻炼，身体的确要比其他孩子结实得多。孩子上六年级开始学英语了，父亲又告诉孩子："要想当一个国际刑警，身体好、成绩棒还不行，至少还要学好外语，不然就无法与外国人交流。"孩子听后，于是对英文的学习又很刻苦，英文成绩因此很不错……后来，孩子真的成了一名警察。据说，他所在市里，整个公安系统只有他一个人会四种语言。

有的妈妈会说："我的孩子总是不停地变换梦想，叫我们无法对孩子的梦想进行'催化'。"其实，孩子梦想的不停改变，正是孩子的梦想没有得到妈妈有效"催化"的结果，妈妈有一定的责任，不能全怪孩子信念不够坚定。做孩子梦想实现的催化剂，就是妈妈帮孩子走向通往梦想的大道，孩子在这条路上需要妈妈的规划、支持和帮助。在孩子实现自己梦想的过程中，职场妈妈要让孩子明白坚持的含义，让孩子不懈地为梦想奋斗。正如陶行知所说的那样："给孩子一座山，让孩子自己去攀登，职场妈妈要做的就是让孩子坚持下去。"这里的"一座山"就是孩子的梦想，"让孩子坚持下去"就是要妈妈做孩子梦想实现的引导者，让孩子美梦成真。

职场妈妈教子私房话

一些事情能令孩子着迷，才会因此萌生想法，这样诞生的梦想，对孩子来说是有很大诱惑力的，这样的梦想更对孩子有着巨大的牵引力和激励作用。

把头抬起来，五个字能唤起孩子的尊严

孩子的自尊心和荣誉感很强，如果妈妈能细致地发掘孩子身上的优点并及时加以肯定，就会激发他们的荣誉感与自豪感，并使好的行为得以巩固和趋于自觉化。例如，儿子不知从何时起开始喜欢听自己小时候的故事，于是妈妈就虚构一些他小时候的优点，经常告诉儿子：“宝宝小时候可乖了，最讲卫生了，吃饭也很乖……”儿子总是很自豪。这时再要求他照小时候那样去做，他往往很乐意。

有一个乞丐跪在地铁通道摆着铅笔摊乞讨。来了一个商人，丢下一美金，匆匆离去。一会儿，这位商人又跑回来，认真地对乞丐说：“咱们都是商人，都是卖东西的，我刚才付给了你一元钱，没拿东西，现在我要拿走。”说着，蹲下来，挑了几支铅笔走了。

商人的话，让乞丐大为震动。他第一次听到有人称他“商人”，第一次听到有人说他“卖东西”，他一下子找到了做人的尊严。他迅速站立起来，掸掸身上的土，开始认真经营起他的铅笔摊。经过几年的努力，他成了名副其实的商人。一次，他衣冠楚楚去参加一个商界聚会，在那里，他见到了那位商人。他毕恭毕敬地走过去，深深地鞠了一躬，充满感激地说：“谢谢，先生！是你让我找回了尊严！”

人人都需要尊严。尊严是人生的丰碑，尊严的丰碑树立起来，人生就会创造辉煌；尊严的丰碑一旦倒塌，心灵就会被践踏。贫困、残疾家庭出生的孩子需要尊严，那些学习差的孩子也需要尊严，有时这些妈妈、老师眼中的“差生”，缺的不是分数，而是人格尊严。

一群全校闻名的捣蛋鬼，毕业前被集中打入“差班”。“差班”第一天上课，新班主任的开场白是这样说的：“同学们，把头抬起来！人生好比一场马拉松，暂时的落后并不代表最后的失败。从今天开始，我和你们一同起跑……”

犹如春风拂过荒原，犹如暖流涌向冰川，这些“差生”的心灵被强烈震撼，就在这堂课上，一颗颗“顽石”下定了痛改前非的决心。

从此，“把头抬起来”成了这个班同学的常用语。现在，他们都已长大成人，每逢过年，他们之间还通过手机短信把这句话互相传递。他们说：“这普普通通的五个字，充满了强烈的情感和人生的哲理，是它，改变了我们的人生道路。”

“把头抬起来！”这五个字唤起了孩子做人的尊严！所以，职场妈妈在教育孩子的时候，没有时间不是教育无效和失败的理由，关键是能不能尊重孩子的天性。所以，不是时间决定教育效果，而是方法决定教育成效。

职场妈妈教子私房话

你对孩子的教诲会不会有很好的效果，不在于你话语的多少，而在于你言语的分量——一语击中孩子内心的薄弱处，你的教育才能起到四两拨千斤的效果。

用欣赏的态度，发现孩子的创造性

人的创造潜力与生俱来。对孩子来讲，创造潜力人皆有之。日本著名创造学家恩田彰认为，这种幼儿的创造性，对别人未必是新颖的创造，但对孩子自身却是前所未有的，是一种自我实现的创造性。它虽然没有社会价值，但可产生独特的个性活动。随着孩子的身心发展，这种人皆有之的创造性就会朝特殊才能的方向发展。也就是说，其中某种低级的、原始的创造力随着孩子的身心发展，会走向高级的、有真正创新意义的创造力。

有位幼儿园老师讲过这样一个事例：

一个三岁男孩穿着背带裤，活动时被小朋友拉掉了裤扣。他没有求助老师，自己叫了一名女孩替他按住胸前的裤兜，自己把两根背带分两边，揽腰系住了裤子，然后继续玩耍。

这个急中生智的办法，对一个学龄孩子来说不算新，对一个成人来说更不足挂齿，但对一个三岁男孩子来说就是一种“前所未有”的创造。他知道不让裤子掉下来除了背带还有第二种方法，即在腰部系住，同时他还“发明”出用背带代替腰带。

有个六岁的孩子看见外婆每次拖完地板总会捶背喊累。他就对外婆说：“我长大了就要造一种拖把，上面有五六个按钮。外婆只要按一个按钮就能自动拖地，再按另外的按钮又能自动洗拖把，再按一个按钮又能自动绞干……”

这是一种大胆的设想，属于孩子的创造性思维活动，在孩子中较为常见。如果注意培养和训练，并形成一种思维方式，或许就能在今后的学习

工作中取得优异成绩。

萧伯纳有一句名言：“一般人只看到已经发生的事情而说为什么如此呢？我却梦想从未有过的事物，并问自己为什么不能呢？”年轻人尤其应该有梦想、有希望，因为奋斗的过程和达成目标一样，都能使人产生无比的快乐。你要有勇气梦想自己能成为一位名医、明星、杰出的科学家或作家……等等，而且要全力以赴，奔向理想。

梦想使生活变得美好，使人充满激情和力量。梦想还能使人心情愉悦。所以当孩子有成人看来不切实际的幻想和想法，妈妈千万不要急着打击他，要鼓励他，不要凭一己的经验下结论。

以拍摄《大白鲨》、《ET》、《回到未来》、《侏罗纪公园》、《辛德勒名单》等几部叫好又叫座影片的美国著名导演史蒂文·斯皮尔伯格，当他还是个小孩子的时候，就非常喜欢拍摄八厘米的实验电影，而且通常是自编、自导、自演。从小他就渴望长大之后能从事电影工作。因为好莱坞是电影工业的重镇，所以他跑到那里去寻求发展，经过他个人的努力，加上他本身具有的才华，终于引起制作人的注意，并获得电影公司的青睐，进而开拍如上所述的著名影片，使他成为当代有名的大导演。

在英国曾经做过一个实验，实验的方法是利用拍摄影片的方法去追踪五十个人的生活，从七岁开始到三十五岁截止，前后共花了二十八年的时间，每隔七年就让这些人重新评估自己一次。令人惊讶的是，几乎每个人最后找的工作，都和他在七到十四岁之间的兴趣有关。虽然大多数的人在成长的过程中，基于许多因素，不得不背离了他们的兴趣，但是当他们能力所及时，大多会找机会重拾儿时的梦想，事实也证明，成功的人都是做他们喜欢的事。

孩童时期的志趣和梦想，很可能就是奠定他将来事业发展和成功的基石。因此，当孩子们在述说类似天方夜谭的梦想时，聪明的妈妈应该以一种欣赏的态度，实时给孩子们肯定和增强，例如说：好棒的想法；你有这方面的天分，好好努力美梦一定能成真；放手去做，爸爸妈妈支持你。千万不要以嘲笑的口吻来浇熄孩子们万丈的豪气。

西谚说：梦想，改造一生。孩童因为天真，所以有初生牛犊不畏虎的勇气，有色彩绚丽的梦想世界。只要大人们愿意多鼓励孩子们去实现他们的梦想，深信就会有更多青出于蓝，胜于蓝的佳话出现，这也是所有妈妈所乐于见到的画面，因此就让我们一起来多说一些鼓励孩子们实现梦想的话吧。

职场妈妈教子私房话

尊严有如此大的力量，它能让乞丐变成商人，也能让一个人变成失去灵魂的乞丐。一个孩子是不是有尊严，不取决于家里物质条件的好坏，而在于他们生长和教育的环境。

合格的妈妈，一定善于发现孩子的天赋

时下不重视孩子教育的妈妈不多，但深谙教育之道的妈妈却很少，职场妈妈都想把自己的孩子培养成才，没有太多时间不说，更不知从何着手。他们或者盲目仿效别人，或者买一本家教方面的书照章办事。结果别人的孩子成功了，自己却破财费力不见效果。道理很简单，孩子天赋并不在这里。所以，职场妈妈要想做一个称职的妈妈，一定要善于发现孩子的天赋所在，这样，对孩子的教育才会事半功倍。那么，职场妈妈如何才能发现孩子的天赋呢？

1. 从兴趣看天赋

孩子的兴趣所在往往就是其天赋的“闪光点”，以贝多芬为例，这位

世界级音乐大师4岁时就对音响与旋律发生了浓烈兴趣，喜欢在琴键上来回按动，其祖父及时抓住这一“闪光点”，有意识地去培养他，结果他8岁就能登台表演，最终成为享誉世界的音乐家。

那么，孩子的兴趣又如何去发现呢？主要在于妈妈平时的仔细观察。孩子是否接连不断地提出某一方面的问题，聚精会神地听某方面的讲述，或津津有味谈论某一领域的事情；是否主动地参加或观察某个活动；是否专心地做某方面的小实验；是否经常购阅某一方面的书籍；是否特别珍惜某些物品；等等。另外，多与学校的老师联系，并与孩子一起玩耍、散步、旅游，以便发现孩子的爱好与兴趣。

2．从行为看天赋

孩子在从事种种日常活动中会有不同的表现，妈妈应睁大眼睛随时留心观察孩子的灵性所在。所谓灵性，指孩子在某项活动中表现出色，优于其他同龄孩子，表现为对某些知识一点就通，容易入门，学习积极性与主动性强，热情长久不衰。如开始说话很早，说起话来滔滔不绝，对语言的记忆力较强，喜欢讲故事，这表明孩子有语言天赋；如孩子爱听车或船的鸣笛声以及其他有节奏的声音与乐曲，学习新歌曲毫不费力，这表明他有音乐天赋；如对分类与图形颇感兴趣，擅长下国际象棋或跳棋，喜欢问抽象的问题，表明他有逻辑数学天赋，在数、理、化等学科方面有优势；如爱提各种各样的问题，对天文、地理和自然现象的知识感兴趣，表明他有空间想像天赋，长大后极可能成为自然科学领域的佼佼者；如能较早地接受各种运动动作，熟练地掌握各种体育器械，表明他有运动协调天赋，让他从小参加体育训练班可能是最佳的早期教育方式；如能观察到别人的微小变化，在阅读小说或看电视、电影时能很快认出其中的正、反角，表明他有管理方面的天赋。

3．从性格看天赋

据德国科学家研究，孩子的个性也是其天赋的“显示屏”。密歇根大学的专家在20年前对125名3～10岁孩子的母亲进行问卷调查，依据孩子在同别人发生意见分歧时的态度予以性格分类，并与现在的情况进行对照研究，发现那些意见一旦被否决就直掉眼泪的孩子，感情脆弱、敏感，日后大多数成为有艺术天才的人。相关人士的解释是：这类孩子从不学习试图解决冲突，因此长大后的内心世界比较丰富。而那些总想设法在语言上达到目的、喜欢作立论性发言、显得自信的孩子，长大后许多人成了法官、新闻记者或律师。至于那些不经过深思熟虑就脱口而出、为证明自己正确而捶胸顿足、态度咄咄逼人的孩子，日后容易成为部门的领导或管理者。

职场妈妈教子私房话

职场妈妈要想做一个称职的妈妈，一定要善于发现孩子的天赋所在，这样，对孩子的教育才会事半功倍。

放心去忙吧，多给孩子自由的空间

在日常生活中，妈妈为了管好孩子，常常是放下手中的工作，花大量时间对孩子进行管教。但遗憾的是，妈妈对孩子管的越多，孩子往往对妈妈越反感。可以说，有很多孩子与妈妈关系紧张，往往就是妈妈对他们管得太死。其实，职场妈妈多给孩子一些自由的空间，不仅自己轻松，和孩子之间的关系可能会更融洽。

据调查，对孩子过于管教和限制已经成了我国妈妈家教的特点，有百分之四十五的孩子表示“妈妈总不让我做想做的事”，有百分之三十的孩子表示“妈妈常侵犯我的隐私”……更多的孩子渴望在家有一片自由的天地，然而妈妈总是限制他们，这种矛盾往往会造成妈妈和孩子间不和，有的还会造成悲剧的发生。

在某少管所，16岁的李某原是一个听话的孩子，父母对他的管教是非常的严格，日常使用的物品都是由父母来决定用什么牌子，父母买什么他就用什么；自己的作息时间都是按父母的要求严格执行的，就是在星期天，李某也没有权利安排自己的时间。父母从交友、穿衣、听音乐、看电视样样都要管。李某上了中学以后，他就渐渐反感父母的这种做法了，因为他做事一点主动权都没有。父母发现孩子对他们有反感的心理以后，对李某要求就更严了，特别是父亲，李某稍有不合他的意，有时竟会暴跳如雷，这让李某与父亲经常冲突不断。

一天，因为妈妈翻看了李某的日记而使李某满肚子委屈，于是他就想报复一下妈妈。妈妈晚上加班，他有意把进门开关里的电线裸露在外面，当妈妈半夜下班回来的时候，一下子被电流击中。就这样，李某进了少管所。

李某的做法肯定会令人发指，但其中的根源还是在于父母对他管得太死所导致的。妈妈与孩子之间关系的“僵死”，往往就是妈妈自己给管死的。因此，妈妈多给孩子自由的空间，才能和孩子的关系更和谐，就是有时遇到一些误会，也不会影响自己与孩子的亲近。

一个孩子和妈妈的关系一直很好，从小时候一直到现在的大三，他和妈妈相处的就像朋友一样，自己有什么事他都能和自己的妈妈交流。可以说，他的妈妈也是很开明的，在孩子自己的很多事情上，都会给孩子足够的自由空间。但是最近他的父亲似乎有些反常，总喜欢在家里挑挑拣拣、这不是那不是的，还喜欢对家人乱发脾气。孩子忍受了很多，父亲似乎也没有“自知之明”。孩子很苦恼，几十年来和父亲建立起来的良好深厚感情，眼看就要在父亲不近人情的脾气中渐渐地淡化。这时母亲就对孩子说，他的父亲之所以有这样大的改变，原因是更年期到了，导致性格出现反常。母亲要求孩子对父亲多一些宽容和关怀，等过了更年期父亲就会变好的。从那以后，在父亲发脾气的时候，孩子也能用宽厚的心态对待他的父亲，父亲的反常性格丝毫没有影响到父子间的关系。

给孩子自由，常常就是给孩子腾出良好的发展空间。

两个老师在课余比谁种的南瓜大。为了能种出的南瓜比对方的大，小万老师每天都非常勤快地给南瓜施肥、除草。但小李老师与小万老师不同，他每天只去地里转转，很少看见小李老师给南瓜施肥，除草、要是南瓜没什么异常，小李老师就自顾自做别的事去了。不久，小万老师的南瓜苗相继死去，而小李老师的南瓜苗却长得格外好，最后结出了大南瓜。

小万老师不解地问小李老师："为什么我那么用心地栽培瓜苗，所有的苗都死光了，而你从来都不曾好好地管理，瓜苗反而长得那么好呢？"

小李老师笑答："看到它们都在快乐地成长，我当然不去管它们，而你不管它们的感受，拼命地施肥、除草，哪有不死的道理啊！"

小李老师能种出大南瓜，关键就在于他随南瓜苗自然地生长。同样的，妈妈的教育也应该顺着孩子的天性，随着孩子自由成长的规律。有个教育家说过："只有自由，才能学到知识；自由，可以让孩子充满灵气和童心，充满个性和幸福，在不知不觉中长大。"自由、快乐，这是所有孩子向往的生活，多给孩子自由的空间，就会使孩子获得健康，纯真，充满诗意的生活。这样，孩子与妈妈才不会有太多的矛盾冲突，孩子与妈妈的心灵才会高度地交融在一起。

职场妈妈教子私房话

职场妈妈多给孩子一些自由的空间，不仅自己轻松，和孩子之间的关系可能会更融洽。

尊重孩子的兴趣，孩子会更出色

职场的妈妈会很忙：晚上下班就急着往回赶，因为自己要陪孩子上舞蹈班；在双休日，妈妈也不能休息，因为孩子不是要上英语班，就是要上美术班。孩子的兴趣班让妈妈忙得不亦乐乎，但结果却不尽如人意。结果越不如意的孩子越要上兴趣班，孩子的兴趣班越多，妈妈越忙。其实，很多妈妈忙得很盲目，她们忽视了这样一个道理：孩子对一件事越有兴趣，他做事的热情就会越大，干劲儿就会越足，效果越好，父母会很省心。

有这样一个故事：一家有两个儿子，老大小提琴拉得好一些，老二小提琴拉得差一些。一个小提琴名家要从两个孩子中选一个作为自己的衣钵传人。一天，小提琴家来到这两个孩子的家。首先，他遇见这家的大儿子，看他很开心的样子，小提琴家就问道："孩子，有什么事这样令你高兴？"这家的大孩子答道："我刚练完琴。"过了一会儿，他遇见了手里拿着小提琴的小儿子，看他也是很开心的样子，小提琴家又问了同样的话，这家的小孩子答道："我正要去练琴。"

小提琴家决定，要这家的小孩子做自己的衣钵传人，旁人不解，小提琴家说："小儿子拉琴比大儿子更有兴趣。"在小提琴家的调教下，这家的小儿子最终成了有名的小提琴家。

所谓的天才，就是对事物怀有比一般人更强烈的兴趣。在后人的眼里，牛顿、爱因斯坦等这些人无疑是人类最聪明的代表，但从他们小时候的一些事看，他们并不是很聪明，甚至还被老师和同学讥笑成"傻子"或"笨蛋"，他们之所以能成长为最优秀的人，那就是他们对自己所从事的事有着浓厚的兴趣，是自己的兴趣造就了他们的杰出。因此，爱因斯坦说：“兴趣是最好的老师。”

但令人不解的是，现在的很多职场妈妈，却不知道兴趣在孩子成长过程中的重要性。孩子的兴趣大都不能得到很好的发展，妈妈更谈不上在让孩子做一件事时，从孵化孩子的兴趣入手，相反，很多妈妈在无意识中扑灭孩子的兴趣。比如前文所说的孩子把妈妈栽的花连根拔了，很多妈妈就会因此责骂孩子，往往会说上一句类似“这有什么好看的？”的话来。妈妈责骂时的言语就会植入孩子的心里，当以后上生物课的时候，他就会在无意中认为老师所讲的“没有什么好听的”，因此，孩子就不会学得好。很多事的道理和这是一样的，若妈妈能正确对待孩子的兴趣，那么就会引导孩子向更深处去思考。同样是前面的一个例子，妈妈告诉孩子：这些花之所以开得这么鲜艳，全靠根吸取土壤里的营养。孩子在以后的生物课学习中，他就会留意“根如何吸取土壤里的营养”的问题，这样，孩子就会学得更好。因此，妈妈要注意保护孩子的兴趣，孵化孩子的兴趣，这样，妈妈才最省心。

孩子兴趣的孵化，是指利用孩子的兴趣，让孩子不停地对知识进行探索，在行动中进步，从而变得更聪明、更优秀。让孩子做一件事，首先从激发孩子的兴趣入手，他们一旦对你要求的事有了兴趣，做起来也就不难了。

孩子10岁的时候，成绩很不好，更没有像其他孩子那样有什么特长，他的妈妈很着急，于是她就给孩子买了一把小提琴，希望能从小培养孩子的音乐素养。可是，孩子对小提琴根本没有什么兴趣，他更喜欢在假期和邻居的孩子一起捉迷藏、过家家。无论父母对他的要求是多么的严厉，可他学起来总是三心二意的，孩子的心不在琴上。

孩子的妈妈决定从培养孩子的兴趣着手，让孩子主动去学。

因此，每当有音乐会的时候，母亲就带着孩子一起去听一听。一开始孩子在音乐厅里是坐不住的，但他的母亲告说他，让他先不要去听什么，而是看看演奏者演奏完了观众是如何对待演员的。孩子看到，每当一曲终

了的时候，观众都会报以热烈的掌声，有的观众还送鲜花给演奏者。孩子很羡慕演奏者的风光，这时母亲告诉他，只要认真踏实去学，他也会像这个演奏者一样受到别人的尊敬的。渐渐地，孩子似乎能坐下来听了，有时听见是自己练过的曲子，他还会和母亲交流一番。孩子对音乐有了一些兴趣。

母亲除了用感染的方式来引导孩子学音乐之外，在孩子练习的过程中，还会用一些小方法来激发孩子的兴趣。

一天，孩子随意拉了几首曲子以后就再也不愿拉了，这时母亲突然叫住儿子："孩子，刚才你拉的是什么曲子，你拉的这么好，就是成名的音乐家恐怕也只有这个水平，再拉一次给我欣赏一下好吗？""当然可以！"因为有人欣赏，故而孩子高兴地回答。母亲又乘机让他拉一些其他的曲子。

还有一次，孩子在拉完一曲以后，母亲对孩子说："你已经拉得这样好了，在过几个月就是你姥姥80大寿，我想你在姥姥的寿诞上开个你个人的音乐会，姥姥肯定很高兴。""那太好了。"孩子欣然同意。从那以后，孩子起早贪黑地练曲子，到他外婆80大寿时，孩子已经娴熟地拉上十来首曲子了。从此，每当家里有人生日或者在节日里，孩子的"音乐会"成了固定的节目，孩子也因此爱上了小提琴。

就这样，这位母亲终于培养了孩子对小提琴的兴趣。后来，孩子对小提琴到了痴迷的程度，现在，这个孩子已经成为国内知名的小提琴手了。

所以说，兴趣是孩子成才最好的导师。孩子有多么的聪明，有多么的杰出，这离不开妈妈对孩子做事时兴趣的培养。职场妈妈要记住日本教育家铃木的一句话："没有培养好孩子的大人首先不要发牢骚，应该分析一下没有培养好孩子的原因。"这里的"没有培养好孩子的原因"，就是指在培养孩子时，很多职场妈妈没有从孵化孩子的兴趣入手。

职场妈妈教子私房话

孩子对一件事越有兴趣，他做事的热情就会越大，干劲儿就会越足，效果越好，父母会很省心。

懂得换位，站在孩子的高度看世界

孩子和成人的内心是两个各不相同的世界，作为职场妈妈，如果总是按照自己的想法来要求孩子，那么妈妈与孩子之间的关系势必紧张，这样，妈妈与孩子就不会很好地相处。

有这样一个故事：一位母亲带自己不满5岁的孩子逛街，孩子从家里出发的时候，都是高高兴兴的，可每次逛街不到一会儿，孩子就会哭闹着要回家，这让孩子的母亲很恼火。但奇怪的是，孩子只要和他的父亲一起逛街，他从来不会吵着要回家，而且孩子还会表现出非常开心的样子。因此孩子渐渐地和父亲亲近起来，当有人逗问孩子爸爸妈妈最喜欢哪一个时，孩子就会天真地说："最喜欢爸爸，不喜欢妈妈。"这让平时花最多时间看照他的母亲听起来很不是滋味。

母亲思前想后，也找不到自己给孩子造成不好印象的原因，自己从任何一个角度看都能算得上是一个好母亲，她百思不得其解。

但不久，母亲终于明白了孩子疏远她的原因。有一次，在一条繁华的街道上，她蹲下身来为儿子系鞋带，母亲无意抬起头来发现，从孩子的角度看，在这个繁华的街道上，一个5岁的孩子什么也看不见。因为没有高度，落在孩子眼里的，只有一双双粗大的脚和男男女女的裤脚……都市的

繁华与精彩，在孩子看来竟都淹没在周围的人群里。母亲明白了，孩子每次跟她逛街，她都放手让孩子自己走在街道上，这样孩子就什么也不能看到。但孩子和他父亲在一起的时候，他父亲喜欢把他扛在肩膀上，街市上的繁华就会尽收眼底，孩子自然喜欢和父亲一起逛街。

从此这位母亲明白，如果用自己的角度去看管孩子，就是你付出的辛劳再多，和孩子之间的关系也不一定会很融洽，因为孩子更喜欢和他站在同一高度看世界的妈妈。

由于妈妈长期的生活习惯，养成了总是站在自己角度看世界的习惯，他们好用自己的标准去衡量孩子所做事情的对错，这样势必会给孩子造成很多委屈和冤枉，孩子与妈妈的心就会产生一定的距离，情感上的疏远就不言而喻了。站在孩子的角度看问题，妈妈才能看清楚孩子眼睛里的世界，看清他们的想法和做法，因此就更能贴近孩子。孩子是不会拒一个理解自己的人于千里之外的，况且还是自己的妈妈呢？

在美国，妈妈和孩子说话总会蹲下身子。在美国的教育者看来，由于成人的身材高大，站着对孩子说话很容易给孩子造成压迫感，这样孩子就会感到不舒服，更影响妈妈与孩子的情感交流。因此，很多美国妈妈在和自己的孩子说话时，他们都会遵守一个不成文的规定：弯下腰或双脚踏实地蹲稳，眼睛尽量降至与孩子的眼睛同一高度，用温和、慈爱的眼光看着孩子，用柔和、自然的语言和孩子说话。用这样的方式和孩子谈话，孩子能感到妈妈给他带来的快乐和踏实，更重要的是孩子能感受到妈妈对他的尊重。妈妈能蹲下来，与孩子的距离没有了，两者之间的心就会贴得更近。

当然，妈妈与孩子站在同一高度，并不是就意味着对孩子的迁就。有的妈妈对孩子平等相待，给孩子造成了任性的性格，孩子什么都不听妈妈的了，什么都要依着孩子。其实，这是妈妈追求与孩子平等时走向了一个极端所造成的。当妈妈和孩子站在一个高度说话、做事的时候，妈妈一定要给孩子多讲道理，让孩子在感受平等的同时，更保持对妈妈的尊重，这样，孩子才不会偏离“平等”的轨道。

世界上所有东西和规则都是大人设计的，他们不用像孩子那样仰视、不用踮脚、更不用坐在别人的肩膀上就能看清楚这个世界。很多时候，我们站得太高，不了解孩子的世界，以至于我们曲解了孩子。妈妈要和孩子站在同一高度看世界，就需要蹲下身子，这时，也许妈妈才不会再嫌孩子和我们的认知不一样，怪孩子总不让妈妈省心，因为蹲下身子妈妈才知道，站在孩子的高度所看到的却是另有一番天地。

就让我们蹲下身子，站在孩子的高度去看一看他们的世界。站在孩子的高度，可以和孩子一同欣赏美丽的风景，可以和孩子进行平等的交流，可以和孩子一起去思考问题……这时，妈妈就会发现，与孩子的沟通会无限顺畅，代沟会荡然无存，孩子的心与妈妈紧紧地贴在一起。

职场妈妈教子私房话

站在孩子的角度看问题，妈妈才能看清楚孩子眼睛里的世界，看清他们的想法和做法，因此就更能贴近孩子，孩子是不会拒一个理解自己的人于千里之外的。

第五章

让孩子学会独立，你就可以安心忙

职场妈妈会更忙——忙工作，忙孩子。特别是对孩子，从孩子呱呱坠地到成家就业，事事都替孩子操心。但是，聪明的妈妈不是这样，她们在一定的时候会选择对孩子放手，让自己从孩子那里“解脱”出来，不仅增强孩子的独立性和生活能力，更让自己获得了更多的休闲时间。

早早放手，增强孩子的自理能力

中国的妈妈对孩子的教育责任，一直要到孩子结婚后，妈妈对孩子的“义务”才算完成了。大多数中国妈妈把孩子看成是无能的，所以替孩子包办至少到有了孙子以后，他们看不到或不放心孩子有内在的潜力。在这样一个教育背景下，使得我们大多数的孩子依赖性比较强，独立性很差，特别是体现在孩子长大以后，他们自理能力很差，做父母的要为子女多些忙碌。因此，要想让孩子给自己少些麻烦，妈妈就要注意更新自己传统的教子观，从小注意培养孩子的独立性，让孩子走出过度保护的樊篱，多一些独立能力。

教育家蒙台梭利有一句名言，意思是“教育首先要引导孩子走独立的道路，这是我们在进行教育的过程中非常重要的问题。”在国外的妈妈看来，包办代替就不能让孩子独立，用这样的方式去培养孩子，是等于把孩子置于将来无法自主生存的危险境地，对孩子成长是不利的。所以，西方的很多妈妈主张尊重孩子的独立与自主性，放手让孩子活动，以此来加强孩子的独立能力。

石油大王洛克菲勒的家族，在小时候就注重对孩子自立的培养。小洛克菲勒小时候的零花钱是要自己“挣”的，方式是他给父亲做“雇工”。父亲平时便要他到田里干活，有时还要他帮着妈妈挤牛奶。他把账目记在自己的本子上，然后再与父亲一起结算。小洛克菲勒做得很认真，在这中间他感到了无穷的趣味。更有意味的是，洛克菲勒的第二代、第三代乃至第四代，都严格按照这种方法教育孩子。有一次，老洛克菲勒看到孙子站在梯子上，就逗孩子说：“你跳下来，我把你接住。”年幼的孙子从梯子上跳下来，老洛克菲勒却躲到一旁。孩子被摔得哭起来，老洛克菲勒这时告诉孙子：“别人是靠不住的，什么事只能靠自己。”老洛克菲勒的目的是想把孙子摔痛，让他记住，每一个人都要有独立自主的能力，依靠他人，一定会有被摔的时候。

职场妈妈要增强孩子的独立能力，这是针对孩子的一项长期、琐碎的工作，它需要妈妈做到：

1. 对孩子要有一份耐心。

要孩子独立，就是使孩子自己动手去做一些事。孩子一开始不会做，妈妈往往需要做一些示范，守在孩子一边指导孩子做，有时还要帮一下孩子。这样做比直接替孩子完成要麻烦的多，这就要求妈妈要对孩子有一份耐心，不急不躁，用点点滴滴的生活小事，来培养孩子的独立能力。

2. 从简单到复杂，逐步引导。

对于增强孩子的独立能力，我们对孩子的起点不能要求太高，应从易到难，从简单到复杂，逐步把孩子导向成熟。比如，先叫孩子洗手帕，再到洗小衣服、大外套，最后让孩子去学洗床单、被褥。同样，对于孩子任何一种独立能力的培养，都有一个逐步深入的过程，妈妈切不可在孩子能力的培养上想要一口吃成一个胖子。

3. 按照孩子的能力安排事情。

妈妈毕竟有几十年的社会实践经验，孩子与妈妈比起来，在很多方面都是一个在天上，一个在地上。最重要的是，孩子与妈妈的做事能力有着很大的不同，所以，妈妈不要以自己的做事标准来衡量孩子，更不要把自己的想法强加给孩子，应该按照孩子的能力安排事情。在孩子事情的安排上应该量体裁衣，事情太容易，孩子做事缺乏挑战性，就会没兴趣；事情太难，孩子完成的困难大，就会缺乏信心。所做的事情应该是让孩子“跳一跳就能够得着”，这样更容易锻炼孩子的做事能力。

4. “越不会，越要做”的原则。

现在的孩子，生活上的一切料理都交给了自己的妈妈，在家给孩子穿衣、洗澡、端饭，出门替孩子提书包、买车票。孩子逃避做事最大的托辞就是“我不会”，因此，妈妈要给孩子制定“越不会，越要做”的做事原

则。孩子的潜力是巨大的，妈妈不要总认为孩子还小，不会去做某件事，要是孩子不会做就不做，那么孩子永远都不会做。孩子不会做，妈妈开始不要苛求做事的质量，只看孩子做事的态度。

牛顿小时候，有一次老师布置了一个做小板凳的劳技课。交作业那天，老师看到牛顿的作业后嘲笑说："我想这世上再也没有比这个更难看的小板凳了。"

"有，"牛顿说，然后从座椅下拿出另一个小板凳："我的第一个作品，它就更难看。"

这个故事之所以传颂至今，就是因为它说明了这样一个道理："越不会，越要做"，这就是孩子优秀的法则。所以，职场妈妈要对孩子的独立意识因势利导，让孩子满足自己独立尝试的要求，培养他的独立性。因此，不论是妈妈也好、教师也好，总之所有孩子的教育者，都应该是一个观察者、引导者和援助者。这样，孩子就有独立生活的能力、独立思考的能力，他们有独立意识、独立做事的习惯，从而就会变得坚强自立——这是职场妈妈从孩子的琐事中走出来的第一步。

职场妈妈教子私房话

要想让孩子给自己少些麻烦，妈妈就要注意更新自己传统的教子观，从小注意培养孩子的独立性，让孩子走出过度保护的樊篱，多一些独立能力。

学会相信你的孩子，让孩子有主见

一个优秀的人，往往不盲目服从，他们会相信自己的判断。这样，他们在失败的时候，不会怨天尤人，彰显做人的豪迈与大气。因此，职场妈妈要想让孩子有独立的能力，就要在教育的过程中，培养孩子的主见。

现在的很多妈妈都好抱怨孩子在事情来临的时候会六神无主，在事败后又会垂头丧气，这种应对能力的缺乏和思想消极的原因，大都是因为孩子缺乏主见，使孩子做事没有主心骨，总是瞻前顾后，这样的孩子很难变成优秀的人。有主见的孩子就不同了，孩子有了主见，在做事情的时候就会敢于做主，敢于对自己负责。当失败的时候，孩子会相信失败是暂时的，很容易就会从失败的阴影里站起来，因为有主见的人是一个自信的人，更是一个不肯屈服的人。所以，职场妈妈一定要培养孩子的主见。

首先，妈妈在日常生活中，让孩子多行使决定权。

现在的妈妈照顾孩子总是想做到无微不至，似乎这样孩子才能更幸福，其实，妈妈这样做使得孩子无法把握自己的生活，更谈不上在实践中去施行自己的想法。妈妈在关怀中剥夺了孩子的主见，使其在生活中就会习惯按照别人的意见去行事。如果妈妈多尊重孩子的意见，这样孩子就习惯于把握做事的主动权，同时，孩子这种主动权的行使反过来会锻炼孩子的主见。

妈妈在家庭的一些事情上，要留一些事情让孩子去作主。例如，带孩子去超市购物，可以问他自己想买什么；替孩子洗澡前，可以问他应该做些什么准备；带孩子出门，可以问他想乘坐什么交通工具；带孩子去旅行，可以问问他自己要准备些什么东西；家里要买一些小什物，像要什么样的颜色、什么样的款式等等，妈妈可以让孩子来决定；孩子自己的用品，妈妈一般都让孩子自己去选择——妈妈这样去引导孩子可能并不难，但最难的是妈妈对孩子错误决定的态度。孩子不太成熟，有时的意见可能也是不成熟的，这时妈妈可能就会面临着两难：尊重孩子，那就等于眼看着孩子犯错；及时纠正孩子，往往又会打消孩子的积极性。其实，孩子在行使决定权的时候，他不可能做到像大人那样成熟有效，错误在所难免。因此，让孩子多决定一些无关紧要的事，这样，妈妈就更容易“漠视”孩子的错误决定，也就是说，即使孩子的决定错了，因为结果不重要，妈妈一笑了之作罢，孩子也不会受到更多的刺激。对孩子的错误淡化处理，同时，对孩子成功的决定要及时给予表扬和鼓励，会增强孩子的自信心，这

样对增强孩子做事的主见性有很大的帮助。

第二，相信孩子能做好事情。

孩子没有主见，往往就是因为妈妈缺乏对孩子能力的信任。但孩子最终都要长大，迟早都要独立，因此，妈妈要相信孩子的能力，让孩子独立自主地解决自己的事情。这样，孩子才会有信心，遇事才敢于拿主意。

球星乔丹的母亲曾深有体会地说："在放手的过程中，让孩子自己去决定事关终身的事，选择我为他们确定的不同的发展道路。"乔丹小时候喜爱篮球，他更崇拜球星大卫·汤普森。一天，乔丹向妈妈宣布："总有一天，我要参加奥运会，我要参加篮球赛，我要得金牌！"母亲听到孩子这番"疯话"，肯定地对乔丹说："孩子，我相信你！你绝对行！我们就朝着那个目标努力吧！"从此，在母亲的鼓励下，小乔丹为实现自己的理想而不断地努力，最终成为世界上最伟大的球员。

相信孩子，对于孩子来说往往具有不可思议的效果。妈妈相信孩子，孩子就会有更多的信心面对困难。反之，孩子就会觉得自己很"没用"，从而缺乏自信。相信孩子也有方法，不一定非是语言上的，通常我们一个鼓励的眼神和动作，一个深情的抚摸和微笑，都可以传递对孩子的信任。

一个孩子是否有主见，与在生活中能否得到锻炼和博得妈妈的信任至关重要。因此，职场妈妈在对孩子培养的过程中，要给孩子多一些实践的机会，多一些信任。职场妈妈应该相信：有无主见的人是不一样的，有主见的人，他会用头脑去冷静地对待自己的得失成败；有主见的人，他会最大限度地利用自己的智慧去创造成功；有主见的人，他们更是一个有很强独立能力的人。

职场妈妈教子私房话

如果妈妈多尊重孩子的意见，这样孩子就习惯于把握做事的主动权，同时，孩子这种主动权的行使反过来会锻炼孩子的主见。

不要心太软，把孩子放到“八卦炉”里

《西游记》里的孙大圣有一双火眼金星，能识妖魔、辨鬼怪。孙大圣能有这般本事，主要得益于太上老君。在孙大圣大闹天宫时，曾被放到“八卦炉”里炼了七七四十九天，虽然在“八卦炉”里的日子不好受，却因此炼成了一双能辨识妖魔鬼怪的眼睛，这给他在西天取经的路上带来很大的方便。同样的，对于一个孩子来说，如果他没有遭受过挫折，当他与艰难困苦不期而遇的时候，他就没有足够的心理准备和承受能力，就会很容易被困难击倒。在挫折中磨练孩子，培养孩子克服困难、战胜挫折的坚强意志，最终将形成完美的人格和健康的心理。

现在的孩子，都是在蜜罐里长大的，他们缺乏的就是这种“磨难教育”。要使孩子优秀，就需要对他们进行适当的挫折教育。因此，职场妈妈要叫孩子多体验一些挫折，以此来锻炼孩子应对困难的能力和心理，这样的孩子在长大后才能应对得了激烈的竞争和复杂的社会。

在美国，孩子满周岁以后，妈妈就要求他们自己吃饭。他们把孩子固定在椅子上，食物放在孩子面前，让孩子自己动手吃饭，你绝对看不到妈妈端着碗追着给孩子喂饭的情景。在日本，他们对孩子的要求更是让中国的妈妈大跌眼镜。在一些岛屿或森林里面，人们常常可以看到小孩子的身影，他们在没有老师带领的情况下，在上面安营扎寨。在面对既无粮又无水的情况下，孩子自己寻觅野菜野果，捡拾柴草，寻找水源，自己救护自己。日本每年都要定期举办这种“孤岛学校”、“森林学校”等，让孩子体验生活的困难，培养孩子吃苦耐劳的精神和克服困难的毅力。

在现实中，我们的妈妈只注意孩子智力的培养，忽视了非智力因素

的培养。殊不知，对孩子有求必应，处处溺爱，这并不是爱孩子，而是害孩子。优越的生活容易使孩子懒惰、意志不坚强，还会扼杀他们的奋斗精神，无益于孩子变得很优秀。因此，职场妈妈必须给孩子上好挫折教育这重要的一课：

1. “忆苦思甜”教育。

“忆苦思甜”教育，就是有意让孩子去吃苦受罪。妈妈可以把孩子带到贫穷的农村去，让孩子在那里与当地人同吃住，感受困难的生活，以此体会到自己生活的不易，激发他们更加珍惜自己的生活。在日本，父母常常仿照当年贫困时期的生活，让孩子吃一些粗糠饭，让孩子体味到生活不仅仅只有富余，更有饥饿和贫穷。

2. 让孩子参加一些“危险”的运动。

很多妈妈不愿意看到孩子因为运动而受伤，因此禁止孩子做一些富有挑战性的运动，他们不知道，这样会使孩子自然地在心里滋生一些畏难的情绪。因此，孩子做一些富有挑战性的运动，并在冒险中学会应对挫折的办法，能锻炼孩子的勇气和胆量。例如，在带领孩子登山时，可以让孩子自己选择登山的方向和线路，让孩子自己学会攀援；在游乐场，可以让孩子单独坐过山车等，玩一些惊险刺激的娱乐项目。

3. 对孩子小气一些。

对于孩子的挫折教育方法可以说是无处不在，但对于今天的妈妈来说，他们大都只有一个宝贝孩子，要让他们对孩子小气一些是很难做到的。但在德国，妈妈对孩子是很“小气”的，在穿戴和饮食上，他们对孩子根本不会像中国妈妈那么大方，他们不给孩子买名牌服装，不给孩子吃高档食品，不带孩子进豪华饭店。孩子外出游玩，妈妈只会给孩子带一些便宜实惠的面包而已。

……

对于孩子的挫折教育，可以说更多体现在生活的小事中，“挫折教育”可信手拈来，孩子生活、学习中的件件小事都可以成为教育的资源。但要注意的是，挫折教育不是让孩子只感受到挫折，长期的挫折感会让孩子产生自卑的心理，这也是不合适的。让孩子适当地感受到挫折、困难，并且通过自身的努力战胜挫折、困难，取得最终的胜利，体会到成功的艰辛和喜悦，这个过程通常是培养孩子良好品质的途径。这个过程中，孩子会体会到挫折和困难，也会感受到成功和胜利，所以对孩子进行挫折教育是非常必要的。挫折，就像太上老君的“八卦炉”，孩子在以后生活中的困难，犹如“妖魔鬼怪”，把孩子放到“八卦炉”里炼过以后，孩子就会像孙大圣一样，能笑看“妖魔鬼怪”并战胜它。

职场妈妈教子私房话

职场妈妈要叫孩子多体验一些挫折，以此来锻炼孩子应对困难的能力和心理，这样的孩子在长大后才能应对得了激烈的竞争和复杂的社会。

教育要面向社会，礼仪教育不可缺少

一个人的言行举止，随时都是暴露在别人面前的，人们通过观察你的言行举止，作出某种判断，以此来决定对待你的方式和态度。换句话说，一个人的礼仪就像名片上的头衔，它决定着别人对你的尊重与否。一个优秀的人，他随时都会注意自己的言行是否得体，他们不会因为失礼，而影响自己在公众面前的形象。所以，在孩子学习文化知识的同时，要夹杂一些礼仪的学习，有一个良好社交礼仪的孩子，在他融入社会以后，无论身处什么场合，他都会被人尊重、受人欢迎，他就像一块磁石，能吸引很多人围绕在他的周围。

但是，现在的孩子，往往存在这种现象，那就是他的学历越高，他往往更不懂世事。这样的孩子尽管有很高的文化水平，但是他不善言谈和交际，是一个十足的书呆子；有的善于一些交际，但是在社交礼仪方面，往往是在他走进社会以后才补习的，所以有人说刚出校门的孩子，需要在社

会上磨练，其中“磨练”的最大一部分，就是对礼仪的学习掌握。可这种学习的过程，使得孩子融入社会很缓慢，从某种程度上说，孩子对于礼仪学习的缺失，对他的成长很是不利。

现在的职场妈妈总是对孩子宠爱有加，或者只知对孩子进行文化教育，忽视对孩子礼仪的培养。我们会经常看见一些失礼的现象：孩子对于家里客人的到来，往往会一声问候都没有；他会随意打断客人和他妈妈的谈话，置客人于不顾地和自己的妈妈撒娇；他会在客人的周围蹦蹦跳跳闹个不停，有的甚至还翻看客人的东西……最常见是在饭桌上孩子的无礼行为：宴会上，客人都没有到齐，孩子就会坐在最主要的位子上；等菜端上来，孩子会把自己喜爱吃的菜挪到自己的面前，独自享用。有时客人只能说一句“小孩子不就是这样么”的话来，一是表达对孩子妈妈的安慰，同时更在感叹对孩子无礼的无奈。一个缺乏礼仪学习的孩子进入社会以后，在饭桌上也能看出礼仪的缺失：在礼节性很强的聚会用餐过程中，这样的孩子不知道和他人有所交流，更不知道对尊长有所谦让和尊重，他们最好的表现就是默不出声，自己吃喝自己的。

所以说，不知礼仪的孩子，很难说他会有多么的优秀，相反，由于礼仪的缺失，人们会认为他是一个没有教养的人，很少有人喜欢他。这种人会缺少朋友，不用说在社会上有一个好的人缘，更谈不上有多优秀。因此，妈妈在小时候就要对孩子进行礼仪教育，因为孩子的礼仪教养是在小时候慢慢养成的，是妈妈从小教育的结果。对孩子礼仪的培养，职场妈妈不妨这样做：

1. 妈妈以自己为榜样来引导孩子。

孩子的礼仪学习最重要的途径就是从妈妈那里模仿，妈妈礼仪的好坏，直接会影响或者嫁接到孩子身上。因此，妈妈在待人接物时，一定要注意给孩子一个示范作用，这就是妈妈对孩子礼仪上的引导。值得一提的是，妈妈在和熟人交往时，往往不会顾及孩子在身边而显得很随意。可能妈妈所交往的对象是自己的熟知，有无礼节无关紧要，但在孩子看来却是一种交际方式，他会用于任何人。因此，妈妈和老友的交际，最好在孩子面前不要太随意。

2. 让孩子辅助接待家中的来客。

家庭是孩子学习礼仪的最佳场所，当家里要来客人的时候，妈妈可以要求孩子也参与。妈妈事先可以教孩子如何迎接客人进屋，如何请客人落座等一系列待客之道。然后，当客人到来后，可以让孩子给客人倒水，帮客人放置衣物等。这样的事做多了，孩子在一些交际场合就会知道如何去待人接物。

有的妈妈怕客人到来之后，他们影响孩子或受孩子影响，客人还没到，就把孩子赶到一旁，这样不利于孩子礼仪的培养。

3. 把孩子带出去，在实际中学习礼仪。

很多妈妈总认为孩子应该老老实实地呆在家里，外界的一切与他没有关系，孩子知道学习就行了。其实，在合适的场合，妈妈可以也把孩子带出去，让孩子融入到社会实践中去，这样更有利于孩子礼仪的培养。在带孩子出去之前，一定要孩子做充分的准备，比如，要孩子注意衣着的得体，交待在外出的过程中，要注意的事项等。这样孩子随妈妈外出交际的时候，就会知道自己该怎么做。值得注意的是，在一些公共场合，就是孩子做错了，妈妈也不要当众批评孩子的不是，要在事后告诉孩子，在这次交往中，孩子哪里做得很好，哪里做得还有欠缺，这样总结性的建议，会对孩子礼仪培养的效果事半功倍。

职场妈妈教子私房话

一个有人气的孩子，他的交际首先是得体的；一个优秀的孩子，更是讲究礼仪的学习。当今的社会，与他人的合作性很强，职场培养孩子的礼仪，就是帮孩子聚集人气，更为孩子将来的发展打下坚实的基础。

营造语言环境，培养孩子的口才

无论多大的孩子，似乎都有一个普遍的现象，那就是孩子在大人面前不爱说话，一到大人的面前，他们一说起话来总是支支吾吾的不知所云。造成孩子这种语言上的缺憾，很多是妈妈教育不当的结果。

孩子用语的环境，很多时间只在和他同龄的或低于他们年龄的人群交流，孩子很少有和大人交流的机会和经验。大人对孩子的说话，往往针对孩子的事、学着说孩子的话，好像只有这样孩子才能听得懂。还有就是用命令式的口气与孩子交流，孩子无法平等地和大人交流。有时候，大人们在谈大人们的事情时，孩子要是插上一句话，不论对不对，妈妈都会斥责孩子："大人说话，小孩子不要插嘴。"或者是："再多嘴，就把你的嘴堵起来。"可以这么说，很多中国孩子为什么在大人面前沉默寡言，因为他们不知道在成年人群中该如何说。孩子说起话来，要么会被大人阻止，要么一张嘴就会印证"言多必失"的老话，得罪很多尊长不说，还落个说话不得体的名声。

所以说，职场妈妈要想孩子有个好口才，仅仅让孩子在孩子群中能言善辩还不行，还要让孩子清楚大人们的说话方式，借鉴大人们的说话方法，学会如何和大人们交流，让孩子在大人面前也能言善辩，这才是真正有个好口才。

语言表达能力很重要，它是孩子各种能力的基础。从小培养孩子在各种场合的语言表达能力，可以促进孩子思维的发展，通过孩子与不同年龄人的交流，可以使孩子获得更多的社会经验，更早地走向成熟。

在丘吉尔5岁的时候，他的妈妈就鼓励他勇敢地和大人交谈，父母间的谈话他可以随时加入。有时家里来了客人，妈妈也会把丘吉尔拉到身边，要他和客人谈一谈。丘吉尔在晚年提到这些事的时候，还庆幸妈妈当初对他这样的培养。

可以说，丘吉尔之所以能成为一个杰出的人，这还得益于妈妈给他一个很好的语言环境。

现代社会，人际交往很普遍，有个良好口才，无疑会为自己的人际关系增光添色。口才是靠后天培养出来的，妈妈有意识地对孩子的语言进行训练，对日后孩子的前途有促进作用。

被称为“历史性的雄辩家”的狄里斯，一开始他是一个“不会说话的人”。据说，他小时候天生嗓音低沉，口齿也不是很清楚，并且呼吸短促，在他旁边的人往往听不清他在说什么。长大以后，虽然狄里斯知识渊博、十分善长分析事理，并且能对未来有很准确的预见，但是，由于他缺乏说话的技巧，就很难在政治上一展身手。他知道，自己要是没有很好的语言能力，就一定会被社会淘汰。

于是，他决定加强自己的口才练习。他努力地练习自己的说话能力，他常对着海上的浪花，对着山上的岩石放声大喊；回到家，他又对着镜子练习口型。就这样，狄里斯坚持了好几年，终于功夫不负有心人，当他登上演讲台时，在人们热烈的掌声中一举成名。

所以，职场妈妈应该从小对孩子的口才进行培养，引导孩子从小就加强语言的学习。

1．引导孩子敢于说话。

不同的孩子性格有所不同，有的孩子不爱说话，或者不会用话语应对各种不同的群体，比如有的孩子在人多的时候或者陌生人面前不敢当众说话。面对这样的孩子，妈妈要给孩子多创造与人说话的机会，比如，让孩子到同事家借个东西，打发孩子到亲戚家做客，让孩子去问路等，这样可以锻炼孩子说话的胆量。

2. 让孩子参与大人间的讨论。

有一些事情的讨论也可以让孩子参与进来，把大人的观点说给孩子听，大人也听听孩子的观点，让孩子在实践中学习对一件事的评价。这样孩子有了亲身体会，今后遇到类似的事，他说话的语言就会像大人一样成熟，就会显现出好口才来。

3. 有意与孩子“抬杠”。

很多妈妈认为与孩子抬杠是一件很无聊的事，其实，妈妈不妨有意与孩子“抬杠”，这样可以培养孩子的逻辑思维能力和辩驳能力。在和孩子“抬杠”的过程中，要孩子大胆地辩解，这样，孩子的口才就会得到很大的提高。

一个有好口才的人，必定具有敏锐的观察力，能深刻认识事物，说出话来能一针见血，准确地反映事物的本质；他会懂得怎样分析，判断和推理，说出话来才能滴水不漏，有条有理。青少年时期是孩子语言学习的关键时期，孩子人生的发展离不开口才的支撑，因此，职场妈妈要注意孩子口才的培养，因为好口才也是孩子优秀的表现之一。

职场妈妈教子私房话

口才是靠后天培养出来的，妈妈有意识地对孩子的语言进行训练，对日后孩子的前途有促进作用。

耐心劝导，让孩子学会与人交往

我们常常可以看到有这样一种孩子：他们害羞、胆怯、孤僻、沉静、性情懦弱，被称之是“不合群”的孩子。殊不知孩子这样正是妈妈忽略了对他们交往能力的培养。随着社会的发展，人与人之间的交流的作用往往大于孩子本身的文化素质，因此，孩子的交往能力已经成为他是否优秀的一大筹码。一个不善于交流的人，即使学富五车，他也不能很好地施展自己的才华。人无法独居，每个人都要不停地从他人那里获得一些信息，或者作一些信息交换，在与人的交往中，获得一些生活的经验和教训，增强自己对是非的判断分析能力，这样就能更好地展示自己。因此，职场妈妈不要忽视在生活中培养孩子与人交往的能力，当然，这种能力的培养也是以引导为主。

孩子十五岁了，人也很聪明，成绩也好，但是父亲并不因此而感到欣慰，因为隔壁邻家也有一个孩子，和自己的儿子一样大。俩孩子时常为一些小利益产生矛盾，父亲担心，这样的状况一旦到孩子各自成家后，他们就不会像父辈那样和睦相处了，将来真不知道自己的孩子会与邻家的孩子发生怎样的争执。

有一天，孩子因为邻家的狗咬死了自家的鸡，又与邻家的孩子发生了争执。父亲看到后，说："你来，我有话说。"父亲指着院子里的几只鸡说："看看它们，蹲在那里相安无事，这不是很好吗？"然后父亲到屋子里端出了一盆谷子，悄悄走到屋后，将大部分谷撒在地上，仅留了几粒回到院子里，扔向那些鸡。鸡看见来了谷子，腾地跳起身，一起上前争夺，翅膀挥舞，把地上的尘土扬的老高。父亲又说："你都看见了，更多的谷子在屋后……"孩子笑了，他明白父亲的意思。从此，他再也没和邻家的孩子发生过争执，并且友好地相处了。

与人相处能力的形成，其中重要的一条就是孩子的谦让之心。引导孩子知进退，重大局，这就是孩子交往能力的体现。另外，孩子的交往能力不是天生的，它是在孩子不停地与社会交往的过程中锻炼而成的，这种锻炼有无效果，关键看职场妈妈在孩子遇到矛盾时如何去引导。

儿子同同从学校回来，很不高兴地对妈妈说："妈妈，军军今天总是和我唱反调，一件事我说要这样做，他偏偏说要那样做。"

“你很生军军的气吗？”妈妈问。

“是，我再也不和他一起了，我再也不把他当成朋友了。”同同发着牢骚。

“你不想再和他相处，就是因为他和你唱反调吗？你太冲动了。”妈妈看着孩子说，“如果你和他断绝关系，你就会少一个朋友。其实，你根本不想这样的。”

“是的，”孩子似乎意识到了自己的过分，“可我心里的气难消。”

“孩子，这不难理解，”妈妈说，“以前你们相处的很好，那是因为军军什么事都听你的。现在，他开始有了自己的想法，我觉得，这样有主见的朋友更应该与他相处，他会在你的生活中给你更多好的建议。”看到孩子若有所思的眼神，妈妈继续说：“换句话说，以前什么都是你拿主意，军军也不是和你相处的很好吗？他能容忍你，你为什么不能容忍他呢？”

……

经过母亲的开导，同同改变了刚才对军军的态度。可以看出，孩子交往能力的提高，关键是看妈妈的引导。但在现实中我们不难看到与上面事例截然相反的对话：

妈妈：“为什么生气？”

孩子：“军军不听我的话，和我唱反调。”

妈妈：“玩不到一块就不要再和他玩，你的同学那么多。”

……

这样的教导方式，只会使孩子的处世方法越来越糟，因此，妈妈要善于帮孩子解决在交往过程中出现的一些矛盾，在解决矛盾的过程中，提高孩子的交往能力。不仅如此，对于孩子交往能力的培养，职场妈妈还要注意对孩子从以下几个方面进行引导。

1．要孩子处好身边的人。

妈妈要和邻居、亲戚等搞好关系，给孩子做一个榜样，让孩子也轻松地和他们相处。孩子只有能处好身边的人，他才有能力处好更多的人。

2．给孩子一些交友自主的空间。

妈妈不要怕孩子变坏而控制孩子交友的自主性，应该适当地给孩子一些交友自主的空间，让孩子自己决定交友的类型，妈妈适当地监管好他们就可以了。

3. 与人多接触。

不要把孩子关在家里，创造一些和不同年龄的人接触的机会，在孩子与不同年龄的人接触的过程中，孩子能学到“团结”、“竞争”、“自我保护”等精神和意识。在与不同年龄人的比较中，更能锻炼孩子在交往中的应对能力。

职场妈妈教子私房话

孩子的交往能力不是天生的，它是在孩子不停地与社会交往的过程中锻炼而成的，这种锻炼有无效果，关键看职场妈妈在孩子遇到矛盾时如何去引导。

合理安排，让孩子学会与人协作

心理学家指出，与人协作是决定孩子将来能否成才的关键。因为现代社会有着很细的分工，任何人都不可能是全才，要成功地办一件事，往往离不开与他人的合作，有时候还要与几十人甚至上百人合作。与人合作得好，是人最重要的品质，他需要相互尊重和理解，需要对人真正的宽容，需要做到有错认错……缺少同别人合作的品质，就算一个人有丰富的知识和超人的智慧，但用起来也会大打折扣。为此，职场妈妈应多给孩子创造与人协作的机会，让孩子学会如何与人协作。

一个从小就善于与人相处的孩子，长大后就容易有团队精神，有很强的合作能力。一个从小喜欢独处的孩子，他就不知道如何和别人交流合作，更缺乏与人合作的能力。哈佛大学在这方面做了一些调查：他们调查

了上千名被公司解雇的员工，在这里面，有很多是有工作经验或是高学历的人，很多人的才智都比普通人高得多。他们发现，这中间因不会与人合作而被人解雇的是因不称职被解雇的两倍。有些人的工作成绩甚至很出色，他们被解雇的原因就是因为缺乏与他人合作的精神。所以，要使自己的孩子优秀，职场妈妈从小就要培养孩子与人合作的能力。

同样的，对孩子任何一种品质的培养，引导是最好的办法。那么，职场妈妈应该如何培养孩子的协作能力呢？

1．让孩子成为妈妈做事的帮手。

在日常生活中，妈妈要有意识地让孩子成为自己的帮手。让孩子成为妈妈做事的帮手，很多妈妈就当成是对孩子独立性的培养了，这种协作能力的培养和独立性的培养妈妈容易混淆。培养孩子的协作能力，就是不让孩子单独做一件事，而是妈妈在做一件事时，把事情中的一部分给孩子去做。让孩子在做这部分事时，知道如何与妈妈保持协调一致。比如，对一个六岁的孩子来说，妈妈可以让他和自己一起摘菜。妈妈可以告诉孩子要炒一盘茄子炒辣椒，让孩子去摘茄子，妈妈摘辣椒。在这个过程中，孩子能学会事前与人的沟通：茄子要多少，什么时间要，摘好放在哪里，要不要洗洗等等，这些问题在大人看起来不是问题，但是它却体现出了与人合作时的一些关键步骤。这就是培养孩子的协作能力时的一种引导，妈妈可以根据孩子年龄的不同，给孩子分配难度不同的事情。

2．多让孩子和伙伴一起玩。

其实，孩子最先培养的协作能力，多是在孩子间的玩耍中获得的。让孩子到同伴多的地方，一起跳绳、打球等可以锻炼孩子的合作能力。对于不合群的孩子来说，妈妈可以把孩子的伙伴约到家里来一起玩，这样可以消弱孩子的胆怯心理。孩子在一起游戏，有的就需要相互配合才能玩得好，他们聚在一起，这不仅锻炼孩子间的合作能力，还可以锻炼与人相处的能力。在与伙伴玩耍的过程中，孩子会发现与人协作的乐趣，他在今后就会自己想办法如何更好地与更多人在一起。

3．让孩子在活动中接纳比他差的孩子。

孩子有一个特点，就是不喜欢和比他差的孩子合作。其实，一个人协作能力的好坏，往往就体现在他如何对待比他差的人。能够用平和的心态去接纳或改变比他差的人，这是协作能力的最好体现。因此，要让孩子在活动中接纳比他差的孩子，让孩子明白，任何人都是有长处的，与人合作，是用他的长处，对于短处，要有一份包容和理解。这是对孩子一种心态的培养，在引导孩子的过程中，妈妈可以让孩子和比他小的孩子一起玩，这样，孩子在群体中就会成为“核心”，他还可以忍受伙伴们一些“能力的不足”，这样，就会很好地锻炼孩子的忍耐和宽容——这种品质在协作的过程中也是不可或缺的。

目前，由于很多家庭多为独生子女，孩子在家里都是很任性的，心里面只有自己，孩子这种“以我为中心”的不良心态，不知不觉地培养了极端的个人主义思想。这样的孩子常会心胸狭隘，产生很强的妒忌和仇视他人的心理，从而得不到别人的理解和帮助，也就阻碍了他们在学习和事业上的发展。

职场妈妈教子私房话

妈妈对孩子在强调“竞争”的同时，也不要忽视“协作”的教育，要使孩子将这两者统一起来，让孩子打好事业和交际这两个相辅相成的基础。

正确引导，让孩子学会使用零用钱

现在的职场妈妈，由于没有太多的时间陪孩子，便常常会把对孩子的担心和歉疚，转化到多给孩子零花钱上来，因此，孩子的腰包就鼓了起来，花起钱来也毫不心疼。妈妈给孩子零花钱的初衷，一是希望孩子在妈妈不在身边的时候，从某种意义上说口袋里有一些钱，就等于多一些安全

保障；二是希望孩子能把钱花在该花的地方。但是，很多孩子领会不到妈妈的意思，他们会把自己的零花钱花在零食、电脑游戏等一些无关紧要的事上，这不仅使孩子养成了滥用金钱的习惯，有时还成了孩子犯错的根源。

有些妈妈则认为，孩子不宜过早地接触金钱，这对孩子的成长不利，很可能会养成惟“钱”是图的品德，于是任何事都是由妈妈来操办。这种做法使得孩子没有买卖东西的经历，更谈不上让孩子获得一些理财的经验。这种拒绝让孩子使用零花钱的做法，使得孩子在独立生活以后，往往会在钱财的使用上吃亏上当，在今后会为如何使用金钱补交一笔学费。比如有这样一个故事：

一个男孩子因为学校离家很近，他从来就不需要什么零花钱，一切生活供给都是由妈妈包办。上大学时，直到机械专业博士毕业，也是有母亲来做陪读，一切也是由母亲负责。因此，在孩子成长的过程中，孩子都被照顾得无微不致，他很少有自己花钱的机会。孩子离开父母成家独立生活以后，问题就出来了。首先是在一些东西的买卖上，他买的东西总比别人的要贵，因为他根本不知道各类商品的大概价格，有时妻子买来1元一斤的东西，他却要花上好几元，这使得他无法自己去买点什么。这样，常会遭到妻子的埋怨不说，对他规划家庭生活更带来了不小的难度。再一个就是家庭投资方面，尽管在自己的收入中每月余下好几千，但他能做的，只有把钱交给妻子存在银行里，他的理财能力是一塌糊涂。妻子因此常抱怨他“在机械方面是博士，在理财方面是弱智”。

教育家们认为：妈妈应该让孩子接触金钱世界，那种认为过早地让孩子接触金钱会让孩子变坏的观念是错误的，应该较早地对孩子进行关于金钱的教育。给孩子适当的零花钱，并指导孩子如何使用它，这对孩子的成长是非常有利的，它能培养孩子的理财能力。其中的关键是妈妈在孩子零花钱的使用上，如何对孩子进行正确引导。

妈妈给孩子的零花钱要掌握一个度，根据家庭的收支状况、孩子使用钱财的能力和孩子的需求来决定给孩子多少零花钱。在指导孩子花钱的时候，妈妈要注意以下几点：

1. 给钱要有明确的目的。

要孩子明白，零花钱是用来买一些“零碎”而且“用得着”的东西的钱。所以妈妈在给孩子零花钱的时候，一定要明确这钱是给他用来干什么的，要么给孩子规定使用的范围，要么给孩子指明具体买什么。很多妈妈给孩子零花钱根本不会问及去处，这样给孩子造成的感觉就是零花钱可以随意花，于是就会把零花钱当成了“乱花钱”。这样，孩子就不会养成支配金钱的良好习惯。

2. 只少给不多给。

要想让孩子在使用零花钱上得到理财的锻炼，就先让孩子学会精打细算。孩子手头宽裕了，他花钱就会随意得多。当孩子手头上没有足够的零花钱，他每花去一分，往往都会做一些考虑，多一些谨慎，这样很能锻炼孩子支配钱财的能力。

3. 用后指导。

孩子用了零花钱以后，很多妈妈根本不会再关注孩子钱花的去处。在这里所谓的“关注”，是在孩子花钱以后，不是要妈妈对孩子花钱的不当进行指责抱怨，而是用言语或行动去指导孩子消费，以此让孩子获得交易的经验。

孩子用他的零花钱买了一瓶水，母亲看到以后可以随口问一句：

“这里的水多少钱？”

“二块五。”孩子如实回答。

“促销的时候只要二块，在我们楼下卖二块三。”

在这一问一答之间，母亲就让孩子对这瓶水有了新的认识。下次孩子买水时，可能就会注意到差价问题，孩子买水更会有所选择。

在零花钱的处理上，妈妈还有很多要对孩子指导的地方，像教会孩子存钱，让孩子花自己的钱等，这将在后文谈到，在此先搁下不谈。

总之，孩子到一定的年龄，自然就有了一定的生活自理能力，消费也就成为一种客观的、合理的需要，这就有必要让孩子学会自己去支配钱，使他在经验中成熟起来。孩子会通过对商品的价格、质量等等进行比较，再考虑购买的合理性，在孩子得到物有所值的商品同时，锻炼了经济头脑，树立科学的价值观。引导孩子很好地使用自己的零花钱，是学会理财的基础，让孩子学会购物，让孩子学会省钱，让孩子学会精打细算……这些都是孩子成才的关键素养之一。

职场妈妈教子私房话

职场妈妈要培养孩子理财的能力，而给孩子的零花钱，是孩子接触经济的第一步。让孩子学会使用零花钱，是对孩子理财能力最基本的培养。

松开紧握孩子的手，让孩子独立活动

孩子成长的过程中会经历失败，需要妈妈给予他不断尝试的机会。所以要尽可能地让孩子独立活动。在活动中，孩子会遇到外部困难和障碍，让他自己去解决。当他最终达到目标，会觉得来之不易，从而获得一分与众不同的满足感。他会因此而骄傲，增强克服困难的勇气和不达目的不罢休的决心。

独立性、自主意识是人格要素的核心。独立性、自主意识能否形成，决定着孩子能否发展成熟，能否具有健全的人格。一个人社会成熟的基本标准是：具有独立的价值判断能力，具有独立选择、做决定的能力和承担自己选择结果的能力。妈妈的责任就是协助孩子自己去处理各种人生问题，并在这个过程中成熟、长大。

很多妈妈觉得孩子依赖性太强，早晨起来被子不叠，吃完了饭碗筷不刷，甚至忘了带某种学习用具却责怪大人没有提醒等等，诸如此类的现象在许多家庭都司空见惯。所以，在调查中发现，独生子女认为自己“有责任心”的仅占45.9%，认为自己“做事有独立性不依赖他人”的仅占40.3%。也就是说，半数以上的独生子女依赖性较强。孩子的依赖性是从哪里来的呢？一般来说都与妈妈的溺爱有关，妈妈包办代替越多，孩子的依赖性越强。相反，妈妈如果鼓励孩子自己的事情自己做，孩子的依赖性将会大为减少。

有个上小学四年级的独生女，习惯于睡懒觉。每天早晨，她妈妈几次催她起床，她总是不情愿地说：“再呆会儿。”如果真迟到了，她会抱怨妈妈不把她拽起来，害得她受老师批评。父亲觉得不能再这样下去了。他告诉女儿：“上学是你自己的事情。从明天早晨开始，该几点起床你上好闹钟。如果闹钟响了你还赖被窝，你就赖吧，肯定没人叫你，一切责任自己负！”父亲心中有数：孩子跟妈妈撒娇，在老师、同学那里还是很在意自己形象的，岂敢总迟到？果然，第二天早晨，闹钟一响，女儿腾地跳下床来。从那时起至今，五六年过去了，女儿早晨起床上学再不用催了。有时候，妈妈还没起床，女儿早已经骑车上学去了。

从这个独生女的变化可以看出，孩子的潜力很大，可以做很多事情，只是溺爱剥夺了他们自立的能力。譬如，孩子的学习是他们自己的事，靠自己认真听讲、认真思考、认真复习和预习，独立完成学习任务，才能真正掌握学习本领。大人陪读陪写甚至帮写帮计算，都是在帮倒忙，是在辛辛苦苦培养懒孩子。当然，若孩子很勤奋却仍搞不明白，帮他分析一下甚至请家庭教师都可以，但必须以孩子独立学习为前提，切忌包办代替。

早在1927年，著名教育家陈鹤琴先生就提出：“凡孩子自己能够做的，应该让他自己做；凡孩子自己能够想的，应该让他自己想。”这是符合教育规律的至理名言。

健全人格，必须通过解决各种人生课题去发展，孩子成长过程的主要人生课题有：学业、人际、情感、自我发展。鼓励孩子自己独立地解决自

己的学业问题、人际问题、情感问题，为孩子提供发展独立性的条件，来促进孩子独立能力的发展。

培养孩子独立能力的两个途径：

1. 通过学业发展独立能力

一个人实现社会化的首要条件，是获得在社会上谋生的技能。在现代社会，尽可能多的接受教育，是获得社会能力的最佳途径之一。因此，注意早期教育对孩子的智力开发，并从小学开始，就重视孩子的学习，让她懂得青少年的主要任务就是学习，形成独立学习的能力。指导他寻找适合于自己的、高效的最佳学习方法，而不是盲目地听课、做题。让他进行多种尝试：如何听课效率才高、如何复习、如何安排时间最适合自己的用脑习惯、什么状态考试效果最好等，比如当他发现自己听课听到约一半的时间效果最好，一堂课新的内容、难点听懂以后就不必全神贯注，可以稍稍放松，根据情况进行不影响他人的其他学习。

2. 通过人际交往发展独立能力

在同伴关系中发展独立性。孩子成长的一个重要任务是摆脱权威（这个权威包括父母、教师及其他社会权威人物）影响，从对权威的无条件认同中独立出来，形成独立意识和独立能力。为此，孩子必须大量的与同辈群体接触，尽可能自己解决人际问题，在处理人际问题中获得独立的人际能力。

同伴的作用对孩子独立能力形成有重大意义，它是青少年心理成熟的必需条件。孩子在充分的同伴交往中才能真正领会社会契约、社会规则认知、获得基本的社会技能，学会关注、获得友爱、增强归属感、提高自尊、促进脱离自我为中心，形成独立能力。这与学业发展同等重要。

人际能力的形成是长时间的，从幼儿园到高中、大学，都要重视孩子独立处理人际问题的能力，鼓励其在与同伴交往中，学习和掌握基本的人际认知和人际技能，这些技能包括：尊重、自尊、包容、理解、表达、合作、分享、反抗、妥协、调节、应变、同情，学会关怀、助人、安慰、保护，学会与强者的平衡等。孩子要获得这些基本人际技能和人际认知，必须自己独立处理人际关系中的各种课题，才能真正领会。妈妈的任务是指导孩子独立处理，切忌代替孩子去处理，那样就会剥夺孩子解决问题、发展独立能力的机会和条件。

职场妈妈教子私房话

独立性、自主意识是人格要素的核心。独立性、自主意识能否形成，决定着孩子能否发展成熟，能否具有健全的人格。

第六章

不需要“一对一”，孩子也会有个好成绩

职场妈妈不好当。为了孩子有个好成绩，妈妈不仅要陪孩子活动，陪孩子就寝，还要陪孩子做作业，陪孩子上课外班……妈妈下班也是“怎一个累字了得”。那么，有没有什么好办法，不需要妈妈“一对一”，就能让孩子自己使成绩好起来呢？

好成绩不太难，让孩子带着兴趣去学

职场妈妈忙，常常没有时间辅导孩子学习，很多妈妈看到孩子成绩不好，总是有心无力。其实，不需要“一对一”，孩子也会有个好成绩。

一个孩子学习成绩的优秀，起主导作用的不是他有多么聪明，而是他对所学东西的兴趣。孩子对所学科目成绩的不同，往往就是他对这些科目兴趣各异。一个人如果对一件事感兴趣，就会极力去对它研究，对它思考，这样，这件事可能就会有做得更好；相反，如果一个人对一件事不感兴趣，他在做事时就会敷衍了事，即使事情能做得很好，他也会做得不成功。孩子的学习也是这样，他要是不带着兴趣去学习，那么孩子做习题、背外语就是一种被动的学习过程，很容易疲劳，根本谈不上有什么学习效果。在现实中，很多孩子都是“被逼式”的学习，这种方式往往是妈妈培育不当的结果。妈妈在要求孩子学习的时候，大多是要孩子为了学习而学习，他们不知道引导孩子带着兴趣去学习，才能让孩子学得更好。

那么，什么叫让孩子带着兴趣去学习呢？让孩子带着兴趣去学习，就是把孩子的学习尽量和他感兴趣的实际生活联系起来，让孩子所学的东西能在生活中有所运用和体验。

杨雨铜现在是北大三年级的学生，他来自大别山，在那样一个教育落后的地方，他能进入中国的名牌大学很是不容易。从小学到高中，杨雨铜的各门功课都很好，令很多人奇怪的是，很多科目他不需要做太多的习题就能考到很高的分数。在中考的时候，他就凭借自己仅有的一本化学教材，而没有像其他同学那样做大量习题，却考了个满分。

杨雨铜的父母不仅都是老实巴交的农民，而且还都是脑膜炎后遗症患者，在他的成长过程中，当小学老师的叔叔起到了很好的引导作用。

由于父母太老实，尽管他还是一个孩子，却早早地持起自己的半个家。在他二年级的时候，村里面给他家分了一块地，但他头脑不好的父母怀疑地的面积分小了，于是就让杨雨铜去问当小学老师的叔叔。叔叔告诉他，面积没有错。

小杨雨铜不放心地问道：“各家地的形状不一样，他们怎能保证地都会一样大？”

叔叔说：“不同的形状有不同的计算方法，比如，我家这块地是梯形，他的面积就是上下底之和的一半乘高；你家那块地是三角形的，面积就是底乘高的一半。”

“可他们的形状有不同呀？算出的面积是一样大，但他们在实际中会一样大吗？”小杨雨铜不解。

“这个很简单，你回去按照我的方法剪两块面积相同的梯形和三角形，然后你实际比比看它们是不是一样大。”

小杨雨铜回去以后按照叔叔所说的那样，用剪刀把算出的两块面积相同的梯形和三角形剪成一样的形状后，他发现他们的面积果然是一样大。

从那以后，小杨雨铜就对几何有了浓厚的兴趣，在他上三年级的时候，老师在教三角形面积的算法时，他已经有能力算出很多不同平面图形的面积了，因此他的数学出奇得好。

其实，对小杨雨铜的家庭教育，这份责任主要是落在了他叔叔的身上。

在小学四年级的时候，他和叔叔一道坐车到县城里去参加数学竞赛，坐在车上的小杨雨铜指着窗外对叔叔说：“那些牛在飞快地往后跑，叔叔。”

“不是，是车在跑。”叔叔回答。

“可我们并没有动呀，我们都坐了这么长时间，车也没什么变化，反而车外的东西却变了，一定是牛在向后跑。”小杨雨铜说。

“那么，你现在要是在车外，你会怎么看？”

“那一定是车在跑。”小杨雨铜回答，“可为什么在车上和在地上感觉不一样呢？”小杨雨铜不能理解。

"这是一个物理现象，等你上了初中你就会明白了。"紧接着叔叔给他简单地讲了什么是参照物。

叔叔讲得很粗糙，小杨雨铜听得也一知半解，但生活的奇妙使他记住了两个名词：物理现象和参照物，他很想弄清楚这到底是怎么回事。就在那年暑假，杨雨铜向邻居家的孩子借来了初中的物理书，其中的大部分内容他看得都是似懂非懂，但可以肯定的是，他在那次车上的奇妙感觉，在暑假里已经找到了满意的答案。

后来小杨雨铜的学习成绩总是很好，高考的那一年，他成了自己所在的那个市的状元，幸运地被北大录取。

很多孩子成绩不好，其中的原因就是对学习没有兴趣，所以说，若要孩子学习成绩好，就要让孩子带着兴趣去学习，这样，把兴趣用作学习的载体，孩子能把枯燥的东西当成是有趣的。当孩子在学习中能体验到一种趣味的时候，那么在学习上取得好的成绩也就不难了。

职场妈妈教子私房话

妈妈在要求孩子学习的时候，大多是要孩子为了学习而学习，她们不知道引导孩子带着兴趣去学习，才能让孩子学得更好。

不让孩子死读书，让孩子学会思考

独立思考是认识问题、解决问题的主要手段。一个孩子能不能学得很好，还要看他会不会使用自己的大脑。孩子在学习的过程中，有的好钻牛角尖，往往会使自己走进死胡同；有的面对稍难的一些问题，便不假思索，只求个"大概""差不多"，这么粗心大意当然学不好。很多孩子在学习中常遇到这些问题，其中的原因，就是他们在学习的过程中不会动脑筋。

妈妈让孩子学会思考，这不是一朝一夕的事，它需要妈妈有个漫长而艰辛的引导过程，职场妈妈在这方面要做一个有心人，注意在生活的点点滴滴中对孩子进行思考训练。

1. 多用一些假设式的问话。

日常生活中与孩子交流时，特别是在孩子还很小的时候，经常向他们提出一些需要做简单的推理判断才能回答的问题，这对孩子进行因果关系的推导是一个极好的训练。很多妈妈为了显示自己做长辈的威严，对孩子总是不苟言笑，在一些问题上是就是是，非就是非，这种亲子之间的交流太呆板，不利于孩子思考能力的锻炼。因此，妈妈在平时要对孩子多用一些假设式的问话，例如，妈妈可以这样问孩子："如果你关煤气，你想会发生什么事？""没有了太阳与没有了月亮哪个影响更大？"这样问会引导孩子思考，孩子也更容易记住事情的结果。

2. 妈妈可经常使孩子运用发散性思维。

发散性思维练习可以使孩子思考问题更全面，一个简单的问题往往就能使孩子想半天。在孩子很小的时候，可以多问一些如："笔有什么用？""纸除了写字还有哪些用处？""把树上的果子弄到手有几种办法？"等问题；孩子大一些可以问一些与物理和化学有关的问题。如："夏天有几种办法使自己凉爽？""哪些气体可以燃烧？"等问题。

3. 故意"刁难"孩子。

对于一些生活中的问题，让孩子自己去解决。妈妈可以设置一些难题，要求孩子去完成。比如，当孩子完成一道数学题后，妈妈要求他用另一种方法给解出来。

4. 经常与孩子"抬杠"。

有时，妈妈知道孩子是对的，仍要可以装作不解，在孩子解释的过程中与孩子争辩。与孩子"抬杠"可引发孩子进行认真细致的思考，不仅能培养其思维的敏捷性，还提高了孩子对许多问题的认识水平。

5. 让孩子学会提出问题。

人善于思考其实就是善于提出疑问，提问题的水平与思维的水平是

紧密相关的。孩子的问题提得好，意味着他的思维水平处于一个较高的层次，孩子想得深、想得远，解决问题就不难了。所以，妈妈要鼓励孩子提问，促使他们敢于“标新立异”，特别是妈妈应鼓励孩子对一些司空见惯的事物进行质疑，即使孩子有时回答得很幼稚或错了，妈妈也不可简单地否定掉。

对于思考，就像海德格尔说的那样：“所有的思考都是诗”。思考能“思接千载，视通万里”，孩子在学习过程中，妈妈在面对孩子的问题时，要启发孩子去想、去分析、去用自己已有的知识去解决问题，这样，孩子才能学得好。

一个母亲在带领孩子看电影《小兵张嘎》时，她三年级的儿子对张嘎佩服得不得了。看完电影后母亲问孩子这样一个问题：“你知道张嘎为什么不上学吗？”孩子当然不知道那时候中国的状况，一下子就被母亲问住了，同时，孩子也开始思考这样一个问题。这时，母亲给他找来一些有关的书籍让孩子自己去找答案。在母亲给的书里，其中有一本叫《一本珍贵的教科书》的连环画，讲的是解放战争时期，老师和孩子们在敌人的围追堵截下坚持学习的故事。孩子看了以后，马上就问他的母亲：“是不是日本鬼子把学校都给炸了呀？”可以看出，孩子从《一本珍贵的教科书》里看到当时念书是那样的不易，由此想到抗日时期张嘎不能读书的原因，这是孩子思考的结果。孩子因此得出的结论，在心中留下的印象比任何人亲口告诉他都深刻得多。同时，我们也相信，当以后孩子学习那段历史的时候，他一定会学得很好。

看到炉子上的水壶盖子被水顶开，凡人们都会想到是“水开了”，有人会比别人多了一点思考，就这一多想，它推动的却是整个人类文明的进步；苹果砸了头更多的人会骂“老子今天真晦气！”但有人多了一点思考，就树立起了物理学新的里程碑。

所以，如果孩子会思考，那么做事、学习就容易获得成功。孩子与孩子之间学习成绩的差距，更多是在思考方法上存在差别，因此，要想孩子能有个好成绩，就要比别人更会思考。一个比他人更会思考的孩子，他学什么也不会感到难。

职场妈妈教子私房话

妈妈让孩子学会思考，这不是一朝一夕的事，它需要妈妈有个漫长而艰辛的引导过程，职场妈妈在这方面要做一个有心人，注意在生活的点点滴滴中对孩子进行思考训练。

孩子学习专心，妈妈就不要太费心

一位母亲喊不下来在阁楼上埋头学习的少年，只好把饭菜给少年端上去。少年一面看书，一面下意识地将盘子里的东西往嘴里送。过了一会儿，母亲上来收拾盘子时问："鱼子酱的味道如何？""鱼子酱？"少年感到莫名其妙，"它是鱼子酱？"少年深感遗憾。要知道，他向往已久的就是能吃到一盘鱼子酱。

故事中的少年，就是1970年诺贝尔生理学及医学奖获奖者朱利叶斯，像这样专心学习的故事，不仅仅只发生在朱利叶斯的身上，很多杰出的人似乎都发生过类似的事，而我们得出的结论是：惟有专心学习才能成为一个优秀的人。

在现实中，有很多孩子在做一些与学习无关的事情时，他学得比任何人都快；还有的孩子，在某一个阶段表现的比很多人都出色，但不久就成了落后生了。孩子为什么会有这样的差别和起伏，其中更大的原因就是不会把自己的心思全都运用在学习上，这才导致了很多不傻也不痴的孩子，在学习上却是一塌糊涂。

因此，职场妈妈要想自己省心，就要让孩子学会专心，在孩子专心用脑的过程中，引导孩子把自己的聪明全都用到学习上。一个学习成绩很好的孩子，他在学习的时候就不会想一些其他的事，这就是所谓的专心致志。但更多的孩子有那么五分聪明的话，他最多只会拿二分用在学习上，其中的三分用来调皮捣蛋，到头来他的成绩还不如只有三分聪明的孩子。

方仲永5岁时便能“指物作诗，立就”，并“自为其名”，且“文理皆有可观者”，不久也小有名气了。但到了十二三岁，才气渐减，“令作诗，不能称前之所闻。”到了成年，竟“泯然众人矣”。

在这个故事中，我们不难看出方仲永是一个聪明的孩子，但他最终还是沦为平庸之辈，人们把原因归结为他的父亲惟利是图，每天带着他四处走访，而不让他学习。其实真正的原因是他对学习不够专心，换句话说，就是即使人有一颗聪明的脑袋，要是在学习上不专心，也会变得很平庸。

因此，职场妈妈让孩子专心学习是孩子成绩优秀的基本保证。若要让孩子专心学习，职场妈妈要做好以下几个方面：

1. 减少影响孩子的因素。

古人说“玩物丧志”，如果孩子同时对感兴趣的东西多而且杂，这样必然就不会专注于某一件事。因此，要在时间上把孩子的学习和其他的事情彻底隔离开来，这样可以保证在某个时间段孩子能专心学习；对于小一些的孩子，不要同时给孩子买太多与文化学习无关的东西，以免孩子在学习时心有所系；在孩子的书桌上，尽量少放一些东西，以免分散孩子的注意力，更不能让孩子养成一边看电视一边做作业的习惯。另外，妈妈给孩子提供一个安静的学习环境尤为重要，有些妈妈把孩子关在书房里学习，自己却在客厅里欣赏精彩的节目，这种外在的环境干扰容易使孩子分心。为此，妈妈要让孩子专心学习，在方方面面都要为孩子着想。比如教育家卡尔•威特就非常注意培养儿子在学习上的专心。在小威特学习功课时，老威特决不允许对孩子有任何干扰，在学习中，即使是妻子要向孩子问事，他也一概予以拒绝：“小威特正在学习，现在不行。”家里有客人来访，老威特也不离开座位，并吩咐道："请让他稍候片刻。"老威特的用心良苦，使小威特在学习时养成了一种严肃认真、专心致志的习惯。

2. 单位时间内学习任务明确。

现在妈妈在监督孩子学习时，常常有这样一个坏习惯：只要孩子说做作业，妈妈就对孩子满意了。但孩子做什么科目的作业，做多少，什么时候能完成，这些妈妈就不会再掌握得那么细致了。这样，只要时间充足，孩子就会边玩边学习，很难专心学习。如果单位时间内孩子的学习任务明确，那么他就会集中心思去完成。如果妈妈再能够检查一下孩子作业的完成情况，那么因为有人督促，孩子在学习的时候就会更加专心了。

3. 让孩子一件事一件事地做。

现在的孩子，可能有很多爱好，有的爱好是有益的，但这些课余爱好很容易使孩子学习分心。因此，妈妈要处理好在课余爱好与学习之间的关系，比如，学习任务不完成决不允许孩子干别的事，同样，在非学习时间也决不让孩子心里牵挂着学习，让孩子做完一件事以后再开始做另外一件事，这是孩子处理学习与其他事的原则。妈妈还要帮助孩子处理好孩子的各个学科之间的关系，妈妈要帮孩子安排一下，做完一门功课后允许孩子休息一会儿，学习重在劳逸结合，不要让孩子太疲劳。有些妈妈觉得要让孩子刻苦勤奋，就不应该让孩子休息，这样，会容易让孩子心力憔悴的。研究表明，开始学习的头几分钟，一般效率较低，随后会慢慢上升，一刻钟后达到顶点。根据这一规律，妈妈可建议孩子先做一些较为容易的作业，在孩子注意力集中的时间再做较复杂的作业。

孩子有专心学习的良好品质，主要还是妈妈善于引导的结果，专心学习，是孩子能学得好的保证。

职场妈妈教子私房话

一个人无论他学习是多么勤奋、多么刻苦，如果在学习的过程中不专心，所有的勤奋和刻苦都会失去意义。

苦学不是办法，效率是好成绩的保证

很多孩子学习很用功，那真是“裤子一提，学到半夜”，孩子只要是一进校门，无时无刻不在抓紧时间学习，这帮孩子学得很累。可是孩子的努力往往与他的成绩不成比例，职场妈妈把其中的原因只有归结在孩子的智商不高上。

其实，在孩子学习过程中，很多职场妈妈只是在时间上对孩子重点要求，只要孩子在学习上肯花时间，妈妈就对孩子基本满意了，至于孩子到底能掌握多少，那就看孩子的“造化”了，妈妈在孩子学习的过程中是不会管效率怎样，妈妈要的是结果。孩子在学习上劳而无功的原因就在于此，因为在学习的过程中他们没有注意到方法和效率，他们的妈妈过分地强调他们刻苦用功，使得孩子在学习时不分轻重，找不到头绪，虽然一直在学个不停，但是总不见有什么好的效果。就像有个故事说得那样：

有个人在山上砍树，他每一斧子下去只能砍下一点点树皮，因为他的斧子已经很长时间没有磨，斧头太钝了。于是有人看见就对他说：“你把斧头磨快一些不行吗？”砍树的人回答：“树这么粗，我哪有时间磨斧子呢？”砍树人可笑的地方是，他不知道先磨快斧头，不仅可以提高砍树效率，而且还可以节省时间，这就如有句俗话说得那样：“磨刀不误砍柴功。”

在学习上，应该教会孩子如何去“磨刀”，妈妈对孩子的学习先不要求有多么刻苦，首先要让孩子掌握学习的技巧和方法，这样，孩子才会轻松地学习。那么，要孩子学习有效率，妈妈该怎么去做呢？

1. 不要给孩子太大的压力。

很多妈妈认为孩子有压力学习才会有动力，他们在教育孩子的时候会这样对孩子说："爸爸是没指望了，全家以后只有靠你了，你要好好学习……""家里经济这样困难，为了你学习，家里把积蓄都花了……"这样的话会使孩子身心很疲惫，就难免学习效率低下，因此，妈妈不要给孩子太大的压力。家里再困难，自己再没指望，都不要把负担和希望寄托在孩子身上，家里的事对孩子要报喜不报忧，给孩子营造一个轻松的学习环境。

2．让孩子掌握学习方法。

在孩子学习的过程中，妈妈要对孩子进行多方位的指导，使孩子能够遵循学习规律，善于结合自己的特点来选择学习方法。可以把它融入到生活的小事中去引导孩子，比如，让孩子沏一壶茶，有的孩子看水开了才去洗茶壶拿茶叶。这时，妈妈可以利用这个机会让孩子掌握提高效率的方法，告诉孩子洗茶壶拿茶叶可以在烧水时备好，等水一开立马就可以泡茶了。孩子掌握了生活的技巧，在潜移默化中就会用到学习上。当然，让孩子掌握学习方法，离不开对孩子进行具体学习方法的指导。孩子能有很好学习效率的基本步骤是：首先是提前自学；然后听老师讲解，在老师的指导下解决难点；最后复习总结。妈妈应该让孩子从小养成"先预习后听课，先复习后作业，先思考多提问"的学习习惯。

另外要提出的是，学习方法对每个人来说在方向上没有太大的不同，但在学习方法的细节处理上，就要因人而异了，因此，妈妈要结合孩子的特点，引导孩子掌握最适合的学习方法。

3．掌握高效学习的基本技能。

学习效率高的孩子有一个特点，那就是他们读得快、算得快、写得快和想得快。因为读、算、写、想是学习的手段，如果这四个方面孩子做得比别人快，那么学习效率就会比别人高。因此，妈妈要从小注意提高孩子读、算、写、想的速度。

其实，有关提高学习效率的注意事项还有很多，像合理地利用时间、让孩子快乐地学习等，这些在后文中将会具体谈到，在这不多说了。

职场妈妈不要总是看着孩子学习，与其不停地"看押"孩子，还不如教给孩子学习的方法。孩子在学习上的"时间战、疲劳战"，不仅提高不了成绩，更会使孩子对学习产生厌恶情绪。

职场妈妈教子私房话

孩子学习时间长并不等于效果好，要按照孩子的学习心理规律，处理好方法、时间、性情等这些影响学习成绩的因素，这样才能提高学习效率，孩子成绩才能出色。

指导孩子合理利用时间，好妈妈不当"监工"

时间是把事情做好的一个重要的保证，但是，如果不会使用时间，它就会被白白地浪费掉。时间对于孩子的学习来说，用得不好，不仅仅是白白地浪费掉，孩子还会感到疲惫。学习不同于做事，比如说刨一块地，在一段时间内只要你挥动着锄头，即使人很累，事后总会有效果的。学习则不同，它是一个人对知识领悟的过程，也就是说，如果时间使用不当，就是人给累垮了，也可能对要学的东西一无所获。因此，孩子能学得好，这与职场妈妈指导孩子安排学习时间、让孩子充分利用时间是分不开的。

职场妈妈可以从下面几个方面来引导孩子合理地利用时间：

1．和孩子一起执行时间表。

对于孩子合理利用时间的能力培养，妈妈不能简单地对孩子定一些制度性的要求，妈妈也要成为合理利用时间的参与者。这样，可以使整个家庭形成一种合理利用时间的氛围，孩子因此会养成合理利用时间的习惯。这样，不仅孩子学习的效率就会提上来，就是对以后的工作、生活也有很好的益处。

孩子每天有很多细小的琐事，妈妈可以帮孩子把这些事情都安排在某个固定的时间点上去做。这样做的好处是便于孩子不会落下某些事，便于形成做事的习惯；再一个就是妈妈能够指导孩子把事情安排在更合理的时间来做。当然，妈妈在替孩子安排时间的时候，这张表不要成为孩子的专用，妈妈可以把自己的一些事情也安排在其中，与孩子共同执行这张时间表，这样做一是对孩子有个榜样作用，另一个就是起到监督孩子的作用。表的内容不仅仅要考虑到时间安排的合理性，它更要显示对孩子的约束作用。其中包括：什么时间起床、什么时间上学和放学、什么时间休息和玩耍、什么时间做功课和功课结束等。妈妈要根据人的生理特点和孩子本身的特点来制定时间表。对于妈妈自己的事情的安排，要考虑到对孩子负面的影响，比如，在孩子学习的时候安排看电视。如果在孩子学习的时间能看书看报，那么这样和孩子一起执行时间表会更有意义。

2．时间安排松紧适当。

要把时间表变成一张能合理利用时间的效率表。但是有的妈妈给孩子安排时间，也就是为了孩子在学习上更多地付出一些时间，其实这与让孩子合理利用时间是两码事。因此，一张合理的时间表，应该在时间的安排上松紧适当，换句话说，就是在表上能让孩子劳逸结合。

妈妈不要让孩子把时间都安排在学习上，让孩子没有一点玩的时间。有的妈妈就是在星期天，也让孩子去学习。因此，妈妈要照顾到孩子爱玩的天性，让孩子在学习效率最差的时间段去玩，在最佳的时间段去学习。从孩子生理的角度来看，最佳的学习时间是上午九点到十一点，下午是三点半到五点半，晚上超过九点就应该让孩子休息，中午的小憩和夜晚充足的睡眠是孩子充分利用时间的保证。

3．把孩子的学习融入生活的情趣当中。

要合理利用茶余饭后的时间，使孩子学得更有趣。妈妈最好要了解孩子当前有哪些学习任务，这样可以把孩子要学的有关东西用到闲暇时的闲聊中来。有一个父亲，看见女儿一脚踩死一只蜘蛛，马上说：“做得对，这家伙对你来说是个罪魁祸首，你今天报仇了。”女儿不解，父亲告诉她：“就是看到蜘蛛在墙角上结网，笛卡儿受到它的启发建立了解析几何学，是这家伙让你在高中的学习又多了一份负担。”父亲的幽默不仅能使孩子闲暇的生活更有情趣，而且还能让孩子对自己所学的几何学科增添一份兴趣。因此，合理利用时间不仅仅是在时间的安排上，使闲暇的生活过

得生动一些，也是合理利用时间的重要部分。

4. 监督孩子对时间表的执行。

给孩子安排了合理利用时间的方案，可以使孩子有序地进行自己的学习生活，但很多孩子在执行一段时间以后就再也坚持不下去了，这时就需要妈妈的督促。监督孩子对时间表的执行，并不是强迫孩子，有的妈妈用惩罚的办法来迫使孩子按表行事，这使得孩子虽然在合理的时间干该干的事，但他的心却不在事上，对时间的合理利用就无从谈起。因此，对孩子方案的执行要有一些耐心，更要用适当的方法引导孩子执行时间表。

实践证明，成绩优秀的孩子都能学得很轻松，这是由于能合理利用时间的结果。谁能把握时间，谁就能利用好时间，谁也就最能接近成功。职场妈妈都想让孩子变得更优秀又少费心，不妨从教会孩子合理利用时间开始。

职场妈妈教子私房话

如果时间使用不当，就是人给累垮了，也可能对要学的东西一无所获。因此，孩子能学得好，这与职场妈妈指导孩子安排学习时间、让孩子充分利用时间是分不开的。

引导孩子学习，操心操在点子上

有这样一个现象，就是成绩好的孩子似乎喜欢学习，成绩差的孩子总是厌恶学习。有一种解释是，孩子成绩好，他会越学越有劲；孩子成绩差，学习也就缺乏动力。我们很赞成其中的道理，但这不是最本质的原因。造成孩子对学习持不同态度的原因，本质上不是孩子学习的好与坏，而是孩子对学习的态度。孩子对学习态度的好坏，重要的是在于对孩子的引导，而很多妈妈在孩子的学习上往往缺乏这种合理的教育方法。

很多妈妈是在要求孩子学习的，这种方式不可取。

有人说，要求孩子学习有错吗？从某种程度上讲，职场妈妈把对孩子学习的态度都反映在对孩子的要求上，这种要求就是错误的。为什么很多孩子学习积极性不高，其中的原因就是职场妈妈对孩子的学习只是“要求”而已。职场妈妈的这种要求，仅是在告诉自己的孩子要搞好学习，至于如何去学习，孩子在学习过程中遇到困难怎么解决，妈妈往往会忽视对孩子这方面的指导作用。

对于一个没有成年的孩子来说，在面临妈妈对他学习的要求时，这种接受是机械的，他对学习没有什么兴趣可言，更不知道提高学习成绩的方法以及学习的技巧。因此，妈妈仅仅要求孩子学习，这对孩子的学习是不利的。这无疑就是把孩子放在黑暗的森林中，叫他自己独自找一条出路，孩子喜欢这种摸索吗？孩子知道方向吗？孩子知道方法吗？这些妈妈全然不顾，因此更多的孩子就会“死”在这片森林中。

所以说，妈妈要求孩子学习的这种方式不可取，这也是很多孩子学习不好、厌学的原因。

要想孩子有一个好的学习成绩，这其中包含着很多复杂的因素：孩子的兴趣，学习的方法和技巧，孩子的学习时间的分配，孩子对学习的刻苦程度……而这其中起到基础性作用的就是兴趣，它是经过后天培养的一种心理状态。孩子对学习有了兴趣，学习上的方法、技巧、刻苦程度等就会有原动力，而这些是妈妈“要求”所得不到的。因此，对于孩子的学习，妈妈要改变对孩子那种呆板的“要求”为“引导”，在引导中使孩子获得学习的兴趣、技巧、方法等，这样孩子就会乐于学习，也才能学好。那么如何引导孩子学习呢？

第一，要营造一个良好的学习环境。

如果妈妈希望孩子对读书有兴趣，那么，家中应该多一些适合孩子读的书、杂志和报纸。特别在刚开始的时候，孩子对书籍所给予的乐趣毕竟不够熟悉，所以妈妈要常和孩子一起看一些有益的书籍，有必要的时候还要与孩子一起讨论书上的内容，这样既可以了解孩子的状况，也可培育孩子的兴趣。孩子在书香环境中成长，自然会喜欢接近书，喜欢看书。但

是，这个环境还必须是简化了的，不能一下子提供太多的东西，这样会使孩子无法专心地看某一方面的书。

第二，用正面的语言和亲自示范的方式来教导孩子。

如果妈妈希望孩子有一种好的学习习惯，那么妈妈最好使用正面的语言，明确地告诉他该用什么样的学习方法和技巧，例如告诉他“我们应该怎么怎么做”，而不是只批评他、责备他做得不对，然后再亲自指导孩子用正确的学习技巧和方法。

第三，不要打扰孩子的专心。

孩子专心在做某一件事时，不要去打扰孩子。第一件事还没完成之前，不要叫孩子做第二件，也不要让孩子做太多或做一些超乎孩子能力的事。否则，孩子在匆忙、心急的情况下，很容易就会养成放弃的习惯，长此以往，孩子就不会养成做事有始有终的习惯。

第四，让孩子轻松地去学习。

只要孩子的行为有一点的进步，哪怕孩子的表现和我们理想中相差得很远，妈妈也要鼓励、赞赏孩子，使孩子保持着学习的原动力。不要要求孩子非要在紧张严肃的状态下学习。让孩子像玩一样地学习，平时妈妈不要主动地提什么特殊的学习要求，这样能避免孩子失去学习兴趣。如果孩子学了几遍感到厌倦的时候，让孩子及时休息，有时妈妈不妨和孩子做一些小游戏使孩子放松。

如果职场妈妈在孩子启蒙的时候就知道去引导孩子学习，那么，孩子在学习的过程中就很少会产生厌学的情绪。引导在孩子学习的过程中所起的作用，就像是卫星从发射到进入轨道的推进器，卫星能不能在预定的轨道上平稳地运行，关键看升空的过程。孩子的学习也是如此，职场妈妈对孩子学习的引导正确了，以后孩子的学习就像卫星进入轨道一样“平稳运行”，这就是好孩子的学习习惯，职场妈妈就不会为孩子的学习操太多的心了。

职场妈妈教子私房话

孩子对学习态度的好坏，重要的是在于对孩子的引导，而很多妈妈在孩子的学习上往往缺乏这种合理的教育方法。

让“厌学”变成“喜学”，逃学问题自然解决

孩子逃学，从孩子所犯的错误来说是比较严重的，是公开违犯校纪校规的表现；从学习方面说是对自己责任的一种放弃。孩子逃学是厌学、恐学的表现。逃学的孩子，大多数是因为学习吃力。常见的症状是上课听不懂，作业不会做；老师天天批评，同学时时告状；妈妈天天指责，同学时时嘲讽。因此这些孩子只有利用逃学去暂时躲避一时，以使心里获得一丝轻松。孩子厌学，不是一天两天造成的，大多是因为孩子从小没有获得良好的学习基础或养成学习的习惯。因此在明白妈妈有责任，学校老师也有责任的同时，要解决孩子逃学问题，还必须由家校双方共同配合来对孩子进行综合“治理”。

职场妈妈应该从几个方面同时纠正孩子的逃学现象：

1．妈妈要先和孩子交心。

孩子逃学不是一时之举，孩子在自己学习“失败”的过程中，也会引起他们对自己妈妈教育方式的反思，他们在心里可能保留着对妈妈的一些意见。因此，在纠正孩子厌学情绪时，妈妈要先和孩子用交谈的方式，解除掉孩子心里对妈妈的意见。妈妈应向孩子承认自己在教育上有失误。妈妈应该在自我反省的基础上跟孩子倾心交谈几次，听听孩子心里是怎么想的，跟孩子一起探讨学习和不学习的理由。妈妈的诚恳态度是孩子转变的重要因素。

2．妈妈要经常与孩子的老师接触。

要经常与孩子的老师交流，与老师一起分析孩子的主要问题在哪里，对孩子的学习情况要进行仔细地分析，明白孩子现有的学习态度、方法，找出其中的不足，问题找得越准越好，这才便于有针对性地采取改变孩子逃学的措施。孩子出现旷课、逃学现象以后，要经常与班主任保持联系。根据孩子的特点，请老师在班上给孩子安排力所能及的任务，使孩子改变不利的角色地位；可以准备一个家校联系本，由孩子、妈妈、老师共同写联系内容。有时，学校为了严肃校纪，对屡次逃学的学生给以必要的处理，妈妈应配合学校，抓住机会做思想教育工作，让孩子下定决心，有一个新的开始。

3．让孩子与好孩子交朋友。

跟老师商量后，选择与自己孩子有交往基础、能帮助自己孩子学习的孩子做“老师”。为了郑重起见，妈妈最好带孩子到对方家里去向对方的妈妈做出表示。

4．请家庭教师。

利用双休日请一位家庭教师给孩子补课。请教师前，孩子应有充分的思想准备，不能有依赖心理，以防孩子放弃课堂。孩子可能有几科学不好，那就先补一两科。请比较有经验的教师。对自己的孩子要有具体要求，如“自己先看，不懂再问”，“自己先做，哪里不会再问”，“课前预习，找出难点，上课专心听讲”等，孩子没有积极性、主动性，仅依赖家庭教师肯定不行。

5．妈妈陪孩子学习。

有的孩子厌学与妈妈的不爱求知有关。这些妈妈应该转变思想认识，认真学点东西，学孩子的功课或者另外学习某一门知识。妈妈与孩子安排共同的学习时间，有互相监督检查的措施。

6．与其他孩子的妈妈结成联盟。

如果有几个孩子群体旷课、逃学，几位妈妈应联合起来共同商讨对策，跟班主任一起研究帮助措施。比如共同请家庭教师，制定互相促进计划，共同进行文体活动，把孩子的积极性调动起来。妈妈结成联盟，对孩子的学习形成“联教”，对孩子的逃学形成“联防”，效果是非常明显的。

在帮孩子克服厌学情绪的过程中，职场妈妈应该明白孩子的学习不是一下子能上去的，因此对孩子要有耐心，要反复去说服孩子。妈妈如果对孩子的信心不足，或者对孩子采取放弃态度，那孩子就有可能破罐破摔了。对厌学的孩子，切不可“批”字当头、“罚”字当头。要实事求是地看到孩子的优点和微小进步，及时给以肯定，使孩子有成功的感受，逐步提高自信心，由“厌学”变成“喜学”，逃学的问题就会解决。

职场妈妈教子私房话

在帮孩子克服厌学情绪的过程中，职场妈妈应该明白孩子的学习不是一下子能上去的，因此对孩子要有耐心，要反复去说服孩子。

对孩子要求不要过高，称心如意做妈妈

妈妈对孩子都会有一定的期望，这种期望会变成妈妈给孩子设定的成长目标。给孩子设定成长目标没有错，关键是看看这个目标如何去设定，否则就会起到反作用。

很多职场妈妈给孩子设定的目标依据几个方面，比如周围其他人家孩子成功的启发，社会对孩子培育问题的一贯看法，妈妈自身的喜好……妈妈常常以这些参考来给孩子制定成长目标。这样定下来的目标所带来的问题是：当孩子是一张白纸的时候，你可以设想在上面画任何美妙的东西，可是一不小心在这张纸上已经画了一个圆或一个方块，如果还要按预定的设想画一幅泼墨山水画或工笔虫鸟画，那就是枉费心机了，这是其一；其二，每一个人的情趣爱好是不一样的，看到别人家的孩子好，或者按照人

们通常的做法去如实地要求孩子，这就有可能犯了和在宣纸上做油画一样的错误。

很多孩子因为不能完成大人所定的目标，产生破罐子破摔的思想。因此，在孩子学习过程中，妈妈一方面要注意对孩子目标的及时调整，一方面给孩子的目标要符合孩子的实际情况。有人说目标一旦定了，就不要随便改，因为这是你的方向，它会给你带来动力。但因为随着时间的推移，你会发现对孩子的理想与孩子的现实的差距，因此适当地调整是正确的。特别是对在学校里逃学的孩子，这种调整在一定程度上可以树立孩子的自信心，使孩子在学校有所作为。

对那些成绩不好的学生来说，他们在学习的过程中缺乏动力。孩子在低年级的时候，他们可能还想在学校表现得好一些，至少可以给老师留个好的印象，但随着自己调皮本性的暴露，这种愿望很快就会破灭。这样，自己成绩不好又不能给老师留下好的印象，孩子就彻底失去了向上努力的动因。因此，孩子感到自己在学校什么也学不到，有些要学的东西对自己也毫无用处。你想，孩子如果不想去应付考试的话，会不会解那一道方程式，这对他今后的生活又有多大影响呢？这时的孩子在学校里就会对学习彻底地放弃，他们自然地就会逃离学校。因此，给孩子信心是可能留住孩子的好办法之一。

妈妈把孩子送进学校接受教育，开始时，所有的妈妈都有一个共同的目标，那就是希望孩子能成绩优秀，所有的妈妈都一致地在这条线上要求自己的孩子，他们往往忽视自己孩子自身基础的好坏，他们认为教育是“万能”的。我们也更赞成“只有差的教育，没有差的孩子”，可问题是，很多妈妈在面对孩子已经无法再提高的水平时，仍然盲目地坚持对孩子原先的那份期望和要求，这就使孩子因心里的压力过大而难以承受，这种情绪就使孩子失去信心。因此，要想使成绩差的孩子打消逃课的念头，那么妈妈就要根据自己孩子的实际情况，及时地、结合实际地给孩子定一个明确的目标。妈妈要使这个目标犹如树上的桃子，孩子跳一跳就能够得着，因为离地面太高的桃子孩子会对它丧失信心。孩子不能上重点学校，我们就要求他上普通的学校；孩子实在不是读书的料，我们可以叫孩子做个司机或当个工人。俗话说“行行出状元”，如果你按孩子自己兴趣和实际水平去要求孩子，你的孩子还可能成为某个行业的状元呢！

当你明确地告诉他你对他的期望，这时在他的心里就会这样想：“我努力一下，至少不会使我的妈妈失望。”当孩子有了可以实现的目标时，他自然就要从学校那里学一些东西，这自然就在学校多了几分安分。

所以，妈妈对成绩差的孩子不合实际的要求，使孩子不能得以实现，孩子就会觉得自己在学校里一无所获，当孩子对自己的成长目标失去信心的时候，就会对学校产生反感的情绪而去逃学。可当妈妈结合实际给孩子定目标时，孩子就会觉得，自己的那一点点成功对自己还有用，也能获得妈妈和老师的肯定，这样，孩子就会有劲头跳起来去“摘桃子”，孩子就不再厌学了。

职场妈妈教子私房话

在孩子学习过程中，妈妈一方面要注意对孩子目标的及时调整，一方面给孩子的目标要符合孩子的实际情况。

第七章

好妈妈不打骂，轻松改掉孩子的不良言行

为了改掉孩子的不良言行，很多妈妈劳心费神，用尽心力，但效果不佳。教育孩子没有效果，不是孩子无可救药，而是妈妈不够智慧。教育方法对了，不仅孩子变好了，妈妈也会更省心了。

用行动影响孩子，妈妈少费嘴皮子

在一个家庭里，要让孩子一个人养成某种习惯就会很难。如果全家人都有某种好的习惯，孩子往往不需要大人教，他也会自觉地养成这种习惯。因此，要想让孩子养成某种习惯，最好的办法就是全家人都这样做，用这样的大环境来影响孩子，这样孩子形成良好习惯就会容易得多。

孩子有超强的模仿能力，可以说孩子很多意志品质的形成，最先都是向大人模仿得来的。孩子的习惯养成往往也是这样，一家人全都在用这样的方式去做事、去生活，孩子也会跟着这样去做。但是，家里如果有人不这样去做，孩子就很难再这样坚持下去了。因为很多事在没有形成习惯之前，让孩子去遵守这种规则，孩子就会感到很麻烦，有种被束缚、限制的感觉。当家里每个人都在坚持的时候，他也不想打破这种做事的习惯，但只要孩子在家里发现有人没有这样做，这种习惯在孩子面前就不会再有严肃性，而且孩子随意的行为还能给自己生活带来方便，孩子就很自然地放弃了这种习惯。

在漱洗间，母亲看见孩子的牙刷被随意地扔在漱口杯的外面，生气地把孩子叫到跟前："我说过多少次了，你的坏习惯为什么老不改。看你又把牙刷放在外面了，我不是叫你要养成把牙刷放到杯子里面的习惯吗？"

孩子回答："这很方便的，我要是每天都花那么多的心思注意把牙刷放到杯子里，我还不如不刷牙了。再说，你们都不是和我一样喜欢把牙刷扔在外面吗？我不知道为什么非要我一个人这样去做。这有什么益处吗？"

孩子这样的反驳，使得母亲不可能再有什么理由去说服孩子把牙刷放到杯子里，因为无论母亲怎么说，孩子都会有理由反驳。这样，孩子就很难养成某种习惯了。

所以说，用行动影响孩子，妈妈少费嘴皮子。职场妈妈要让孩子养成某种习惯，就要让全家人都这样做，用榜样和环境来引导孩子养成某种好的习惯。

有一个孩子，做事总是丢三落四，自己放置的东西，常常自己都找不着，孩子反过来怪他的妈妈家务整理得没条理。孩子的东西在家都胡乱地放置，书遍及家里的每一个角落；自己的鞋子也不是放在一起，而常常是客厅一只卧室一只；孩子自己的衣服更是胡乱地堆在床头……孩子自己的空间总是一个“乱”字了得。孩子没有整理家务的习惯，这让父母看起来很是焦心了。父母因为工作太忙的缘故，平时也没有太多的时间打理家务，很少有机会在家务上给孩子一个“示范”。可以说，孩子这种糟糕的现状，也与父母平日没有做好榜样有关。有时，父母也会要求孩子把自己的空间收拾好，但时间不长，就会恢复乱糟糟的样子，因为孩子没有养成保持室内整洁的习惯。

为了孩子更好地成长，父母觉得有必要让孩子养成一种保持家里整洁的习惯。于是母亲宣布，今后家里人自己的东西，都由自己收拾整理，以此来保持家里的整洁。母亲对孩子也没有特别的要求。

从此以后，孩子的父母开始注意把自己的东西摆放得整整齐齐的了，而孩子呢，有时也会注意收拾一下自己的东西，但时间不长，孩子东西的摆放或空间就会乱起来。父母有时也会提醒孩子收拾一下凌乱的局面，但孩子似乎并没有把父母的提醒当回事。但父母发现，孩子每收拾一次，保持的时间渐渐地长了起来。以前收拾一次，两天就又会变乱了，现在有时竟能保持一个礼拜。两个月过后，孩子居然能和父母保持一致了。父母似乎没费吹灰之力，就使得一个生活随意的孩子，突然变得整洁起来，究竟秘密何在呢?

原来，这都是家人影响的结果。比如，以前孩子放学后进门换鞋的时候，他会胡乱地把自己的鞋子扔在鞋堆里，根本不会顾及鞋子放得整齐与否。现在不一样了，当他换鞋的时候，看到全家人的鞋子都整整齐齐地放

在那里，面对这种情形，一是对孩子有个提醒作用——鞋子放整齐；二是一家人的鞋子都是整整齐齐的，要是惟独自己的鞋子东倒西歪地放置，孩子就会觉得不协调，有时也会觉得难为情，所以孩子会不自觉地把鞋子放整齐。以前，孩子回家喜欢像他爸爸一样把外套脱下扔在沙发上，现在却不同了，父母好像总喜欢找有衣服的地方坐，当看到沙发有衣服的时候，还问一句："谁的衣服？"好像衣服很碍事的样子，这时父母总是要"麻烦"孩子把衣服重新放置。渐渐地，孩子为了减少这种麻烦，在脱外套的时候，会主动地把衣服放到该放的地方去。

孩子在全家人的影响下，就这样学会了归置自己的物品，时间长了，孩子就养了成保持室内整洁的习惯。

因此，父母要做个好榜样，凡事要求孩子做到的，自己首先就要做到。"榜样的力量是无穷的"，妈妈在孩子面前注重自己的言行举止，这样才能培养孩子的好习惯。

职场妈妈教子私房话

因此，父母要做个好榜样，凡事要求孩子做到的，自己首先就要做到。"榜样的力量是无穷的"，妈妈在孩子面前注重自己的言行举止，这样才能培养孩子的好习惯。

养成良好的习惯，让家教没有说教

一个优秀的人，他会有很多好的习惯，有一些习惯会对一个人的成功起到至关重要的作用。但是这些习惯，它需要孩子在很小的时候，就在生活中一点一滴地养成，这样，在长大以后，才有可能养成一些对事业具有决定性作用的习惯。

有两个孩子学习理发，师傅就让他们在冬瓜上练习刮胡子。一个徒弟在刮完冬瓜后，总喜欢随手把刮胡刀砍在冬瓜上，师傅看到后就告诉他，不要这样做，可是徒弟说没有事，这是冬瓜，以后真人他是不会这样做的。另一个徒弟则不然，他在每次刮完冬瓜后，总是轻轻地抹去冬瓜上的细毛，然后小心地把刮胡刀洗干净并收起来。三年过后，两个徒弟都出师了，并且各自独立门户，开始了给人理发的营生。但不久，那个喜欢把刮胡刀砍在冬瓜上徒弟就出事了，他在给人刮完胡子以后，把人的脑袋也当成了冬瓜，习惯地砍了一刀，险些出了人命。他因此赔钱吃了官司不说，从此也再没有人敢让他理发了。另一个徒弟则不同，由于服务细心周到，前来理发的人络绎不绝。

所以说要让孩子养成一个好习惯，一定要从生活的细节入手。让孩子在处理生活的细节时规规矩矩的，把对细节的规范处理当成一种习惯来做，这对以后孩子的成长有着决定性的作用。在孩子的生活里，没有太多重大的事，对他们习惯的培养，也只能多在细节上给予历练。但在很多的家庭中，这些细节往往会被职场妈妈所忽视，有的甚至是被大人代替做了。职场妈妈没有培养孩子习惯的意识，孩子也没有养成习惯的机会，因此，孩子长大后就很难再有养成某种习惯的习惯了。所以，职场妈妈要善于在细节中规范孩子，让孩子在处理生活的细节时养成一种良好的习惯。

要帮孩子养成规范小细节的习惯，职场妈妈首先要关注孩子生活的点点滴滴，要在孩子的衣食住行、站行坐卧中引导孩子行为的规范化。

有一对父母，他们的女儿不仅学习成绩优秀，而且举止也很得体。父母在她很小的时候，就在生活的细节上引导她养成习惯。比如饭前洗手的习惯，在开始的时候，父母什么也不会说，就是一吃饭便都去洗手，这时，他们会喊上孩子，让孩子和他们一道洗手。渐渐地，孩子就以为洗手是吃饭的一部分，自然就养成了饭前洗手的习惯。但有的父母就不同，他

们也知道让孩子养成饭前洗手的习惯，于是在吃饭前就对孩子说："你的手那么脏，洗洗再吃饭。"这样缺乏引导的做法，很难让孩子养成习惯，因为孩子在心理上认为自己手是干净的时候，他就认为洗手是多此一举，因此饭前洗手的习惯就很难养成。

所以说，要让孩子养成良好的习惯，再小的习惯细节都要注意培养的方法，不然，孩子小的习惯都养不起来，更不用说养成大的习惯了。

有人用举止高雅来评价这孩子，其实，对于她这方面的培养，父母只是在潜移默化中让孩子举止规范。就拿孩子的坐姿来说吧，孩子在小时候根本不知道在不同的场合有不同的坐法，她的父母是这样引导她的：比如在吃饭之前，父母会给孩子讲农民种稻子的辛劳过程，让孩子感受到食物的来得不易。因为要感谢农民，所以在吃饭时要端坐着，这也表示对他们的尊重，最后告诉孩子规规矩矩坐着吃饭的其他意义。他们常用类似的方式教会孩子在不同场合的坐姿，用这种方式让孩子感受到，坐姿不仅仅是为了自己舒坦，它还有其他的意义。这样，每当孩子在"坐"的时候，这些意义就会提醒她在不同的场合用最适当的坐姿，时间长了，她就把行为变成了自己的一种习惯。

因此，孩子的习惯是先从细节开始培养的：做完作业把书本整理好，玩完玩具把玩具收拾好，把自己的物品放整齐，饭前便后洗手，站行坐卧规范……这些都是生活的细节，倘若孩子从小就能习惯性地把它处理好，孩子养成其他大的习惯起点就会高一些，养成好习惯也会容易得多。

职场妈妈教子私房话

要让孩子养成良好的习惯，再小的习惯细节都要注意培养的方法，不然，孩子小的好习惯都养不起来，更不用说养成大的好习惯了。

不打不骂，让孩子养成守纪的习惯

孩子坐在公交车上，由于天气太热，他把手伸到车窗外面。售票员提示他不要把手伸到窗外，以免发生危险。孩子瞪着眼睛说："你管得着吗？我花钱坐车，想怎么办就怎么办，我又没有妨碍你。"

售票员说："万一出事了怎么办？"

孩子满不在乎地说："怎么办？我又不要你负责。我自己的事自己清楚，不用你来管……"

在日常生活中，我们经常会见到像这种蛮不讲理的孩子，造成孩子这种行为的根本原因，就是孩子在生活中缺少规矩，在一些场合，就会导致孩子的任意妄为。因此，在培养孩子习惯的时候，职场妈妈必须要孩子养成良好的纪律习惯，这样，孩子才会在任何场合都能做到彬彬有礼。

在目前这种教育环境里，无论妈妈还是学校，他们最关心的只是孩子的成绩，并没有把纪律当成一种习惯素质来要求孩子。对于妈妈来说，纪律只是孩子听话的约束工具；对于学校来说，纪律只是维护校纪校规以及学校学习环境的工具，教育者对孩子的纪律教育只限于狭隘的家庭或学校的环境里。因此，要想孩子变得更优秀，职场妈妈要加强对孩子的纪律教育，让孩子明白：一切皆有纪律，并把守纪律当成一种良好的生活习惯。

孩子是否有严明的纪律习惯，关键是看职场妈妈在这方面对孩子的引导。

1．在孩子的生活琐事中引导

所有妈妈都会有这样的体验：在孩子痴迷一件事情的时候，孩子往往会因此打破一切生活常规，他不再按时吃饭，按时睡觉，按时上学……按道理说，孩子应该知道重要的事就应该自觉地去做好，但是，由于孩子缺乏纪律观念，因此在做事情时就会为所欲为，根本不会区分事情的轻重缓

急。但如果妈妈重视培养孩子的纪律观念，让孩子们知道：人人都要服从一定的纪律，事事都有一定的规矩，什么时候、什么人该干什么事都是有章可循的。这样，孩子就会养成守纪律的习惯。所以，妈妈在培养孩子纪律习惯的时候，应在生活中积极引导，告诉孩子“这时要怎么做”“那时要怎么做”，例如告诉孩子家里的物品都有固有的摆放的位置，每次使用后都要物归原位；每个人的衣食住行都要有规律，这样更有利于生活、学习和工作等等。在生活中，孩子把这些日常的小事都按规矩做好了，就会逐渐明白纪律的观念。相反，如果孩子在做生活琐事时很随意，那么孩子就不会有什么纪律观念可言。

2．在游戏中引导

孩子纪律观念的灌输，应该从孩子很小的时候就开始，这样，孩子在成长的过程中就会逐渐地牢固纪律观念。对于一个比较小的孩子来说，培养纪律意识的最好方法，就是在游戏中引导孩子。

孩子天性好玩，玩游戏是所有孩子的共同爱好，妈妈可以把纪律观念融入到游戏的规则中去，这样能更好地培养孩子的纪律观念。在玩耍的过程中，孩子会主动地遵守游戏的规则，在不自觉中加强了自我约束的能力。

有这样一个故事：在一天傍晚，一个军人被一个女子拦住了去路，女子恳求他到旁边的公园里为自己7岁的孩子下一道让他回家的命令。原来，孩子与伙伴们在玩游戏，他的角色是一个哨兵，按照游戏的规则，只有接到命令孩子才能“下岗”。可天黑了，其他的孩子都散去了，他还坚持站在那儿。军人不解地问：“你可以告诉孩子其他的伙伴都回家了呀。”“不，”这个女子回答，“我不能破坏孩子心里的纪律意识。”在女子的乞求下，这个军人答应了这个要求。

因为这位妈妈明白，让孩子从小就遵守游戏的规则，可以为孩子养成良好的纪律习惯打下基础。

3．妈妈在公共场合做表率

妈妈用亲身的实践来告诉孩子一切皆有纪律，这对孩子养成守纪的习惯是最好的引导。特别是在公共场合，妈妈要用自己的言行来感染孩子，让孩子养成遵守公共秩序的习惯。

妈妈怎么做，孩子就会模仿着怎么做。在公共场合，妈妈能自觉地排队、小声地说话、不乱扔果皮……孩子因为天性就会自觉地去模仿，时间久了，孩子就会养成遵守社会公德的习惯。

一位年轻的母亲在车站捡起一块香蕉皮放进身边的垃圾桶，在她身边的儿子问："妈妈，这又不是你扔的，你捡它干啥？"这个年轻的母亲回答："我们每个人都有责任把公共场所保持得更干净。"

母亲的言行让孩子明白：在公共场所保持清洁是每个人都要遵守的纪律。职场妈妈用自己给孩子做表率，可以说对孩子纪律习惯的养成是事半功倍的。

孩子要从小养成遵守纪律的习惯，这样才能更容易地融入到集体中去。一个游离于集体之外的人，很难说有多么优秀，因为他总是孤立无援的。所以职场妈妈从小就要培养孩子的纪律观念，要让孩子明白，在什么样的场合就要习惯遵守什么样的规则，融入什么样的集体就要习惯服从什么样的纪律。一切皆讲纪律，孩子才会优秀。

职场妈妈教子私房话

想孩子变得更优秀，职场妈妈要加强对孩子的纪律教育，让孩子明白：一切皆有纪律，并把守纪律当成一种良好的生活习惯。

一分钟让孩子改掉拖拉的毛病

效率是在竞争中决定胜负的关键，一个优秀的人，他往往有着很高的办事效率。一个办事拖拉的人，他就不能做自己时间的主人，工作效率低

下，更使得自己的计划、理想在拖拉中落空。孩子正是学习和培养好习惯的黄金时期，因此，职场妈妈在培养孩子时，要让孩子克服办事拖拉的习惯。

孩子办事磨磨蹭蹭，说明他缺乏时间观念，要让孩子做事利索，在他做事的时候，就要让他感到时间的紧迫感，可以对孩子进行一定的时间限制，让孩子在规定的时间内完成要做的事，如果孩子完不成，职场妈妈就要让孩子承担责任。这样，孩子在做事的时候，首先就会想到在何时定要完成任务，就会争分夺秒去做事。

有一个孩子上小学四年级，可是他做什么事都是不紧不慢的，大人不催他就不着急，在这种状况下，妈妈就给他立下一个规矩：家庭作业没在规定的时间内做完，就不许看电视、不许上网；做事超过了规定的时间，就会罚他多做一些家务……一开始孩子总是达不到要求的标准，屡屡犯规，这时妈妈也不会对他客气，就拒绝他看电视或上网，以此来惩罚他。通过父母在一年的时间里对他的关注和督促，孩子基本都能按时按质地完成了。

孩子做事有磨磨蹭蹭的习惯，其中一个更大的原因就是自身的惰性。孩子因为懒惰，本应该今天完成的一件事，他却总习惯把它放到明天去做，这样日积月累，孩子就会养成做事磨磨蹭蹭的习惯。因此，让孩子勤快起来是克服孩子拖拉的有效办法。

其实，克服孩子拖拉的习惯，并不会花去妈妈多少时间和精力，比如，在日常生活中，凡是孩子力所能及的事，妈妈不妨让孩子自己动手，像扫地、叠被子、洗碗等家务事让孩子做一些以外，家里的大事情也要让孩子参与进来，根据孩子的能力的大小，对孩子提出不同的要求。在交给孩子任务以后，要督促孩子按时按量按质完成，这样让孩子养成习惯。

有一个孩子做事情拖拉、磨蹭，父母为了帮助孩子改正这个毛病，先给孩子腾出个比较大的房间，让孩子邀请他的同学、伙伴到家里来玩、做家庭作业。孩子们一来到家里，父母就建议他们在做作业时，要看一看谁做得又快又好，谁做到了这一点，父母就奖励给谁一些早已准备好的零食。这样，孩子在竞争中就会加快做事的速度。当孩子们做完了作业后，父母就给他们安排一些事做，像洗菜、洗茶杯什么的，让他们看看谁做得快，这样来锻炼孩子的做事速度——这种办法对小孩子的作用比较明显，对于大一些的孩子，做事时他们有克服做事拖拉的能力时，如果他做不好的话，就要让孩子吃一些苦头了。

一个大孩子经常做事拖拉。早晨是父亲用车送他上学，每天父亲都要在车里等好半天，孩子总是在家里磨磨蹭蹭不出来，这样，常常使父亲上班迟到。于是，父母一合计，就想出一个教训孩子的办法。

一天早上，母亲告诉孩子快点起床，因为爸爸的车正在修理，可能不能送他到学校上学了，迟到了老师要批评的。但孩子似乎习惯了，没事似的说：爸爸一会儿就能修好车，来得及。但等孩子起床洗漱完毕，车子却还没修好。这下孩子急了起来，动作立刻快了几倍……从那以后，父母告诉孩子，车子早晨可能会坏，要孩子起床快一些。有时，父母看孩子起床拖拉了，甚至有意说车子坏了，以此给孩子一点教训。但教训归教训，这对父母还常常教孩子怎样提高做事的效率，比如，要求孩子晚上临睡前就把第二天用的东西准备好，并放在容易拿到的地方，以免第二天乱找耽误时间；告诉孩子经常用笔把该用的东西和需要做的事记下来，防止丢三落四昏头昏脑影响效率……这些办法还不错，孩子现在做事很少再磨磨蹭蹭的了。

有的孩子做事情拖拉或者磨蹭，有自身的原因，也有外来因素的影响。比如孩子贪玩、受到不应有的干扰、因问题难以解决而犯愁犹豫，这都可能造成孩子拖拉、磨蹭的习惯。妈妈在工作之余，只要花一点心思就不难帮助孩子找出原因，之后对症下药，就可以轻松让孩子改掉做事拖拉的习惯。

职场妈妈教子私房话

可以对孩子进行一定的时间限制，让孩子在规定的时间内完成要做的事，如果孩子完不成，就要让孩子承担责任。

采取正确的方法，不让孩子乱花钱

随着生活水平的提高，孩子口袋里的钱多了起来，乱花钱的现象也就越来越严重。家里有钱的孩子是任意地花钱，家里条件一般的孩子攀比着花钱。孩子的这些不良行为，不仅仅是给家里带来经济负担，更让自己养成了不良的品德。因此，孩子乱花钱着实让很多职场妈妈感到头痛。

所谓孩子乱花钱的“乱”，是指孩子常买不应该买的东西、消费不应该有的消费。较为轻微一些的乱花钱，是孩子经常乱买零食、乱买没有多大用处的东西……这种乱花钱的方式，惹得妈妈常担心孩子玩了不健康的玩具，吃了不卫生的垃圾食品。较为严重一些的乱花钱，是孩子乱买高档衣服和用品，乱进不应当进的消费场所……孩子往往会因此渐渐地变坏。生活中有些孩子为了进这些消费场所，他们会想方设法采取不正当手段，向妈妈要钱、骗钱的事时常会发生。

对于孩子乱花钱，职场妈妈不能时时监管，有的妈妈会用抱怨、批评，甚至是用打骂的办法来制止孩子的这种不良行为。用这些极端的方式教育孩子，改变不了孩子的恶习不说，还会因此产生一些教育的副作用。因此，妈妈要用一些恰当的方法来让孩子克服自己的坏毛病。不同的孩子，不同的家境，妈妈可以采取不同的教育办法，引导孩子正确使用金钱。

一个做生意的富豪有一个孩子，因为家里殷实，在上小学的时候，孩子就渐渐地养成了奢侈浪费的习惯。他的父亲为了改掉孩子的坏毛病，和孩子的母亲瞒过所有人，假称生意已经破产，家里变得一贫如洗了，孩子从此也开始了勤俭节约。这样，父母一直瞒了孩子十来年，直到孩子大学毕业。这种矫正孩子乱花钱的教育方式可谓是用心良苦。

一个从小就胡乱花钱的孩子，长大以后不可能是一个理财的能手，因此，就是一个普普通通家庭里的孩子，也要对孩子乱花钱的习惯进行遏制。

有一个大男孩子，今年已经是高二了，家境很好，学习成绩也不错。这个孩子的穿、戴、用一直都是最时尚的，追星也是很疯狂的，因此，孩子在这方面花了不少冤枉钱。而家长对孩子的教育，像“你该如何如何”这样的语言是闭口不提，更不用说他们会带有评判性质的言语了。他们的做法是这样的：

在一个周五，父亲说为使家里的生活过得更前卫，周六家里要开一个“时尚大比拼”活动，参加的是孩子、爸爸、妈妈。题目是“我的时尚历程和谈谈时尚给了我什么”，要求参赛者用近三年所买的实物表现他的时尚历程，并要说出时尚给自己带来的感触。优胜者可以获得家庭给他提供的1000元时尚基金，以此来鼓励他。

在周六，家中的三个人忙活开了。孩子参加的热情很高，他把自己的东西一一摆开：有上百件并没有穿过多久的名牌衣服、名牌鞋帽，还有好几个mp4、电玩……可以说，在孩子的每一件物品中都能看到当时的流行时尚。

父母把他们的东西也一一摆开了。

展示是先从孩子开始的，孩子很兴奋，一一列举着在当时时尚的大潮中具有代表性的东西，可以看出，他的每件东西都是在走着潮流。

值得注意的是，父母的教育关键是看引导。比如在孩子兴奋的评点中，有一个mp4，当时是花了2500元，可两年不到，孩子已经不再用它了。当孩子在评价这个mp4时，有的家长会这样说：

“这么贵，你看太不值了吧！”

“买了你也不用，你还要买，这太亏了！”

“你不感到这是在糟蹋钱吗？”

……

如果家长这样说，举办这次活动的意义就会不再有了，孩子也不愉快，会对活动失去兴奋。当孩子在评价这个mp4时，他的父亲仅仅说一句：

“这是我当时用三个月的奖金给你买的。”

他的母亲插了一句：

“当时我们跑了三家商场才买到，我当时看中了一款新手机，结果把钱省给你买了，但这使我们感受了新产品的魅力，也值。”

……

孩子在评价每一件东西时，听着家长的话，看到自己的东西仅仅是为时尚而已，很多都没有太大的用处，慢慢感知到自己的时尚是建立在父母的艰辛上。

这时，轮到他的父母开始评述自己的物品了。他父母各自的东西不是很多，在父母的介绍中，可以看出他们买这些东西的时候，并不是仅仅看重它的流行程度，而是它的实用性。他的父母指着他们的物品做着不同的评价：

“这件衣服当时很流行，现在穿起来也还是好看的。”

“这件衣服我一直穿了二年。”

“这双鞋是你和儿子那双一道买的，你的是120元，儿子那双是700元吧！”

……

介绍完了各自的东西，该谈感想的时候了。孩子说不出自己有什么感想了，因为他感到自己的时尚是建立在父母节约上的。

在这次家庭活动中，孩子看到：自己的时尚是建立在父母的艰辛与节俭之上的，自己只是在乱花钱，对家庭来说是一种极大的浪费。这种意识使这个男孩子改变了恶习，树立了节约意识。所以，职场妈妈在教育孩子的时候，要讲究一些方法，通过孩子感兴趣的一次活动，引导孩子改变乱花钱的恶习。

职场妈妈教子私房话

一个从小就胡乱花钱的孩子，长大以后不可能是一个理财的能手。就是一个普普通通家庭里的孩子，也要对孩子乱花钱的习惯进行遏制。

合理疏导，让孩子不再打架闹事

孩子打架的原因各有各的不同：有的孩子不会克制自己，在家里有不愉快的事就到外面去发泄；有的孩子是因为缺少社交的技巧，不打架就不知道怎么与同伴相处；也有一些孩子是想利用打架来树立自己在同伴中的权威，还有的孩子仅仅是模仿……这其中比较轻微的是，孩子因此会和他人矛盾不断；较为严重的，不是自己受到了伤害，就是孩子伤害到别人，有的孩子还会因为打架触犯到法律。无论是哪一种，对孩子成长都是极为不利的，因此很多职场妈妈在面对这样的孩子时，惩罚起来从不会心慈手软。但是，任何一种有效果的教育都是引导的作用，职场妈妈在面对一个好打架闹事的孩子时，一定要注意纠正他们恶习的方法。

1．尽可能多地去了解孩子

要想矫正孩子的恶习，就要了解孩子，这是妈妈都知道的一个原则。但在了解孩子的过程中，可能不会知道到底要了解孩子什么，或者是对孩子了解得不全面。有的妈妈把了解孩子理解为掌握孩子的一切动向，以此来控制孩子的行为，这是治标不治本的办法。因此，要很全面地了解一个打架闹事的孩子，不仅要了解孩子本身的情况，还要了解孩子朋友的情况，这包括他们各自的爱好、他们最爱的去处、各自的家庭状况等；再一个就是要了解孩子的“敌人”，如他的对手、讨厌的人有哪些等；还要了解孩子当前面临的状况，如他又欠了多少钱、他有了哪些麻烦等；妈妈还要多听一听外界对自己孩子的评价，这包括正面的和负面的，这样才能客观地看待自己的孩子。

2．消除孩子的隐患

孩子打架往往都是有他的困境的，这种困境正是事件的原因。因此，妈妈要及时发现孩子面临的矛盾，并且教会孩子如何去正确处理自己的矛

盾。妈妈还要善于化解孩子与对手之间的矛盾，如找到与孩子有矛盾的孩子及其妈妈，让孩子诚心地进行自我批评，降低对方对自己的敌意，这样也就降低了自己孩子与他争斗的可能。孩子的麻烦少了，生活的压力就小了，促使孩子打架闹事的因素也就少了。

3. 对孩子要有切合实际的硬性要求

在消除孩子的麻烦、关心体贴孩子的基础上，要对孩子有所要求。对孩子的要求先不要太高，妈妈要给孩子明确的态度：你还有哪些“困难”，有“困难”提出来，爸爸妈妈一定给你解决。然后要向孩子提出：哪些范围之内的事不能做，要求孩子“做与不做”一定要想通，想不通的事向妈妈说，妈妈不会怪你，反而会帮你解决。还要求孩子对于自己“做与不做”的事，在妈妈面前要给出理由。比如，一个孩子在学校里又一次把同学的鼻子打流血了，孩子知错了还不行，一定要知道打人的后果，因为妈妈掌握这些情况，对孩子以后的教育是有好处的。有的妈妈会用“不准再打架”的言语来要求孩子，这样要求孩子不会有什么效果的，应该明确地告诉孩子，下次与人发生冲突时，不要用打架的方式解决，应该找一个正确的方式去解决。

4. 让孩子感到背后有双眼睛

让孩子感到有双眼睛在背后，就是要对孩子的言行多加关注。妈妈可以定期对孩子进行生活总结。像孩子又有哪些新问题出现，下一段时间需要防范的新情况有哪些等，这些妈妈要做到心中有数。还有就是对于孩子上一段时间的表现作出评价，妈妈要以鼓励孩子为主，对于孩子的进步，妈妈要使孩子感受到自己因他的进步所带来的快慰。这种总结在孩子的心里，他会看成是妈妈的教育的一种持续，让孩子感到有双眼睛在背后，孩子也会重视妈妈的这份关注，从而会努力地做得更好。

5. 惩罚但不刺激孩子

对于屡教不改的孩子，妈妈对其要有一定的惩罚，但惩罚不能伤害到孩子，不要将惩罚变成与孩子之间矛盾的源泉，要把惩罚变成与孩子的一种沟通方式。也可以这样说——要在惩罚中与孩子沟通。有一位妈妈对孩子屡教不改的惩罚是这样的：当孩子打一次架的时候，他的妈妈就要求孩子亲手给自己做一件礼物，以此来要求孩子表达对辜负妈妈期望的歉意。这些小礼物往往是妈妈和孩子一起完成的，孩子和妈妈在这个过程中不仅能有很好的沟通，而且两者之间的关系还能变得更融洽，这有利于改正孩子的错误。

了解、关注孩子的生活，要求、检查孩子的行为，必要的时候对孩子进行一些“惩罚”，这就是职场妈妈纠正一个喜欢打架闹事的孩子的主要步骤。

职场妈妈教子私房话

妈妈自己要总结教育孩子的经验，看看哪些方法是有效果的，哪些是自己的失误，这样便于改进自己的教育方式。

从孩子内心入手，轻松戒除孩子的网瘾

网络对孩子有着无穷的吸引力，很多孩子因此放弃了自己的学业，整日沉沦在虚拟的网络世界；有的孩子为了筹集上网的费用而去偷去抢，从而走上犯罪的道路。网络直接地威胁着青少年的健康，很多职场妈妈谈“网”色变；更可怕的是，面对沉沦于网络的孩子，很多职场妈妈束手无策，只有眼巴巴地看着孩子堕落。

职场妈妈工作忙，缺少对孩子特别的关爱，与孩子没有进行必要的沟通与交流，不了解孩子的心理需要，使得许多孩子在心理上缺少对亲情的那份依赖，只有在网上寻求心理的安慰。孩子上网成瘾，从某一方面来说，是孩子对现实生活的一种宣泄和依赖。因此，要根除孩子的网瘾，职场妈妈要从孩子的情感世界入手。

张瑞的父母工作很忙，每晚都到十一点钟以后才回来，而这时的张瑞已经在梦乡中了。从小学到初中一直都是如此，在家里惟一能和张瑞相伴的人就是奶奶。爸爸妈妈虽说都是住在一起，但却是有其名无其实，因为一个月张瑞也很难和父母有一次直接的对话。渐渐地，张瑞在家里的孤独感慢慢涌上心头，甚至在放学以后他不愿再回到那个冰冷的家。另一方面，孩子的成绩也因此变得很糟糕，同学们的嘲笑和老师的批评使他对学校也充满着反感。就这样，只有14岁的张瑞开始迷恋上了网络游戏，他开始毫无节制地呆在网吧里。

面对这种状况，张瑞的父母开始为孩子担心了，他的母亲果断地放弃了手中的工作，准备回家一心地来管教孩子。母亲在家当了全职妈妈，面对沉迷网络的孩子，她并没有立即对孩子说“不”。

看着孩子要上网的时候，母亲主动提出，在晚上或双休日陪他一起到网吧去。因为母亲知道，戒除网瘾的过程是个复杂的过程，孩子会不配合，更会出现反复。要使张瑞戒除网瘾就不能一下子不让他碰电脑，这是有个间隔期的。间隔期的时间对每个孩子都不一样，有的一个星期，有的一个月。母亲遵循了教育规律，她要利用陪张瑞上网的机会，走进孩子的心里，最终使张瑞彻底戒除网瘾。

在和张瑞一道上网的过程中，母亲还向张瑞请教了一些自己不懂的问题，母亲还了解了张瑞上网喜欢做什么，喜欢玩哪些游戏；在上网碰到一些问题时，母亲还和张瑞一起讨论，母亲进入了属于孩子的领地，和张瑞相处得很融洽。张瑞每次上完网回来，母亲就和孩子交流，倾听孩子的满足感。母亲没有以成人的眼光发表正误的评论，而是在观察张瑞的过程中逐步改进自己的方法。张瑞上网回来了，母亲总是做一点孩子喜欢吃的东西。张瑞感到现在的家庭很温暖，同时，有母亲的陪伴，上网的次数和时间也得到了控制。一段时间以后，母亲用爱渐渐地征服了张瑞的心。

不久，张瑞生日到了。在吹灭生日蜡烛后，母亲搬出了她刚买来的一台电脑。张瑞没有想到母亲会给他一台电脑做为生日礼物，他高兴得很，在心理上似乎和母亲亲近了许多。在这个时候，母亲说：“这是给你的生日礼物，希望你学习、娱乐两不误。”母亲没有多说，接下来只是和孩子一道庆祝生日。其实，母亲的目的是，让孩子在家上网，这样更容易管控孩子。

面对孩子的网瘾，母亲的策略是，先走入张瑞的生活，摸清孩子的状况，给予孩子应有的照顾和温暖，把张瑞的心从网吧夺回来。在以后的生活中，母亲已经完全走入了张瑞的生活，孩子也感到了家的温暖。在这样一个状况下，她对张瑞的上网时间做了一个规定，偶尔孩子上网时间太长，母亲会及时提醒。张瑞也很听话，因为家庭的幸福温暖占据了他的心，在他心中，对网络的需求似乎不似先前那么强烈了。母亲在戒除张瑞的网瘾上，知道"欲先取之，必先予之"，在实施这些措施期间不可强行禁止，否则那会更糟，管了人管不住心。

给予、限制还不能完全纠正张瑞的网瘾。许多妈妈只懂得限制孩子上网，而不懂得如何转移孩子对上网的注意力，培养孩子新的爱好。一般来说，在双休日，孩子上网时间长一点都是妈妈允许的，虽然说是满足了孩子，但一定程度上是在加大孩子的网瘾，这也是好多父母意识不到的。张瑞母亲的做法是，叫孩子在双休日有上网以外的选择，比如郊游、购物等，把张瑞带到其他他感兴趣的事件上。当然，这一系列的事都要张瑞感到快乐，使张瑞觉得原来有比上网更快乐的事，这样就逐渐淡化了张瑞对网络的依赖。

母亲只用了几个月的时间，就使孩子走向了正轨。在后来，母亲还像朋友一样和张瑞沟通，在沟通的过程中教会张瑞一些做人做事的道理，对张瑞讲怎样正确对待电脑网络——这样的教育方式，使张瑞受益匪浅，张瑞后来以很好的成绩考上了重点高中，现在，已经在读研究生了。

对孩子进行惩罚、给孩子讲道理、监督管控孩子，这对孩子戒除网瘾都不是最好的办法，理解和关爱才是治疗孩子最好的良药，因为妈妈的爱能让孩子觉醒、能让孩子有所感悟、更能让孩子有良心的发现……

职场妈妈教子私房话

职场妈妈工作忙，缺少对孩子特别的关爱，与孩子没有进行必要的沟通与交流，不了解孩子的心理需要，使得许多孩子在心理上缺少对亲情的那份依赖，只有在网上寻求心理的安慰。

先让孩子知错，才能让孩子主动认错

妈妈和孩子是亲子关系，又是教育者和被教育的关系，妈妈在对孩子管教的过程中，在孩子犯了错的时候，这正是妈妈和孩子冲突最大的时候，也是妈妈和孩子伤感情的时候。当然，从孩子的错误引发成妈妈与孩子的冲突，这是妈妈对孩子纠正不当的结果。因此，妈妈和孩子的关系是否融洽，就看妈妈对孩子的错误是如何处理。

一些妈妈为了给孩子一个宽松民主的成长环境，往往对孩子的过错听之任知，可这样很容易放纵了孩子；还有一些妈妈为惩前毖后，往往对孩子是严加管教，这样就很容易打击了孩子。这两种方式是现实中妈妈通常对待孩子错误的方式，它不利于妈妈与孩子的相处，对于孩子成长更是不利。所以，妈妈对待孩子的错误，要在平和中让孩子认识到自己的错误到底是出在哪里，并让孩子主动认错，这才是纠正孩子错误的最好办法。

张旭的父亲从下岗以后，就一直以送报纸为业，他的母亲是一位清洁工。因为父母的勤劳和在生活上的精打细算，家里虽谈不上富裕，但日子过得还是很幸福的。张旭今年上初二年级了，在学校里虽成绩不是最好的，但他各个方面表现都还是令父母满意的。

可是，任何一个孩子的成长都不是那么一帆风顺的，张旭也是如此。就在张旭刚上初二的时候，他迷上了网络游戏，常常在网吧一待就是好几个小时，每次都至少花去二三十块钱。最初，张旭凭着自己一贯的良好表现，还能瞒过父母，但不久还是被父母发现了。

父母没有直接去训斥张旭，他们装作什么事都没有发生的样子。在一个周五的下午，孩子放学回来，母亲就对张旭说：“孩子，这一阵子你念书也挺辛苦，今晚我为你加些营养，走，我们买菜去。”孩子和母亲一同来到超市，买了一些孩子爱吃的菜，母亲还不忘买了一大瓶可乐。晚上，母亲做了一桌比较丰盛的晚餐。

在饭桌上，父母端起可乐对孩子说：“我们的乖张旭念书很辛苦的，我们祝你学习进步。”张旭很开心，端起杯子和父母一干而尽。这时，他的父亲放下杯子，似乎有些自责地说：“唉，爸爸没有用，要是我有钱的话，我会让我们的孩子到大饭店去吃。”

“有钱也不去，去饭店多浪费呀。”母亲接过来说，“今天也只花去三十几块钱，我们不是都吃的很好吗？”

“要是天天这个生活就好了。”张旭插嘴说。

“挣钱哪有那么容易。”母亲对张旭说，“过日子就是要节俭，天天花几十块做一顿家常便饭，我们吃不起的。”

“儿子喜欢这样，这没问题！”父亲说，“张旭，明天你帮我送一天报纸，所得到的钱明天晚上我们再加餐。”

张旭很高兴，不以为然地就满口答应了。第二天，父亲向他交待一番后，他就兴冲冲地走了。

晚上很晚张旭才回来，他为父亲送了一天报纸，当他把送报纸所得的30块钱交到母亲手上的时候，他已经累得筋疲力尽了。晚餐依然很丰盛，但是张旭一点胃口都没有，不是因为自己太累，而是心里有种隐隐的酸楚。看着张旭心事重重的样子，父亲觉得该是把话挑明的时候了，他一边抚摸着张旭的头，一边微笑着说：“孩子，三十块钱可以使我们全家人享受一顿美餐，可是，要是挣三十块钱又是多么的难呀。看今天把你给累的。今后，这份劳累父母来承担，你只要做一个规规矩矩的孩子就行了……”

张旭终于忍不住了：“爸爸，我知道你的意思，我不乱花钱了。”张旭的眼睛红了。第二天，父亲收到张旭这样一张纸条：“当我艰难地爬完最后一户楼梯的时候，仿佛看到你拖着疲惫的身体在风雨中前行，当时我只有一个念头，我再也不会用你一天的工资去上网打游戏了！”

从此，张旭再也没有上过网吧。

在这个故事中，父母先用给孩子加营养的事让孩子内疚，然后从侧面告诉孩子三十块钱可以做哪些事，同时让孩子自己体验父母挣钱的艰难。父母这一系列的行为，目的就是让孩子感到花几十块钱上网是不值得的，让孩子意识到自己是在挥霍父母的血汗。这种教育意在引导孩子主动认识错误，这比对孩子责罚打骂要好得多。对待孩子的错误有时就像一场战争，最好的胜利是“兵不血刃”，同样，使孩子身心不受到伤害，又能使孩子认识和改正自己的错误，这就是最好的教育方法。

职场妈妈教子私房话

妈妈对待孩子的错误，要在平和中让孩子认识到自己的错误到底是出在哪里，并让孩子主动认错，这才是纠正孩子错误的最好办法。

当孩子遭遇早恋，情感疏导有技巧

孩子的青春期发育的时候，男女孩子对异性就会产生好感，这份好感往往会使孩子产生早恋。但在现实生活中，妈妈一听到“早恋”这个词，往往就在潜意识里认为孩子是纯粹对性的追求，在心里对孩子的这种行为总会觉得有几分污秽。于是，他们对孩子的早恋的处理就会比较严厉和偏激。其实，妈妈大可不必把孩子的早恋想得那样的污秽不堪，因为孩子对异性的好感是人在成长的过程中必然要经历的阶段，早恋只是这个阶段的一个极端。可以这样说，早恋的孩子极少是因为生理上的需求，早恋的孩子，更多的是他们在心理上对异性的一种情感的依赖。职场妈妈对孩子要加以引导，让孩子把初恋珍藏起来，这可能就是在情感上送给孩子最珍贵的礼物了。

职场妈妈如果发现孩子陷入早恋的漩涡中，千万不要进行训斥、辱骂，甚至是用殴打来对孩子。职场妈妈应该尊重孩子的感情、理解他们的感受，在互相平等的基础上沟通，通过疏导、教育让早恋的孩子“自我觉醒”。

小佳是一名高一女孩，她性格开朗，学习努力，成绩在全校名列前茅，且各方面的才能俱佳，人也长得很漂亮。在小佳16岁生日那天，父母亲对孩子没有任何表示，而同桌刚认识不久的男孩却送给她一份精美的礼物。就这样，小佳对这个男孩产生了好感，两人越走越近。不久，母亲发现她的成绩比以前下降了许多，从孩子的言行中也明白了成绩下滑的缘由。不久，学校要组织一次成人宣誓活动，母亲决定抓住这个时机，对孩子进行一系列的帮助、疏导，使她摆脱早恋的纠缠，重新开始正常的学习生活。

在一个周末，父母决定为孩子的这次成人宣誓开一个家庭聚会庆祝一番。父母事先对孩子的交代是：孩子已经长大，父母决定对孩子多一些放手，让孩子有更多的自主去生活。晚上的聚会，一是庆祝孩子长大，二是把孩子今后要注意的一些问题摆出来讨论一下，能让孩子在生活中自律，父母也求个放手后的安心。孩子明白了庆祝会的主题，她和父母谈得很投机。在这个过程中，为了孩子在父母面前不过于尴尬，父母有意地将话题慢慢地引向早恋。父母对孩子早恋的问题只字不提，只是和孩子共同分析了中学生所处时期的特点：中学生在经济上不能自立；生理和心理上还不成熟，缺乏社会知识和生活经验，对一些事情的看法还比较肤浅、片面。接着父母把早恋作为一个例子与孩子讨论，指出中学生的特点决定了“早恋”的危害：过早涉足“爱河”，分散精力，荒废学业，影响身心健康发展，因此要理智地控制自己。还告诉孩子交友要有一个尺度和标准，比如能够在学习上相互帮助、相互促进。最后，父母对孩子说的是：青春期对异性好感是正常的，但在与自己喜欢的异性交往过程中，一定要举止得体，把感情放在心里，不要想着用行动来表达。父母用旁敲侧击、含沙射影的办法使孩子与父母有了真诚的交流，最终达到了纠正孩子早恋的效

果。从那次谈话以后，小佳改变了与那个男孩子的交往方式，使两个人成了正常的同学关系。

所以，孩子有早恋行为，职场妈妈要善于采用新的方式对孩子加以疏导，从新的角度切入，动之以情、晓之以理地教育和帮助孩子，把孩子当做是朋友，帮助孩子正确认识自己，让他们保持那份感情的纯洁。

早恋是孩子在交往过程中的一个陷阱，职场妈妈要以宽容的态度和合理的方式加以疏导，这样才能使孩子在青春期得体地与异性相处，这就是孩子与异性交往的能力体现。很多成年人都会有自己的初恋，有时可能就是早恋。我们很多人往往难以忘却在自己情窦初开的时候，过早地对身边异性的那份情感，会把那份曾经的伤心和流泪、喜悦与欢欣，看成是自己最美好的经历，对于那份经历的珍藏，现在已经变成了我们最美的回忆。因此，面对孩子的早恋，职场妈妈要引导孩子用一种纯洁的心理去对待第一份感情。

职场妈妈教子私房话

职场妈妈不要亵渎了孩子在成长过程中本是最美好的那段情感，引导孩子在交际中抵住诱惑，珍藏美丽。

巧妙防范在先，管好恶作剧的孩子

你坐在沙发上看电视，他悄悄地把一根鸡毛插在你的头发上；你正准备出门，他却把钥匙藏了起来，看着你因锁不了门而着急打转；你拿着拖把在前面拖地，他却在后面玩水，弄得满地板都是……

不知从什么时候开始，你的孩子突然变得很古怪，总爱在不经意的时候给你制造一些小小的麻烦。那么，孩子这样做的目的是什么呢？在他们这些可爱的行为背后，又潜藏着怎样的“危险”呢？

很多人认为调皮捣蛋、恶作剧是孩子的代名词，这与他们的天性有关，孩子本来就比较调皮和天真，如果一个孩子不会调皮，反而令人担心。事实上的确是这样，5～12岁时的孩子比较机敏，表现欲望很强烈，希望能够得到大人们的认可和欣赏，但另一方面他们又没有什么值得炫耀的能力和特长，便会使用“恶作剧”以引起人们的注意。比如在老师的粉笔盒里放一条死了的小蛇，往女生的课桌里悄悄塞进一只癞蛤蟆，或者在同桌站起来回答问题时偷偷地把凳子挪开。

德国汉堡的儿童心理学家托马斯•卡尔松经过长时间的观察发现，喜欢搞恶作剧的孩子一般都有着丰富的想像力和创造力，他们成才的可能性较之循规蹈矩的孩子会更大。孩子在进行恶作剧的策划和设计时，需要开动脑筋，展开自己的想像力，这比做家庭作业的强度要高得多，因此便会在无形中提高孩子智力的发育。另外，孩子在恶作剧的过程中可以增强他们的独立性。因为在进行这种行为时，孩子就必须超越妈妈为其所规范的界限，而独立性的形成恰恰需要这种超越。

可静下心来细想之后，我们又不难发现：孩子的“恶作剧”往往是在非理智情况下发生的，对一些东西的破坏和对他人的伤害常常也让人始料不及。这一切所引起的后果，也不能不引起我们的重视。

广东某中学一名年满14岁的初一男生，在玩耍时，用扫把挑逗爬在铁杆上的同班同学。不料，被挑逗的那名同学不慎从铁杆上掉落下来，扫把竟然意外地插入该同学的肛门，导致直肠受伤。

河北省怀来县某村的几个小学生放学之后，打算出去玩，途中他们看到一个年龄和他们相仿的学生，大概是腿脚不方便，拄着双拐。这使他们觉得很惊奇，便一拥而上夺过了残疾孩子的双拐，放在了井边，随后一哄而散。当这名残疾孩子爬到井边去拿拐杖时，一不小心掉进了4米多深的井里。

上面两个事例中，孩子的不当行为都是在“恶作剧”的心理下进行的，或许在他们的内心里并没想着去伤害到谁，可事情的发展结果却如此严重。从表面上来看，孩子一时的“恶作剧”看似无伤大雅，可妈妈如果不及时给予引导，帮助他克服这个毛病，他就可能因此而放纵自己，从而伤害到他人，走上犯罪的道路，也给自己的人生带来无尽的懊悔。

一次，柏拉图在乡村的田野里散步，看到一个小孩子正在玩一个荒唐的游戏，便上前严厉地对他进行了一番批评。这个孩子觉得很委屈，认为这只是一件很小的事情，柏拉图根本用不着这么声色俱厉的批评，态度那么恶劣。柏拉图严肃地告诉他：“如果养成了习惯，就不是一件小事了。”

许多妈妈在对待孩子的“恶作剧”时，要么不论场合就恼怒训斥，体罚痛打，让孩子饱受皮肉之苦；要么明知孩子的做法不对，可还是以“孩子年纪小，长大了自然会变好”为理由进行溺爱袒护，不做批评教育，只是轻描淡写地告诉孩子“以后可不要再这样了”。还有的妈妈因为孩子恶作剧的对象是别人，便不认真对待，甚至觉得这是孩子“点子多”、“机智能干”的表现，还把它作为一件好事加以夸耀。

这样的做法其实是完全错误的，对孩子进行严厉的惩罚并不能帮助孩子认识到错误的真正原因，而溺爱袒护和曲解夸赞更纵容了孩子坏行为的发展。在对孩子的“恶作剧”进行说服教育的时候，妈妈应该“先赞扬，后批评引导”，探寻他这样做的缘由，指出其做法中的错误或不妥之处。这样既不会给孩子带来精神上的压力和负担，有助于他们智力和独立性的发展，也能规范他们的行为，起到防患于未然的效果。

另外，妈妈在对孩子的“恶作剧”进行处理时，对以下的几点要加以注意：

1. 妈妈要站在品德培养的高度来认识孩子的“恶作剧”行为。

在看待孩子的“恶作剧”时，妈妈要站在这样的一个立足点，那就是孩子的“恶作剧”往往只是他头脑里突然萌生出来的想法，具有偶然性，他把这种想法付诸行动，也只是他品德意识相对薄弱的反映，并不能说明他有多么坏。因此，妈妈对这种行为要予以重视，不能任凭孩子自己发展下去，但也不能进行粗暴的教育，而应该把对他的品德教育放在第一位。

2. 引导孩子认识到“恶作剧”的后果，促进孩子良好品德意识的形成。

孩子的“恶作剧”是一种非理智行为，后果往往事与愿违。妈妈要向孩子讲明它可能带来的危害，引导孩子认识这种行为不光对孩子自身有一定的危险，而且给他人也会带来一定的损害，从而教育孩子从小树立关心他人的良好品德。

3. 认真分析孩子“恶作剧”的动机，不要一概而论。

孩子“恶作剧”的动机各不相同，有的是因为向妈妈提出的要求未得到满足而进行的报复，有的是出于对事物的好奇，也有的是认识上的局限。因此，妈妈在遇到孩子的“恶作剧”时不能不分青红皂白就一概而论，要加以区别对待，该批评的要批评，该引导的要引导，该教育的要教育。

职场妈妈教子私房话

职场妈妈在处理孩子“恶作剧”的时候，在时间上不要拖延，应抓住时机，趁热打铁，以加强教育的力度和深刻性。同时，在批评的时候要注意场合，这样即能更好地消除孩子的抵触心理，也保护了孩子的自尊心，使其乐于接受。

第八章

抓住问题关键，及时矫正不良个性

“这孩子真不让我省心！”“唉，孩子就这性格，没办法。”这是很多妈妈最常说的两句话。职场妈妈在为工作操心的同时，还要为孩子的事费神。当孩子的性格出现了问题，是不是就“没办法”了呢？告诉你，只要抓住问题关键，上班妈妈很快就能矫正孩子不良个性。

让孩子摆脱抑郁，好孩子的妈妈最好当

从表面上看他可能有着健康的身体，良好的品德，看上去也是斯文儒雅的，可说不定这就是一个有抑郁症的孩子。由于中国妈妈对于精神健康的重视不足，在教育孩子的时候，孩子的精神世界就成了其教育中的盲点，致使会对孩子精神的不良状况视而不见。在面对孩子由于抑郁而产生的一些表现时，有的妈妈会报怨孩子是窝囊废；有的妈妈会抱怨孩子是不知上进；有的妈妈会抱怨孩子说待人没热情……这些抱怨看似是对的，也会一下子击中问题的根源。但职场妈妈忽略了一个问题：孩子是病态的，因此抱怨是没用的。特别是对于精神上有障碍的人，抱怨往往会加重他的病情。如果把孩子的病当做是孩子的过错来处理，那么就会加重孩子的郁闷感，这就不是对孩子教育，而是在对孩子进行摧残。因此，对孩子的抑郁，我们要把它当做是一种“病”来治疗，这种“病”更多的是要引导孩子放弃心里那些引起抑郁的根深蒂固的理念，慢慢地让孩子接受新的观点，有必要时还要服用一些药物进行辅助治疗。

孩子抑郁的种种表现，都来源于“抑郁情绪”，这种情绪形成的原因往往各有不同，有的是长期受不良情绪的影响；有的是他对一些事情的理解存在着偏差，当这些偏差经过长时间的强化以后，在他脑海里根深蒂固地保留了下来；还有的是自己生活的环境、情感上突然有很大的起伏，这种突然的刺激一下子推翻了孩子对世界原有的认知，这样他就会走向抑郁的泥潭。

王小清是一个16岁的少年，他以优异成绩考进了省级重点高中。但高中生活还不到一个月，他却反复对母亲说自己“不想上学”；孩子有时还有头疼、胸闷、厌食等不适应症状；他常在家发脾气，还用毛笔写大大的“烦”字，扔得满屋都是。他的父亲长期在外地工作，一年只回来两三次，和他一起生活的母亲不知所措，有的人还以为孩子是中了邪了。

事情直到孩子父亲从外地回来才真相大白，原来，小清进入重点高中后，他不能在同学中表现得很优秀了，这使他内心有着很严重的无奈情绪，于是孩子就选择逃避和发泄来避免自己在学校受挫折——孩子在情绪上有了抑郁症状。

但孩子爸爸的归来，使王小清比往日开心了一些，父亲也很想改变儿子当前的状况。他很自然地向爸爸倾吐着生活中的种种不快，宣泄出积存内心深处的愤懑。在与父亲的交谈中他说：

高中的老师课讲得太快，往往是自己还没有听明白就过去了。初中时自己成绩是全班第一名，现在中游都困难。每当看到其他同学学习时自己就很着急，于是也拼命学，可就是不见效果。自己反而有无法解释的想哭举动，自己常坐着发呆，在家经常乱发脾气。

王小清说着说着又哭了起来：“我好怀念初中的生活。现在我的成绩不好了，妈妈又唠叨我。我怕到学校去，怕考试，我该怎么办？”

王小清的哭诉，使他的父亲了解了孩子许多内心的想法和感受，这种深藏在孩子内心的不合理的理念，正是孩子抑郁的根源所在，也就是父母要将它清除的。父亲对孩子是这样做的：

1. 首先调整对孩子的心态，站在孩子的角度去体会他的感受，让孩子的母亲和自己一道不要过于关心孩子的学习，对孩子放开手，相信自己的孩子能够把学习搞好。

2. 给予孩子更多的关心，并且常对孩子进行安慰，给孩子以情感上的理解和支持；另外，他们还陪孩子做一些他平时最感兴趣的事情，比如郊游、观看明星演唱会等，他们的目的是让孩子得到更多的放松。

3. 他们还常鼓励、表扬孩子，学会对孩子进行赏识教育。父亲还要求孩子的班主任有意识地改变他的学习环境，其中包括安排他最要好的同学做孩子的同桌。当他有了一点进步时，希望老师也及时给予鼓励，这样

来增强孩子的自信心。

父亲这样做的目的，就是要使孩子在心理上推翻原有对自己的认知，再帮助孩子构建新的认知。当新的认知开始进入孩子心里的时候，再用事例或话语激励孩子，以此来强化认知，孩子就会发现自己原来不是那么一回事。在一次考试中成绩不太理想，孩子回来后很郁闷地对他的母亲说：“我计算了一下自己在全校的排名，我这次只排在第200名。”这时的母亲并没有像往日那样一味地去责怪孩子，而是马上说：“我的儿子是百里挑一的。”孩子不解，母亲就给孩子算了一笔账：

“你初中毕业时全市有10万人上高中，但只有1100人上了你现在的这所重点中学，你的成绩在班里也是中上等的，这样算下来不是百里挑一吗？”

王小清听了很开心，一下子搂住了他的妈妈——孩子变化很大。

两个月过后，王小清的情绪渐趋稳定，能够在校园进行正常学习，性格较前开朗、活泼，与家人关系相处融洽，谈话时也有说有笑。父亲全面了解了王小清的情况后，给孩子构建新的认知过程，全力支持孩子重塑自我。

孩子的心理问题，往往是由不良认知造成的，改变孩子，要注意改变孩子的认知。妈妈改变对孩子的教育方式，这是成功矫正孩子抑郁心理的关键所在。

职场妈妈教子私房话

让孩子摆脱抑郁，要先削弱孩子的心理阴影，事前要有针对性地对孩子做一些思想的铺垫，使孩子的性格向良性发展，这样，对孩子抑郁的改变才会有效果。

从心理疏导入手，让叛逆的孩子变温顺

一个孩子是不是温顺，主要看他与父母的对话是不是温和。但现在的很多孩子说话不知轻重，常常会出口伤人，偏激的言语常会刺伤父母对孩子那颗慈善的心。说话不知轻重的孩子，他对父母的言语是冷漠的，父母不会得到他一句体贴和温暖的话。在孩子心里，好像总有着某种对大人的不满，并总喜欢用伤人的语言来宣泄着自己的不满情绪。这是孩子在逆反期常出现的现象，不同的孩子会用不同的方式来进行“自我释放”，比如频繁地大发脾气、与父母过度争吵等。孩子说话很伤人，只是孩子逆反行为中的一种表达方式，如果父母不能对孩子进行有效地纠正，会导致更严重的叛逆情绪，后果往往不堪设想。

孩子变得暴躁，这是被自己不满情绪憋闷的结果，这时妈妈对孩子的教育，不能对孩子“头痛医头，脚痛医脚”，这样是治标不治本的，教育就不会有效果。要从排解孩子心中的怨气入手，在生活中我们面对孩子的时候，要注意两个方面：

1. 不要惹孩子生气。

不惹孩子生气，这在家庭教育中很难做到。在很多家庭教育中，职场妈妈对孩子的教育与孩子生气是两条并行线，就像火车的两条轨道始终并存。最好的教育办法是使孩子能在高高兴兴地接受你的教育的同时不会生气。

孩子“高高兴兴地”接受教育，这似乎不符很多职场妈妈的教育习惯，她们在教育孩子的时候，力求自己有这样一个教育基础：威信+严肃+强制，似乎这样面对孩子时，自己的教育才会收到效果。其实，孩子生气乃至于脾气暴躁，正是在教育孩子时，妈妈“威信+严肃+强制”的结果。如果妈妈在面对孩子时黑着一张脸，再加上命令式的说话方式，就是再温

暖的言语，孩子听起来也不会舒服，时间久了，必然导致孩子叛逆的情况出现。因此，我们在教育孩子的时候，要想让孩子在平和快乐中接受你的教育，你就要脸上多几分笑意，给孩子多几分平等，用语要讲究几分委婉，在快乐的氛围中使孩子接受“和风细雨”式的教育。这样，你在说教的时候，孩子就不会生气，就会把孩子说话很伤人乃至叛逆的苗头扼杀掉。

不要使孩子生气，这并不代表不责备孩子，当必须要责备孩子的时候，就要尽力去责备，关键是在责备后要及时“安抚”。比如，在批评了孩子以后，你马上就对孩子说：“妈妈骂你了，嘴都骂干了，快去给我倒杯水来。”这样幽默的言语不仅能消除孩子的紧张情绪，而且还能使孩子冷静下来，反思自己为何会遭到妈妈的责备，孩子也就不会因妈妈的责骂而生气了。

2. 我们要学会给孩子“消气”。

孩子有了叛逆的情绪以后，他就会在言语上刺激大人，在这个时候，我们就要给孩子消气。对于孩子的生气，是很多妈妈喜欢忽视的一个问题，他们觉得，孩子生气，只是一种“孩子气”，在孩子的成长过程中无伤大雅。这是一种错误的看法，因为孩子一次生气就是一次不满的表现，如果孩子的“气”得不到及时地舒缓，孩子就有充足的时间去想一些自己的道理，而且生气会使他坚定地改变或认同一些看法，这些看法都是在孩子情绪不稳定的时候思量的，这就使得孩子的这些看法错误的较多。生气的次数越多，在孩子心里聚集的“错误”就越多。孩子经常生气而又得不到排解，这样就隐藏着巨大的教育隐患。所以，孩子生气了，妈妈要把它看成是一个孩子的问题，而且妈妈及时给孩子消消气是很有必要的。

有的妈妈或许会说：孩子生气了，要想他开心起来，那我们只有放下妈妈的架子去哄孩子。这种做法只对了一半，妈妈在给孩子消气的时候，必须要放下高高在上的那份威严，但绝对不是去哄孩子。

哄孩子往往是妈妈对孩子错误的一种让步，他们用降低对孩子的要求来舒缓孩子犯错所带来的压力，以使孩子开心起来。对孩子来说，这是一种纵容。

所以，孩子不高兴了，我们可以这样直接问孩子：“我的儿子（女儿）为什么又不高兴了呀？”当然，也可以间接了解孩子不高兴的原因。然后，在和孩子平等的基础上交流彼此的看法，用道理来说服孩子，直到孩子认同原先因自己不理解而使自己生气的那些道理。道理想通了，孩子心里的气也就消了。

做到了这两个方面，孩子就会以心情舒畅的状态出现在妈妈的面前，对妈妈的尊重、孝心也就体现出来了。

所以，当叛逆的孩子喜欢用偏激的语言对待妈妈的时候，先不要下“孩子变坏了”的结论，应首先想到“孩子又生气了”。这样，职场妈妈在教育孩子的时候，就不会抓住孩子的问题不放，而是直接找到产生这些问题的原因，这是很有效果的教育方式。这种教育方式之所以有效果，它能直接从根本上解决问题。

职场妈妈教子私房话

孩子说话很伤人，只是孩子逆反行为中的一种表达方式，如果父母不能对孩子进行有效地纠正，会导致更严重的叛逆情绪，后果往往不堪设想。

注入正能量，把孩子从自卑“导”向自信

自卑，简单地说就是自己轻视自己，自己看不起自己。这是对自我潜能的一种压抑、对他人能力的一种过高判断的心理。在奥地利心理学家阿德勒看来，人在生活中时刻可能产生自卑感，生活的一些不足，都可能使人产生灰暗的情绪，且这种情绪还会因为自己与周围人的比较而加剧。因此自卑会使孩子有自怨自艾、悲观失望等消极心理，这样就会使孩子产

生沉默寡言，甚至自暴自弃等现象。孩子的很多悲剧，往往就是人的自卑心理导致的。孩子自卑，如果得不到及时的纠正，不仅有碍于孩子的健康成长，而且就是在长大后也会显得胆小怕事，人更会显得懦弱。所以，当孩子有了自卑感后，职场妈妈就要注意引导自己的孩子，把孩子从自卑“导”向自信。

从染本是一个很优秀的孩子，但不知什么原因，一读起课文来总是结结巴巴的，为此，他开始变得沉默寡言，这种明显的自卑心理使他的成绩受到了很大的影响。

一天，从染找到老师，告诉老师自己的苦恼。有一次他在给同学们示范读课文的时候，一不小心把“鞋子掉进河里”读成“孩子掉进河里”，惹得同学们哄堂大笑。他因此受了刺激，从此，他只要一读起课文总是结结巴巴的。

但这位老师听完孩子的讲述，惊讶地对从染说：“什么，你有读书结巴吗？我怎么没有发现，有时虽有不顺，那是你对课文不熟的原因，更多的时候都是流畅的。”其实，老师也注意到他朗读水平的下降。

“不可能的，我感觉自己一读课文的时候，头脑就会很乱，每次都这样。”

“没有的，要不下次在课堂上我多叫你读读。”老师说。

从那以后，老师每天上课都会让从染示范读课文，无论从染读得有多结巴，老师都会说一句：“读得很好，要是对课文内容再熟一些读的就更好了。”慢慢地，从染相信了老师的话，认为自己结巴的原因是对课文内容不熟导致的。于是他开始多读课文，不久，他的朗读水平又恢复到原来的样子了。从染走出了自卑的阴影。是老师的鼓励和赞扬，使从染恢复了自信，改去了他结巴的毛病。

那么，职场妈妈如何用引导的方式，让孩子从自卑到自信呢？

1. 鼓励孩子。

改变孩子自卑的状况，最忌讳的就是用批评、斥责的语言，妈妈要随时随地用语言鼓励孩子去做一些事，成功了，就多加赞赏；即使不成功，也要想方设法使孩子对失败感觉不到太大的压力。

著名成功学家拿破仑·希尔小时候，人们认为他是一个十足的坏孩子，他也因此感到十分自卑，生活更是难求上进。这种情况一直保持到后母的出现，仅仅是后母的一句话，改变了他原有的糟糕状态。当时，后母第一次到他们家，父亲在向后母介绍他时说："这就是拿破仑，全家最坏的孩子。"没想到母亲却把双手放到他的肩上，眼睛里闪烁着光芒，说："坏孩子？一点也不像，我看他本是一个最聪明的孩子，只是我没能把他的本性诱导出来罢了。"继母赞赏的话改变了拿破仑·希尔自卑的心态，也造就了优秀的成功学家拿破仑·希尔。

2. 利用榜样的作用。

面对自卑的孩子，职场妈妈要懂得利用榜样的作用，多让孩子学习名人是如何克服自卑、建立自信心的。

一个孩子被父亲带到贝多芬故居参观，孩子问父亲："贝多芬长得很帅吗？"

"不。"父亲回答，"他从来也没有结过婚，因为贝多芬长得太丑了，虽先后爱上过好几位贵族女子，但都遭到了拒绝！"

"那他该有一双会欣赏音乐的耳朵吧！"孩子又问。

"不。贝多芬二十六岁开始耳聋，晚年全聋，只能通过谈话册与人交谈。但他说'我要扼住命运的喉咙！'也许是有这样的决心，对他来说，在耳聋的时候创作音乐并没有别的音乐家那么难。"

……

孩子被贝多芬的事迹感动了，在回来的路上，孩子的腰好像直了很多，如果人们仔细看孩子的腿会发现，孩子的右腿装的是假肢。

3．让孩子展示他的优点。

对于自卑的孩子来说，自我价值会在他自己的心里飘摇不定，因此要多展示孩子的优点，以此来强化他心理的优势，这是让孩子克服自卑的有效办法。如：让孩子为自己记一本“成功簿”，让孩子每周记下自己的成功，并告诉孩子，所谓“成功”，不一定有了不起的成就，任何的小进步，以及为这种进步所做出的努力，都有资格记载入册；为孩子准备一些小奖品——每当孩子做出了一点成绩，或做了一件令他自己感到自豪的事——要及时奖励孩子，这些奖品让孩子在贫困中找到成功的感觉和乐趣。

职场妈妈教子私房话

面对一个自卑的孩子，尤其是职场妈妈，要注意用引导的办法把孩子从自卑的泥潭中拉出来，并且能把孩子“导”向自信，这样，孩子才会变得优秀。

运用软钉子策略，让孩子不再任性

现在的孩子，会被家里所有的人宠着爱着，很多孩子都会有固执己见的恶习。这样的孩子干什么事都由着自己的性子来，稍微有点不如意，就会大吵大闹，向妈妈乱发脾气。这不仅仅是孩子自身的问题，更多的是妈妈对孩子教育不当的结果，妈妈的纵容、放任、迁就使孩子形成放任自己的心理定势，当这种心理一旦形成，妈妈就很难驾驭孩子了，对孩子所有约束、要求就会成为空谈，这对孩子成长来说是极为有害的。

当孩子出现任性的不良表现后，妈妈要想办法让孩子听话。但是，妈妈对孩子任性的纠正，不能利用自己的威严给孩子来个急刹车，这样会使孩子产生叛逆的心理，这样会让孩子又因为任性而酿成大错。因此，在对待一个任性的孩子时，要慢慢地让孩子接受一些规则和习惯，当孩子把这些规则和习惯当成自己生活中的规律时，任性也就改变了。

矫正孩子的任性，让孩子接受一些规则和习惯，要从实际的事例入手。比如有一个任性的孩子想花800元去买一张明星演唱会的门票，这件事是由于家庭的经济状况决定了孩子要求的无理。当孩子提出这个无理要求时，妈妈可让孩子碰碰软钉子。

首先，我们不要在一开口就回绝孩子的要求，我们可以对孩子说："这是个很不错的演唱会，我也想你能够到现场去感受一下音乐的魅力，可家里实在是没有太多的钱。"和孩子讲这样的话，等于你告诉了孩子两个信息：你赞成孩子的选择和家里没有钱。这样，孩子就不会因你的拒绝而和你马上产生矛盾，这有利于进一步说服孩子，还赢得了说服孩子的时间；再说，告诉孩子家里没有钱，这就可以从根本上削弱孩子要钱买票的念头。当然，对于一个不达目的不罢休的孩子来说，他是不会因此而放弃这个要求的，但妈妈这一番话，使孩子把问题的焦点由"妈妈允不允许"转向"家里有没有钱"上来，就避免了孩子与妈妈直接的矛盾对立。

第二，当孩子坚持他的要求时，妈妈接下来就向孩子算一算家庭的经济账，重点是告诉孩子，家里没有这个能力承受这笔开支。这时，你要明确地告诉孩子，家里就这400块钱，是家里日常花销用的，孩子需要就可以拿去，至于家里今后的生活费，妈妈可以再慢慢想办法。如果这时候孩子沉默了，就说明孩子已经对自己的要求有所动摇。这时，你可以对孩子说："我们可以看看电视有没有转播，有的话，我可以陪你一起看电视转播，我们还可以买一点你喜欢吃的水果，晚上在家我们也会很开心的。"妈妈这样说，他或许会放弃自己的要求的。

第三，当孩子不管三七二十一始终坚持自己的要求时，这样的孩子也是最任性的了。这时，我们要看孩子会闹到哪一步才会罢手，另外，还要看孩子对这场演唱会的痴迷程度到底有多大。有的孩子为了在演唱会上

看到自己喜欢的明星，当家人不能满足自己时，他有可能因为买票而去偷抢，这是妈妈需要特别注意的地方。我们教育这样的孩子虽然很棘手，但这也是纠正孩子任性的最好机会。

孩子的要求得不到满足，从生气会发展到不吃不喝，妈妈一定要“顶住”孩子的这种任性，因为这时你一旦松口，纵容了孩子的任性不说，下次要拒绝孩子的无理要求就更难了。相反地，妈妈这次要是能驳回孩子的无理要求，下一次在面对孩子的无理要求时，妈妈的拒绝就会容易得多。

孩子最极端的任性，是用自己的行动来要挟妈妈，以此使妈妈答应自己的要求：不吃饭或少吃；放学有意回来晚，叫家人担心，当然还会整天板着一张脸……这时，妈妈千万不要去批评孩子，否则，会激发出孩子的逆反心理。要有意地给孩子闹情绪的时间，但在这个时候，妈妈一方面要表明自己拒绝的坚定态度，一方面要适时地开导孩子：“你这样妈妈也很难过，我也希望你能看到这场演唱会，可家里条件太差了。”“你看，妈妈是否可以从其他方面补偿你一下”……当孩子生了很长时间气以后，他也是感到很累的，从妈妈的态度中，他也看不到能满足自己要求的希望。这时妈妈抛出“从其他方面补偿你一下”，孩子刚好有个台阶下——这对孩子来说也是很重要的，但很多妈妈会忽视这一点，致使孩子产生逆反情绪，有时就是为一点小事，也和家人大动干戈。如果孩子有个台阶下，他就会放弃原有的要求。这时，孩子在心里面就会明白：不是所有的要求父母都会允许的！这样的拒绝多了，孩子就会知道哪些要求能满足，哪些要求提了也无益，由此孩子任性的性格就会收敛起来。

职场妈妈教子私房话

对待任性的孩子，职场妈妈不要对他无理的要求给任何的希望，同时，还要用温和的态度理智地对待孩子，这就是让任性的孩子碰软钉子的策略。

降低优势认知度，让孩子不再骄傲

一个骄傲的孩子，他与人有着交往的障碍，这种障碍使孩子大多数时间都生活在自己狭小的空间里，这对一个正在成长的青少年来讲是十分不利的。这些孩子的骄傲，使得他们把自己深锁在“高傲”的心理王国里，使他们变得狭隘、自私，而自己却全然不知。

人都有优势和劣势，一个正常的孩子，他在对待自己优势和劣势的时候，会有一个平衡的心态，这就是不卑不“狂”。当这种优势和劣势在一个人心中失衡的时候，那么他就会表现出狂傲或自卑。所以在纠正孩子孤傲的心态时，我们要想办法来削弱孩子心中的那份优势，使他在心里没有自持的筹码。

削弱孩子心中的那份优势，不是让妈妈去打击孩子，而是使孩子认识到他人的优势。也就是说，在孩子的心理上缩短他认为其他人与他的差距，认识到他所轻视的人的优势。这样才能彻底解决孩子骄傲的心态。

刘戈是一个初二年级的学生，学习成绩也不错，他有一张人见人爱的娃娃脸，能画一手好画，钢琴也弹得不错，这不仅使刘戈备受老师的宠爱，而且还很受女孩子的喜爱。

刘戈从小学到现在一直享受着这样的待遇：他在学校是个受同学欢迎的人，学校校长看着喜欢，班主任更是视他为班里才子；刘戈回到家里，爸妈更是把他捧为掌上明珠，对他宠爱有加。

对于班级来说，班主任十分高兴能有这样一个能干的学生，所以也一直都很重用刘戈，班里的事都让他管，可渐渐地，刘戈却养成了骄傲心理。刘戈越来越自命不凡，和同学之间的矛盾也越来越大了。在和同学的

交往中，父母常常会听他说这个同学“是笨蛋”，那个叔叔的儿子“能力差”。面对同龄人的进步和成绩，他不是摇头就是撇嘴，这种举动的意思十分明显：没人能比他更好了！也许正是刘戈的这种心态，他引起了很多同学的不满，在一次全市三好学生竞选时，他落选了。当时，刘戈很难接受这个事实，回到家后大发脾气，把以前所获得的一些奖品、奖状都扔到了垃圾箱里，他用这种方式表示对落选的不满。

这时，刘戈的成绩也下降了，原因是刘戈想用“轻松”的学习方式向同学展示自己的“优异”和“与众不同”，但没想到自己的“轻松”却成了在学习中的“放松”。刘戈的父母因此着急了，他们想尽快让孩子摆正心态，把学习成绩提上去。

很显然，刘戈是因为太自命不凡了，教育这种孩子，最好是引导他们意识到他身边人的优点，使他自己感到有改正自大的必要。刘戈父母的做法是：不是对刘戈的缺点进行逆阻，而是创造一定的条件和机会，使他看到其他孩子的优点，从而促使刘戈反省自己：自己的优势有多大？当他意识到自己所谓的优势是因为自己的一种自大时，他就会产生羞愧难当的感觉，进而痛改前非。在他认识到自己错误以后，父母再启发他明白“寸有所长，尺有所短”的道理。

不久，他的语文老师布置了一篇作文，题目叫《开发月球》，他写了以后并没有得到老师好的评价，而班中有一位平时较为调皮的同学的文章，老师倒把它当做了范文，还读给全班人听。这让刘戈很不高兴，回到家里仍然像往常一样发着脾气。

他的父亲知道情况后，想借这个机会教育一下自己的孩子。当他看到自己的儿子在生气的时候，故意说：“老师可能不是很公平，明天你把两篇文章都带回来，我来给你们评评谁的好。”

第二天，当父亲看完两篇文章后，郑重地对刘戈说：“我看你们的老师很公平，这位同学写的就是比你的好。”父亲看出刘戈的不服气，于是父亲拉着他的手告诉他：“做人不可以太过骄傲，每个人都有自己的长处和缺点。今天这位同学的文章写得比你好并不希奇，因为每个人都有自己的优点。”接着，父亲又帮他分析了三好学生落选的原因，告诉他：三好学生的落选并不是因为他水平不够，而是因为他太过于骄傲。如果同学选他，他就会把当三好学生看成是一种炫耀，这无形中是对其他同学的一种贬低，所以同学们才不会选他。

刘戈听后，只轻轻地说：“我知道了……”果然，从那以后刘戈就变了，变得乐于与同龄人交流了，变得能虚心地听取别人的建议了。

是父亲使刘戈在生活中实实在在地看到了别人的优点，这也使孩子看到了自己的缺点，这种教育方式令孩子心服口服。因此，当孩子能看到他人优点的时候，就会淡化自己的心理优势。换句话说，面前的人在自己的心中有了“优势”，谁还会再瞧不起呢？这种“平衡孩子心理”的办法，会从根本上剪去孩子骄傲的羽翼。

职场妈妈教子私房话

在孩子的心理上缩短他认为其他人与他的差距，认识到他所轻视的人的优势。这样才能彻底解决孩子骄傲的心态。

从认知上引导，让孩子克服攀比心态

攀比是很多孩子共有的特点，攀比有它的两面性，一是它能加强孩子的上进心。当孩子在一些优点上与人攀比时，这能促使孩子进步，比如，孩子间在学习上的你追我赶，这就有利于孩子学习成绩的提高。另一个是它又能使孩子的缺点恶化。当孩子在一些不好的习气中与人攀比时，这能使孩子的缺点膨胀，给孩子的成长带来很多问题，比如，孩子间在穿着上

争时髦，在家境上比贫富等，这会影响孩子的日常生活，甚至会给孩子带来人格的缺陷。因此，不要让孩子学会攀比。对于喜欢攀比的孩子，要让他认识其中的害处，改变孩子攀比的虚荣心理。

因此，不让孩子有盲目攀比的心态，这是职场妈妈从小教育得当的结果。

一位母亲带着孩子散步，在一个牛肉面的小摊子边，孩子看见卖面的小贩娴熟地将十几个砂锅摆到炉子上，把酱油、盐、味精放进砂锅里，一个砂锅还放一点面，刹那之间就做好了十几碗，而且还一边煮面一边与顾客聊着天。这时，孩子突然抬起头来说："妈妈，我猜如果你和卖面的比赛卖面，你一定输！"

对于孩子突如其来的谈话，母亲莞尔一笑，并且立即坦然承认，自己一定输给那个卖面的人。母亲还说："不只是会输，而且会输得很惨，我在这世界是会输给很多人的。"

这个母亲的回答是恰当的，可能换成另一母亲会说：

母亲的本意可能是告诉孩子，什么事情都是可以通过练习得来的，但她忽视了孩子问话的本来意图：妈妈和卖面的谁更强？妈妈这样回答，给孩子的信息是：妈妈比卖面的差，但妈妈不会勇敢地去承认的。这样，在孩子的心里，也就会在今后模仿大人，不愿去承认别人的优点。不去承认别人的优点的人，也就不会去承认自己的不足——这些正是孩子爱攀比的开始。

但这一位母亲还说了一句："不只会输，而且会输得很惨。我在这世界是会输给很多人的。"母亲是在告诉孩子：不如人很正常，承认也不足为耻。

可能有人会说，这样的教育使孩子不会有上进心的。其实我们不要担心，因为学校里的教育者整天都在激励孩子上进，孩子缺乏的正是对上进的正确认识。如果孩子上进心太强，而在现实生活中得不到实现，这样就会造成孩子攀比，就会造成“死爱面子活受罪”的状况。不要让孩子盲目攀比，就要让孩子对自己的长短有一颗平常心，职场妈妈对孩子这种平常心的培育，是利用生活中的一些小事慢慢来影响孩子，这就是对孩子的引导作用。

因此，我们要教育孩子，没有必要处处都要比过他人，因为每一个人都有自己的优势，要敢于承认自己的不足，要敢于对自己不会做的事、不能做的事说“不”。这样，就会使孩子健康快乐地成长。对于孩子已出现的不良攀比苗头，要根据不同的情况找出不同的对策。

阿敏是一个14岁的女孩子，活泼可爱。最近母亲发现，孩子喜欢把自己打扮得很妖艳，每天她会早早地起床，在打扮上花很长的时间。在孩子的书包里，装着一面小镜子，一有时间她就会拿出镜子端详自己。学校老师反映，阿敏在和几个孩子比穿着，把心思全放在打扮上了，现在的穿着一点都不像一个学生。

造成孩子盲目攀比心理的一个重要原因就是虚荣心，虚荣心导致孩子去追求华而不实的事物。克服虚荣心就是从思想上斩断孩子盲目攀比、炫耀的根源，这是让孩子克服攀比的着手点。

于是，阿敏的父母找了一些有关人穿着的正反面的例子，并对这些例子进行客观地评价，把这种评价当成生活中很随意的谈话，交谈的对象不一定非要是阿敏，但一定要使她听见。

阿敏的父母常常这样说：“大家都说隔壁小文穿的好，今天遇见她，看她穿的还真是不错！”

这是一个正面的例子，父母给阿敏的这个信息所带来的结果是：她会去观察小文，把自己与小文对比，既然大家都说小文好，孩子就会在不自觉中向小文学习。

同样地，在不经意中父母还让孩子多听这样的话：“在电视上这个女孩打扮的太妖艳，我的同事都非常讨厌这个形象。”“阿敏，今天王阿姨看见我说，看你没带耳环，她说你是这个楼里最漂亮的女孩，说得我高兴

死了。”“阿敏，你还是把头发扎起来吧，这样看起来你更精神。”“穿的简单，看起来就很精神。”——这样的话说多了，孩子就会意识到，人们更认同的是自己哪种打扮，自己没有必要非得和班里同学那样打扮自己。慢慢地阿敏的打扮就会趋于正常化，好打扮的攀比心理改过来了，她平时的一些其他与打扮有关的举动也就随之不存在了，父母就得到了克制孩子攀比心理的效果。

喜欢盲目攀比的孩子，在生活中总会很爱虚荣，做事时一切以面子为重，这样爱虚荣的孩子，在成才的道路上常带有很大的束缚。教育孩子时妈妈要知道：“没有失败的孩子，只有失败的家长！”作为职场妈妈，只有正确引导孩子，教育孩子实实在在地对待生活，这才能使孩子从攀比中挣脱出来。

职场妈妈教子私房话

不要让孩子学会攀比，对于喜欢攀比的孩子，要让他认识其中的害处，改变孩子攀比的虚荣心理。

用行动引导，让孩子学会尊重人

在现实生活中，我们往往会发现许多孩子非常聪明能干，但是却不会尊重他人，有的孩子是目空一切，不把任何人放在眼里。因此，用心去教会孩子应该怎样学会尊重，这也是对孩子最为重要的教育方面。让孩子学会尊重他人才是今后真正得以立足的关键。让尊重他人真正成为孩子们的一种品质，一种素养。如果你的孩子不会尊重他人，应审视一下自己的教育方法是否出了问题。

王爷爷正在和他的亲戚闲谈，他的孙子走过来拉他的胳膊，说要喝酸奶，而且是马上要爷爷去买。王爷爷说："稍等一会儿我就给你去买。"然后又回过身说起话来，孙子突然大叫道："爷爷，你给我闭嘴！"孙子这样对待他使王爷爷在客人面前感到羞愧。但是使真正感到悲伤的是，孙子这样对他不是一次两次了。

事情怎么会发展到这种地步？当然，我们不可否认有社会的不良影响，但更多的是家庭的影响。的确，任何看电视的人都会很快发现，电视节目充斥着孩子随便对大人回嘴谩骂的现象。但是，更多是妈妈养成了孩子这种无法无天的态度，而有时候是妈妈在善意与不知不觉中起了决定性的作用。所幸的是：尊重是可以培养的——即使是对那些已经养成目无尊长习惯的孩子也是如此。要孩子懂得尊重别人的重要，学会如何尊重别人。

这是一个极其普通的家庭。冬春换季的时候，母亲把放了整整一个冬天的该用得着的生活用品拿了出来进行整理。母亲意外地发现，儿子去年秋天才买的一双鞋子已经穿着不合脚了，虽然这双鞋子还比较新，但是没有合适的人可送，最后也只好决定丢掉。儿子于是自告奋勇地要把鞋子丢进垃圾箱里去。但是母亲却阻止说："别忙。"一边说着一边接过这双鞋子，拿出鞋油和鞋刷，细细地擦拭、上油。儿子不解地问："不是要丢掉吗？"

"是的，"母亲头也不抬地回答，"但这是一双还能穿的鞋子，捡垃圾的人或者别的人也许会穿的。我们要把鞋子擦得干干净净的，这样做是对受施者的尊重。"

鞋子擦好了，亮得几乎让人舍不得丢掉。母亲把鞋子递给儿子："去，现在你可以把鞋放在垃圾桶旁边了。"于是儿子照做了。

后来，母子二人在阳台上，隔着透明的玻璃窗，看到那个捡垃圾的人快乐地、小心翼翼地收起那双鞋子，迈着比以前轻快得多的步子踏上归路。

丢掉一双已经不能穿的鞋子是一件太寻常的生活琐事，然而，故事中的母亲却把它演绎成了一个教育自己孩子学会尊重的故事。这位母亲拥有一颗对他人的尊重的心，这种尊重也会影响着他的儿子。如果在实际生活中能用自己的行动引导孩子学会尊重，相信孩子也一定不会目无尊长。

当然，要孩子学会尊重，作为妈妈要对孩子有一些原则，第一是必须经常地立下一些孩子不可以抗辩，必须遵守的规矩。不要每次都为必须遵守的规矩做解释，职场妈妈不必给孩子讲道理来说明为什么他要这么做。当然，有时需要解释一下遵守规矩的理由，但不要老是和孩子协商，因为妈妈是在做决定，不是在做交易。第二是合理的限制不会压制孩子的天性。在家里无法无天的孩子很难适应外部世界的限制，相反，权威能使孩子感到安慰。虽然有时孩子会不遗余力地反对它，权威使孩子感到家里有人掌着舵，使他们更有信心处理生活中的难题。这样，对孩子合理的限制会有很好的约束作用，这便于使孩子学会尊重。第三是要求孩子用尊重的语气讲话。许多孩子在最初冒犯了长辈以后都会感到内疚，如果你对孩子的粗鲁语言不做出反应，过了一阵子孩子就会习以为常，不再在乎他的语言是否会伤害长辈。因此要对孩子的粗鲁行为进行“惩罚”。比如说，在孩子的粗鲁行为发生以后，你可以说：“你对我的不尊重使得我们家今天的氛围不和谐，所以你今天晚上说话的时间就得减少。”妈妈在家里要明确表示自己的一些观点，如“我不认为打人是个好办法”、“我不认为我们可以伤害别人的情感”、“做了错事以后要道歉”等。第四是要获得孩子的尊重，妈妈先要尊重长辈。我们得承认，并不是所有的长辈都值得我们的尊重，但是当成人在孩子面前贬低一个长辈的时候，孩子就得到了可以不尊重长辈的信息了。

职场妈妈教子私房话

孩子不尊重人，往往是在开始就不知道自己如何去尊重他人，当孩子的放肆行为成为一种习惯时，目无尊长也就很自然了。所以，教育孩子，就要让我们的孩子学会尊重，这是孩子变好的第一步。

培养孩子健康心理，好妈妈要注意的事项

孩子成长的每一个阶段，不但有身体发展的目标，也有相应的心理发展的目标。妈妈要懂得孩子心理发展的每个阶段的特征，并且给予正确引导，以促进孩子的心理健康发展。

那如何让孩子心理健康发展呢？

首先，要常使孩子感受到愉快的情绪。

要孩子感受到愉快的情绪，妈妈就要给予孩子无限的关爱，因为许多孩子的心理问题都是因为妈妈和孩子缺乏交流而引起的，这就要求妈妈要常与孩子交流，通过交流沟通，不仅使妈妈能更好地了解孩子的心理特点，及时发现孩子需要引导的问题，更可以使孩子深切地体会到来自妈妈的关怀和爱，从而有一种心理上的安全感和满足感。孩子因此感受到的愉快情绪，是孩子心理得以健康发展的基础和前提。这种交流可以是随时随地的，例如，在与孩子同行的路上可以问问孩子在学校里的开心事，逛商场前让孩子说说自己喜欢的物品，在饭前饭后跟孩子说一些有趣的故事等，只要妈妈用孩子喜欢的语言加上亲切的笑容就可以了。这样会使孩子从中得到一种健康情感的影响。

其次，妈妈要注意自己的言行举止。

妈妈的言行举止无时无处不在对孩子产生着潜移默化的影响。有的

妈妈不懂得教育的规律，不知道孩子心理发展的阶段特点，孩子犯了一点小错误，妈妈就以偏概全，经常说一些伤害孩子身心的话。更有甚者，对孩子打骂相加，使孩子形成胆小、压抑或者反叛心理；还有的妈妈和孩子说一些混淆是非的话，或者以反话激孩子。比如，“你这么能干，什么都抢过去，有本事你再来试试，你是真行吗？”这不仅会强化孩子的任性心理，还会使孩子信以为真，造成不良后果。至于妈妈的举止行为，就更容易给孩子带来影响了。所以要使孩子心理健康发展，做妈妈的必须时刻检点自己的言行，给孩子一个明确的是非标准和安全的心理氛围。

第三，培养孩子的自信心。

妈妈对孩子的进步和成功的赞赏和鼓励，能使孩子更多地积累积极的情感体验，也能使他们在获得成功的体验中认识自己的长处，相信自己的力量，树立自信心。当孩子慢慢懂事后，就开始注意别人，特别是妈妈和老师对自己的评价，妈妈要高度重视自己对孩子的评价，要多以积极肯定的态度来对待孩子。在评价孩子时，应根据孩子的特点和能力，确立适当的评价标准，因为孩子的发展是一个渐进的曲折的过程，要求自己的孩子处处强过别人或者一步到位，这是非常不切实际的。只有对孩子做出公正客观的评价，才能让孩子切实了解自己的能力。当看到孩子有某些不足时，要鼓励孩子去弥补，还要耐心地帮助孩子分析达不到要求的原因和自身存在的有利条件，在实践中树立孩子的自信心。

最后，保持良好的家庭心理氛围是关键。

尊重、平等、民主的家庭心理气氛对孩子的心理发展起着独特的作用。孩子也和大人一样自尊心很强，妈妈应像对待大人一样尊重孩子的权利和要求，注意根据孩子的兴趣进行引导，使他们主动快乐地去做各种事情。只有尊重孩子，以理服人，才能使孩子形成健康的心理。现代家庭要求成员之间建立心理上的平等关系，一般来说，缺少平等精神的家庭，孩子容易养成怯懦、自卑、自私的不健康心理。因此妈妈的心情不佳时，应尽量克制，不向孩子发泄，做错了事，也要真诚地向孩子道歉，让孩子真正感受到自己在家庭中的平等地位。心理上的开放有益于养成孩子开朗的性格，妈妈要善于鼓励孩子说出自己的想法。孩子一天一天长大，有了自己的想法，妈妈在处理家庭事务时要充分考虑孩子的意见，让孩子有发言权。这样使孩子心理上得到满足，才会形成民主的家庭风气，才能促进孩子的心理健康发展。

因为一个孩子的心理健康与身体健康同等的重要，中国家庭往往会忽视对孩子不良心理的矫正，这样使得很多孩子会出现这样那样的问题。“坏孩子”往往“坏”在思想上，只有重视孩子的思想教育，才能使孩子有出息。

职场妈妈教子私房话

应该重视孩子的心理健康发育，错过了这个时期，也许就会给孩子留下一生的遗憾。因此，职场妈妈必须尽早培养起孩子的健康心理。

第九章

留一点点时间，给孩子营造一个健康的环境

有一个好环境才能有好心情工作，才能有高效率。同样的道理，孩子的成长需要一个健康的环境。生活的环境不好，孩子就会有出现种种差错，给妈妈带来不必要的麻烦；孩子生活的环境好了，成长就会很顺畅。所以，给孩子营造一个健康的环境，妈妈就会很省心。

做开明的妈妈，建立民主家庭

现在的很多家庭，往往在潜意识中延续了一些我国传统的亲子关系，这使得很多孩子与妈妈有着代沟，造成妈妈与孩子之间关系的不和谐。孩子如果生活在这种家庭中，很难说有什么好的发展。因此，一个现代家庭，就要彻底清除封建时代妈妈与孩子的那种“等级关系”的余威，让孩子与妈妈之间，既有某些方面的平等，又有孩子对妈妈的那份尊重，家庭中有着民主与尊重，这才是家庭关系真正的和谐，孩子才能有一个很好的家庭环境。

在实际中，妈妈往往很难把握如何对待自己的孩子，在教育孩子方法上，很难做到不偏不倚。太宠、太惯、太随意地对待孩子，往往会使孩子变得娇纵任性，这是妈妈发扬民主过了头；太严、太狠、太传统地对待孩子，往往会使孩子变得压抑胆怯，这是妈妈管教孩子过了头。所以说，妈妈对待孩子的教育方式，要做到不温不火，这是最好的教育方式，也是妈妈最难做到的。孩子与妈妈有着怎样的关系，这往往取决于妈妈对待孩子的态度，换句话说，孩子与妈妈之间关系的和谐与否，往往又取决于“妈妈与孩子用什么一种关系相处”。

说“妈妈与孩子用什么一种关系相处”，很多人就会觉得妈妈与孩子当然是母子（女）关系。这种关系是肯定的，但妈妈不能仅用这种关系与孩子相处，而是先和孩子做朋友，然后再做孩子的妈妈。

一谈到妈妈与子女的关系，由于传统思想的影响，孩子自然想到等级、严厉、绝对等带有“独裁”意味的字眼，这无形中使妈妈与孩子之间有了一层隔膜，孩子与妈妈之间的冲突往往就起于这种关系。如果妈妈对孩子抛开妈妈关系，用一种朋友的关系与孩子相处，这样，“民主、平等”等就会在妈妈与孩子之间体现，妈妈与孩子之间的关系就会更和谐。

所以说，妈妈与孩子之间的关系，最好就是做到“妈妈心中无妈妈，孩子心中有妈妈”。换句话说，就是妈妈像朋友一样对待孩子，孩子对妈妈既有晚辈对长辈的尊重，又能像对朋友一样没有任何隔膜，能对妈妈敞开心扉、无话不谈。孩子对妈妈的尊重是“自愿”的，而不是屈于传统或妈妈的高压，必须对妈妈“敬畏”。孩子与妈妈这样的相处形式，才能使孩子与妈妈相处得更融洽。

因此，妈妈要先和孩子做朋友，把这个朋友做好，在和孩子做朋友的基础上，让孩子自己把妈妈在心里的地位树立起来。具体的做法是：

首先，妈妈要把孩子看成朋友。妈妈千万不要把孩子看成是“自己的孩子”，在与孩子交往的过程中，用对待朋友的方式对待孩子。这就要求妈妈放下架子，使孩子感到妈妈没有居高临下地对待自己。和孩子建立这样的关系的时候，主要是看妈妈的言行。比如妈妈在对孩子的言语中，多用商量的口气，就是批评也多用建议的口气。

第二，对孩子强调尊重。在把孩子看成朋友的同时，为了不让孩子变得娇纵，妈妈一定要让孩子学会尊重。让孩子的尊重所对待的是一个普遍的人群，而不仅仅只教会孩子尊重自己的妈妈。当孩子知道了尊重，他也就会知道，在心里把妈妈放到一个什么样的位置上来。

在旧中国，父母在家里是绝对的权威，总是板着面孔显示着自己的威严。但宋耀如的家庭不是这样，在这个家庭里，大人小孩都可以自由地发表言论。孩子对一些事可以据理力争，并最后使父母满足自己的合理要求。宋耀如在教育孩子时，总能保持民主和尊重，尽可能满足孩子们正当的要求。宋耀如会随孩子们一起称夫人为“妈咪”，宋耀如用这种幽默的方式拉近与孩子们之间的距离。宋耀如和女儿们的志趣也十分投机。宋耀如喜欢唱歌，嗓音也很好。孩子们继承了父亲的音乐天赋，也都酷爱唱歌，很小的时候就跟父亲学会了许多中外歌曲。每逢夏日的夜晚，宋耀如还会和孩子们引吭高歌，伴着歌声，父女间的心灵得到进一步的沟通。宋氏三姐妹就是在这样具有浓厚民主思想的家庭里培养出来的，而且在当时，也只有这样的家庭和宋耀如这样的家长，才能够培养出宋霭龄、宋庆

龄等这样杰出的女性来。

妈妈与孩子的和谐关系是建立在民主家庭上的，不然，妈妈就是把自己抬得再高，也得不到孩子的尊重；相反，就算妈妈做得再低调，如果孩子心中有妈妈，那么妈妈活得“屈”一些又何妨呢？

职场妈妈教子私房话

孩子对妈妈的尊重是“自愿”的，而不是屈于传统或妈妈的高压，必须对妈妈“敬畏”。孩子与妈妈这样的相处形式，才能使孩子与妈妈相处得更融洽。

创设自由的环境，孩子成熟妈妈省心

“给孩子宽松的环境，多给他们一点自由。”这是教育专家们从成功与失败的家庭案例中总结出来的经验。每一个孩子都有其自身成长规律，只有尊重这一规律，扩大孩子们的自由活动空间，给予孩子们更多的自由，则是培养孩子的兴趣、调动孩子内在的发展积极性、发展孩子个性和开发其智力的有效途径，同时，也能全面地促进孩子的身心健康发展。作为妈妈必须知道孩子能力发展的极限，并在孩子能快乐承受的范围内，给予孩子适度的自由。

在金字塔还没有鉴定出是谁所建的时候，有一位瑞士钟表匠来参观金字塔，参观过后他说金字塔肯定不是奴隶所建，而应该是平民的功绩。随后，考古学者通过大量的考察和取证，验证了这位钟表匠的推论是正确的。好奇的考古学者怎么也搞不明白，这位钟表匠怎么会通过简单的观察就认定金字塔是平民所建呢？他决定找到钟表匠问个明白，经过一番周折，他找到了钟表匠，钟表匠的回答解开了谜底。

原来在他们那个地方，他曾经是一位非常著名的手工钟表匠，他制作的钟表非常的精确，每天误差小于百分之一秒，因此他的钟表畅销很多地方。可有一次因为特殊的原因，他进了监狱，由于对钟表的热爱，在监狱里他继续从事他的制表工作，只是这不是为他自己工作，而是为监狱工作。在这种情况下，不管他多么努力，他制作的钟表每天误差都大于十分之一秒，误差小于百分之一秒的表他没有做出一个。他百思不得其解，经过好长时间的思考，他总结出结论是：只有自己在自由的情况下，才可能将工作做到极致，由于自己当时身陷牢狱，所以，不能做出误差小于百分之一秒的钟表。当他参观金字塔时，发现石头之间的缝隙窄得连刀片都插不进去，一项工作能够精细到如此程度，如果是失去人身自由的奴隶那是无法完成的。所以他推断金字塔是平民所建。

这个故事充分说明了英国哲学家约翰•密尔的一句话："天才只能在自由的空气里自由自在地呼吸。"

在现实生活中，不少妈妈对孩子寄于无限希望，要求孩子们学这学那，根本不顾孩子愿不愿意学，有的妈妈甚至把自己的主观意愿强加给孩子，让孩子完全按照自己的想法发展，给了孩子太多的束缚和过重的负担，造成孩子身心疲惫，无暇发展自己的爱好，展示自己的个性，更无暇进行小发明、小创造，更别提自由发展了。

教育家陶行知先生在很早以前就深刻指出：教育孩子的全部秘诀在于相信孩子和解放孩子。自由的孩子是快乐的孩子，连自由都被剥夺的人，你还能指望他独立、有思想、有创新吗？孩子只有在自由生长的空间里，才能迸发出无穷的生机和活力；孩子只有在宽松和谐的氛围中，才能展开理想的双翼，放飞想像的翅膀，飞向辉煌灿烂。"我们只是渴望一片广阔的天空，自由地飞翔小鸟始终要离开母亲温暖的双翼，展翅高飞。"这是孩子们的心声，不是叛逆。

如果妈妈真正的爱孩子，那就给他们一定的自由空间。

蔡志忠是台湾一位著名的漫画家，他的父亲擅长书法，在彰化很有名气。由于自身的优势，他的父亲也很想让蔡志忠在书法上有所发展，在蔡志忠很小的时候，父亲就开始在书法上培养他。可蔡志忠对书法一点也不感兴趣，相反，对画画却很有兴趣。他对父亲说："我想学画招牌。"听了蔡志忠的话，父亲并没有感到不高兴，也没有意识去责备他，并且不再让他学书法，还告诉他，既然想学就一定要学好。到中学后，由于蔡志忠沉迷于画漫画，耽误了很多的课程，成绩单常常出现"红灯"。父亲对他的成绩虽然有些失望，但没有制止他去画漫画。在蔡志忠的成长过程中，他的父亲从没有限制他的这一爱好，正是由于蔡志忠的父亲给了蔡志忠自由的空间，所以，蔡志忠最终成了台湾乃至东南亚一带最负盛名的漫画家。

每个孩子都是一个不同的、独立的个体，他们有着自己的思维，自己的兴趣和爱好，自己的追求，如果妈妈用自己的成才模式来框套孩子，那不是"真爱"的表现。真正的爱孩子是当孩子需要自我发展时，不阻碍他；当孩子探索时，不打断他；当孩子提出要求时，给他自己选择的机会……只有尊重孩子、理解孩子，给孩子以飞翔的自由，他们才能在无垠的空中搏击苍穹。

在孩子受教育的过程中，妈妈不要剥夺孩子们自由发展的权利和机会，不要包办代替，不要强迫孩子一味地按照老师教的方法去学习，要尊重孩子的想法，要让孩子拥有发挥想像的空间，给他们更多自主学习的机会。每个孩子能够健康快乐地成长，这比什么都重要，等到他们长大以后，想到自己的童年，让他能觉得在回忆中是愉快的，而不是无止境地学习。

妈妈最重要的是如何引导孩子，而不是把自己的想法强加给孩子，给孩子一双自由的翅膀，让他们在天空中任意地遨游和飞翔。可以想一下，如果让发明家爱迪生去背诵有关电学知识，让他在课堂上认真地听讲做笔记，让他和每个学生一样去考试，而不让他自由的做实验，那他还能成为伟大的发明家？比尔·盖茨曾经就读于西雅图的公立小学和私立的湖滨中学。在那里，他发现了自己在软件方面的兴趣，并且在13岁时开始了计算机编程。如果让比尔·盖茨呆在教室里面学习社科知识而不让他自由地研究计算机编程，他还能有今天的成就吗？给孩子一双自由的翅膀吧，让他们自由地学习，不要干预太多；让他们尽情地体验，不要太多的说教；让他们自由地探索，不要太多的指示和管教。给孩子一定的自由空间，包括思想上、行为上的。不要以太阳是圆的模式束缚了孩子的思维，要做优秀的妈妈，就要为孩子提供创造性的思维空间。

人类童年的精神发展是潜在的，甚至不为我们所知。但是生命都会遵循它内在的法则，并且都会为自己寻找最佳途径，以便建立起一个只属于自己并同环境相和谐的生命系统，只有这样，生命才能展示它的智慧、意义和高贵。如果剥夺了孩子发展的自由而按照自己的主观训练来强化孩子的思维时，我们一定会“卓有成效”地培养出大批相同的人，个性和创造力消失了，取而代之的是平庸。

因此，真正给孩子自由的空间，让他们的生活少一些约束和羁绊，多一份理解和信任，让他们活得快乐些，也许有一天你会收获一份意想不到的惊喜。

职场妈妈教子私房话

每个孩子都是一个不同的、独立的个体，他们有着自己的思维，自己的兴趣和爱好，自己的追求，如果妈妈用自己的成才模式来框套孩子，那不是“真爱”的表现。

何必管束太严，孩子需要宣泄的空间

不良情绪在人身体滞留的时间越长，危害就越大。当人的不良情绪激发时，体内会产生一种有毒的荷尔蒙，这种有害物质在身体中滞留，时间

一长，对人体会产生慢性伤害。

让孩子以不伤及他人的方式宣泄，是孩子心灵成长的重要需求。倾听孩子的诉说是教育孩子的一把金钥匙，可以促进他们身心的良好发展。

日本东京街头曾出现一件新鲜事：一个化名校方的倾听者在广场上摆出自己的小招牌，上面写着“我听你说”。29岁的校方并不是靠作倾听者来谋生，他是免费听人们诉说。他已经为12000多人提供过倾听服务，平均每周100人。校方实际上是一名教师，他的愿望是当一名好的喜剧演员。三年前，他在台上发现，台下的观众似乎更喜欢向他说心里话，而不是听他说俏皮话。

出现这个新职业决非偶然。尽管东京的人口越来越多，但东京人的孤独感却与日俱增。所以使这个新职业——倾听者应运而生。

大人都渴望有人倾听，何况那些孤独的孩子呢？多么希望有一天，你在家里也挂一个牌：我听你说。让孩子以不伤及他人的方式渲泄，是孩子心灵成长的重要需求。倾听孩子的诉说是开启孩子心灵之门的一把“金钥匙”，有利于帮助孩子营造一个健康的心理环境，促进他们身心良好发展。

有一天，小琪被一个同学问道：“小琪，你觉得活着有意思吗？”小琪本是个快乐的孩子，但上了中学后，无尽的作业让她身心疲惫，父母的婚姻也亮起了红灯，于是她附和道：“没意思。”没想到那个同学竟说：“那咱们一起自杀吧！”

近年来，青少年集体自杀、集体离家出走的事件时有所闻。安徽某市曾对一年中离家出走的青少年做过调查，发现90%以上是集体出走。

为什么遇到困扰和压力的青少年会出现这种集体行为呢？也许，这与我们的家庭结构、家庭功能的变化有一定关系。

现在城里的孩子大多是独生子女。对这些独生子女来说，妈妈是最主要的支持系统。但是，到了青春期，他们很多苦恼并不愿意向妈妈说。两代人成长背景的不同，使得妈妈很难理解孩子，何况有时妈妈本身就是压力和烦恼的来源。

当妈妈不能成为倾诉的对象时，同学就成了孩子惟一的支持系统。可是同学们年龄差不多大，心智发育水平大体相当，而且往往自身也面临着同样的问题，因此同学间的倾诉常能够引起强烈共鸣，加剧原有的情绪困扰，却很难产生建设性的、相对成熟的解决办法。而在多子女时代，当孩子碰到麻烦时，会有哥哥、姐姐，甚至表哥、表姐帮助出主意、想办法。这些哥哥姐姐因为是同辈，没有距离感，有时比妈妈更容易理解自己。同时，他们又年长几岁，生活阅历和经验相对丰富，因此能帮助遇到麻烦的孩子从更多角度想问题、想办法，而不是意气用事。

今天的独生子女一代失去了这种天然的资源，他们只有上一辈的妈妈和同龄的同学，因此在遇到压力和麻烦时，支持系统变得相当脆弱。能不能在妈妈和同学间再加上一根支柱呢，比如说，帮助和鼓励孩子结识一些健康进取的“大朋友”？

这样的“大朋友”，可以给予“小朋友”一些妈妈和同学不能给予的东西，比如分享自己的成长历程、学习经验，提供丰富的信息，提升精神追求，分担成长的烦恼等等。“大朋友”具有多功能性，他们兼具榜样、老师和朋友三种角色，在一定程度上弥补独生子女成长中的一些缺失。

许多人的成长经历都说明，有时“大朋友”可以成为青少年成长道路上的“重要他人”，甚至是精神上的启蒙者和导师。他们不仅帮助“小朋友”处理麻烦，舒解压力，克服困难，也帮他们打开眼界，拓展心胸，激活热情，产生出面向未来的梦想和勇气。

职场妈妈教子私房话

每个人心中都会产生不满，这种不满情绪要有发泄的渠道。如同气球，只充气不放气，迟早会爆炸。人如果不及时将不良情绪宣泄掉，同样会爆发。

家庭氛围好，孩子好妈妈也好

对每个孩子来说，家庭是一个最具亲和力、最有安全感、最自由的地方，是他们避风避难的港湾，是真正属于自己的地方。家庭是孩子诞生和成长的摇篮，良好的家庭氛围是保证他们身心健康成长的基本条件和生存背景。就家庭、学校、社会而言，孩子在家庭中度过的时间有1/3之多，因此，对于心智正在发育的孩子来说，家庭氛围对他们的影响甚至超过了社会。

家庭氛围是一个家庭中长期积累的精神状态和情意倾向，是一种潜移默化熏陶感化的潜在教育因素；是家庭物质和精神生活、家庭结构、价值观念、思想品德、文化修养及其言行举止、兴趣爱好、对子女教育态度和方法等所构成的“综合信息场”。它虽然不能明确指定，但确实能使人感受到其价值和作用。一个良好的家庭氛围，可以让孩子形成性格活泼、开朗、诚实、谦逊、合群、求知、好奇、爱劳动、守时守信等一系列良好的品格；而不良的家庭氛围，就会使孩子失掉对家的安全感，内心涌起深深的恐惧、悲伤、无助等消极情绪，容易变得自私、冷漠、孤僻，进而阻碍身心的正常发展。可以说，有什么样的家庭氛围，就有什么样的孩子。

小明的爸爸有一段时间在工作上出了差错，给公司造成了较大的经济损失。为了弥补损失，他只有连续加班，每天都到很晚才回家，情绪也很坏，常常发无名火，无故责怪妻子。妻子体谅他，总是含泪忍让。以前回来对儿子有说有笑的，现在也变得是爱理不理的。一天晚饭后他正在看报，抬头看见儿子小明正在房门口徘徊，一直望着他。他问“有事吗？”儿子说：“我有一个问题要问你，你要跟我说实话。”他让儿子过来坐在身边，小明站在那没动，嗫嚅了一会儿，忽然一本正经地说：“请爸爸老实告诉我，你是不是变心了？是不是不爱妈妈和我了？”这个问题让做父亲的很是吃了一惊，在他再三保证绝无他心，他仍然很爱小明的妈妈和他之后，孩子才沉默地退出。原来小明的好朋友小涛的父母离婚了，根据经验，小涛告诉他，父母离婚前就是这样先讨厌，板起面孔；再争吵，还爱发脾气，对孩子不理不睬的。家庭氛围的变化，使小明天天为父母的情感问题担忧焦虑，学习成绩也受到了影响。

在家庭中，要营造和睦相处、平等互助的良好氛围。父母在家庭中的位置是“一家之主”。他们的一言一行、一举一动，都会带来重要的影响。因此，如果家里真的出现了暂时的困难，不妨适当的和孩子说一点，让孩子和你一起想办法，告诫孩子多体谅父母，平时多说些轻松愉快的事，这样不仅能营造出一家人温馨的氛围，还可以培养孩子积极动脑的习惯，何乐而不为呢？

思想家卢梭曾说：“只要父母之间没有亲热的感觉，只要一家人的聚会不再使人感到生活的甜蜜，不良的道德势必来填补这些空缺了。”这话说得很有道理，就像上面提到的小明，如果他的家庭一直处于这样的状态，小明的性格一定会变的孤僻、冷漠。可以想像，一个孩子从小在不良的人际关系中生存，将会在今后的人生道路上投下浓重的阴影。

北京市某法院曾经判决过未成年人王某因涉嫌抢夺罪一案，法庭审理时，他的母亲一直在哭泣，但王某对母亲的哭泣却一点不为之动容。为儿子辩护时，这位母亲请求法庭考虑自己儿子年纪小、认罪态度比较好的情况下，量刑轻一点。法官也依法对李某从轻进行了处罚。但当法官征求李某对判决结果有何意见的时候，李某的回答让在场的每个人都不敢相信，他表示对法官判决结果没有意见，但要求上诉，希望加刑。当法官问其理由时，他说父母经常吵闹打架对自己不关心，相互间有矛盾积怨较深，现在也不想让母亲关心自己。

可见，不正常的家庭氛围对孩子的健康成长影响之深。话说回来，我

们身边许多人格高尚、学业拔萃的孩子大多都有一个温暖、民主、理解孩子的家庭环境。

孩子的健康成长是每位妈妈都非常重视的问题，家庭氛围对小孩子健康成长的影响更不容忽视。那么，如何把家庭构建得更和谐、更温馨，从而推动整个社会的和谐、进步，促进孩子健康成长呢？

为了给孩子的成长创造一个良好环境，让孩子身心都能得到健康的发展，家庭成员之间应该和睦相处，互相关心，互相爱护，父母关系更要和谐，即使发生矛盾，也不要在孩子面前吵架或打骂。另外，父母对孩子也要民主，主动倾听他的意见，平等协商，不要以为他是小孩子，什么都不懂，所以什么都不让他知道。为了孩子，一定要加强家庭成员之间的团结，给孩子创造和谐的家庭环境。

家庭中除了需要学习、工作，也需要游戏、休息；妈妈应多陪孩子做一些亲子游戏。家庭环境需要严肃，也需要活泼、幽默。家庭气氛过于沉闷，不利于孩子良好性格的形成。

职场妈妈教子私房话

家庭是孩子诞生和成长的摇篮，良好的家庭氛围是保证他们身心健康成长的基本条件和生存背景。

家和万事兴，孩子需要一个完整的家

俗话说：“家和万事兴。”孩子是妈妈的未来，妈妈有责任抚养和教育孩子，家，应该是孩子心灵的港湾。

孩子是无辜的。所有的孩子都有权利要求父母给他们爱和鼓励，这是做父母的责任。如果我们爱孩子，那么就尽心尽意为孩子创造一个充满宽容和鼓励的家庭环境，即使孩子在外面竞争得满身是伤，还可以回到温暖的家，有父母为他疗伤，鼓励他再次站起来，走向新的战场。给孩子一个完整的家，让孩子充分感受爱和关怀，让孩子充满希望，健康快乐地成长。

什么是完整的家呢？不仅是有父亲、有母亲，角色齐全、三餐保证供应就行了，家是个温馨的港湾，充满爱、欢乐、情趣、格调……是无可替代的。如真的想给孩子一个完整的家，即使夫妻双方有不可调和的矛盾，也要永远收藏起内心情感的忧郁、痛苦，永远把婚姻中的烦恼与不快埋在心底，永远在家保持平和与微笑。

晨晨是幼儿园大班的一名学生，这几天上课经常偷着掉眼泪。园长通过后门的玻璃向里看时发现了她，然后走进去温和地问："小朋友，怎么了？为什么哭呀？"孩子轻轻地说："肚子疼。"她同桌的小朋友也抢着说："老师，她是肚子疼。"园长说："那你跟我来，我带你去医务室看一下。"园长把她带到医务室，刚一进门，孩子哇的一声又哭了起来，泪流满面地嚷着对园长说："我爸爸妈妈他们离婚了！"园长又吃惊又心疼，一个5岁的孩子将失去阳光灿烂的童年。

对于父母的离婚，孩子是那么的心痛，根本不敢想像以后的日子会怎么样。孩子只渴望有个完整的家，有爸爸，有妈妈，能天天看到爸爸妈妈灿烂的微笑。可是父母的分离就像把孩子的心撕成两瓣，血一滴滴地流进肚子里。父母的分离就像为孩子支撑一片蓝天的两根立柱倒塌一样，随之天也塌下来了，心是凉的，天是黑的，再也不会有阳光和温暖。大人们得到了一时的解脱，却给孩子套上了无形的、永久的、沉重的枷锁，从此，也给孩子的心灵深处埋下了"恨"的种子。

在一个五岁孩子的心中还有比父母的爱，家庭的温暖更重要的东西吗？孩子也是家庭的一员，他们也有自己的情感和思想。他们不像有些大人说的那样：小孩子懂什么。那是因为这些大人根本就不了解孩子，有时他们比大人更懂得一些道理。大人们高兴时孩子就成了爱情的结晶，大人们不高兴时孩子就成了爱情的牺牲品。这样的父母对孩子负责任吗？

一个10岁的女孩子在父母离异后结束了自己的生命，女孩是一个小学五年级的学生，成绩不错，又很懂事。一年多前父母离异，她归父亲抚养，但由于外公外婆喜欢，就被留在了外公外婆的家里。一天，女孩与平常一样放学回家，催促外公去帮在市场里做小生意的外婆看摊位。外公走了以后，小女孩用两根红领巾结束了自己短暂的人生。父母的离异给孩子幼小的心灵造成了很大的伤害，而留给孩子的住房也被母亲卖掉，小女孩那颗原本受伤的心又添上了新的创伤。女孩在遗言中提到此事时称，外公外婆的家不是我的家，我已经没有家。女孩希望以自己的生命为代价，唤醒为人父母者要承担起应尽的责任，让与她有类似生活经历的孩子不再发生这样的悲剧。这值得人们沉思，难道孩子渴望得到父母的关爱有错吗?给孩子一个完整的、快乐的家就那么难吗?难道孩子必须用这样的方式才能告诫父母吗?

为了孩子请不要那么草率地离婚，为了孩子男女双方都应各退一步，离婚是最笨的选择，那是在逃避责任，那是软弱的表现。不管对方怎样，不管对方做错了什么，首先我们应以博大的胸怀去包容并使对方改变，同时也使自己改变。

离婚的原因有很多种，但不论问题出在哪一方面，只要双方都做出努力，总能找到解决的办法。改变不是妥协，改变不是因为谁怕谁，因为爱而改变，因为改变才有真爱。夫妻双方应以积极的心态和方式，尽自己最大的努力去改变家庭的状况，去改变孩子的前途和命运，去深深体会为人父母的真正含义。

一个完整和睦的家，应该是由父亲和母亲共同支撑起来的。单亲家庭无论多么富足，也不可能无忧，最终还是会因为缺少支柱而变得残缺不全，经不起风吹雨打。尽管单亲父母在离婚后可以加倍地去补偿孩子因失去父亲或母亲而缺少的爱，却不能够给予孩子一个完整健康的心理状态。缺少父爱或母爱，会对孩子的心理形成和发育过程产生十分重要的影响，孩子的信心、安全感、自爱和将来爱别人的能力都会由于双亲不全造成某些方面的心理缺陷。

把一个单亲家庭的孩子和一个家庭健全的孩子放在一起就会发现他们

往往会自卑、敏感，随着年龄的增长这种不良的性格缺陷就会影响孩子的一生。细细想想当夫妻双方牵手走进婚姻殿堂的那一刻自己是多么的相爱和幸福啊。双方曾经的海誓山盟，共同组建了一个家庭，共同孕育了一个生命，这是上天赋予你们爱的见证，这是你们生命的延续。不要以为离婚后可以给予孩子更多的爱和物质来弥补对孩子的亏欠，无论怎样你也不能再给予他一个完整的家——有亲生的父亲和母亲，为了孩子请不要轻言离婚，为了孩子请多包容你的伴侣……

作为父母要为自己的孩子撑起一片蓝天，给他们一个完整的家，给他们一个健康成长的家园。当你离婚的时候请为你幼小的孩子想一想，用你们的错误换取孩子一生的不幸值不值得。

在幸福的家庭中成长起来的孩子，成年后能幸福生活的比在不幸家庭成长起来的孩子要多得多。孩子是无辜的，父母离异并不代表抚养责任的结束。如果夫妻双方真的离异了，这就要求单亲家庭的妈妈要学会克制自己的不良情绪，使孩子不论在灿烂的阳光下，还是在急风暴雨里都能健康成长。因为单亲家庭的孩子往往表现出性格内向、恐惧、悲伤、焦虑等不良心理，他们常常为一点小事大哭大闹，而且很难制止。这些不良心理和行为倾向，如果不及时加以正确的引导，将会出现偏差，轻者表现为胆怯、孤独、固执和不合群，重者会产生对别人的妒忌和仇恨等不良心理，或对一切都抱着无所谓的不良心态。这些孩子往往比较敏感，有些事情会使他们产生微妙的心理变化。这时候父母要多注意孩子的言行，发现有异常的苗头，及时跟孩子谈心，了解情况之后，能及时疏导的就及时疏导。因此单亲家庭要特别注意为孩子创造一种愉快的家庭氛围，以利于孩子良好性格的形成和心理的健康发展。

孩子是父母的希望，孩子是父母生命的延续，他（她）只有在温暖和谐的家庭氛围中才能茁壮成长，孩子需要爸爸，同时也需要妈妈，需要父母之间的互敬互爱，需要完整的家。

职场妈妈教子私房话

夫妻双方应以积极的心态和方式，尽自己最大的努力去改变家庭的命

运，去改变孩子的前途和命运，去深深体会为人父母的真正含义。

和孩子一起玩，孩子快乐妈妈也快乐

玩可以提高孩子的智商，妈妈和孩子一起玩，还可以增加孩子与妈妈之间的感情。但是，现在的家庭，妈妈会为孩子创造一些活动的条件，却很少有妈妈和孩子一起“玩”得开心。他们认为和孩子一起玩，一是会有失做妈妈的身份，二是没有太多的时间，三是玩法各不相同。因此，母子在平时的活动中，常常是各玩各的。而常抽出一些时间和孩子玩一玩，这是增进与孩子关系的最好方法。很多与自己孩子关系融洽的妈妈，都会有一些“孩子气”，这种“孩子气”，说穿了，就是这些妈妈喜欢按照孩子的规则和孩子一道玩耍。

现任的美国总统布什父子感情好是众所周知的，据说在小布什还没当总统的时候，他和老布什的感情就比一般美国家庭的父子要好得多，而在这样的一个家庭，父子情深更是难能可贵。小布什随当总统的父亲来中国，在北京饭店，父子俩吃完饭后，总统站着没动，让儿子先离开隔间，他一直看着儿子走出隔间，然后很骄傲地对身边的中国朋友说：“那就是我的儿子。”老布什为儿子感到骄傲。

其实，老布什和儿子相处的时间并不是很多，在小布什很小的时候，老布什因忙于政治活动，很少有和孩子在一起的机会。但是，只要老布什在家，他都会抽出时间在自家的花园里和小布什玩耍一番。老布什会和小布什一起荡秋千、捉迷藏、做游戏等，一直会玩到都筋疲力尽为止。尽管老布什很少和孩子们在一起，但他通过和孩子一起玩耍，把自己的好印象留在了孩子们的心里，所以，布什父子间的感情是非常深厚的。

因此，与孩子一起玩，能培养与孩子间的亲密感情。和子女一起玩球、捉迷藏、野餐、放风筝，孩子看到妈妈全身心地投入，他们也会感到生活充实、有趣。孩子在轻松愉快、无拘无束的氛围中，获得了亲情给他带来的很多快感，这种快感使妈妈与孩子的关系得到升华。可以说，很多人对童年永久的记忆，很多都是与妈妈一起游戏的场景。因此，陪孩子一起玩儿，就像是"储蓄"一家人的亲密，它能让孩子在欢乐的氛围中成长，能让妈妈与孩子的关系更融洽。

在当下，很多孩子和妈妈的关系显得很生疏，其中的缘由就是妈妈平时和孩子缺少接触，孩子往往是自己玩自己的。在妈妈看来，给孩子买各式各样的玩具，让孩子穿最好的、吃最好的，用优厚的条件养孩子，孩子就会亲近自己。其实错了，孩子与妈妈的亲近，更多的是通过情感交流来获得的，和孩子一起玩，是妈妈和孩子亲近的最好方式。

怎样陪孩子一起玩儿呢？美国著名儿童教育专家玛格丽特•凯莉指出，最好的办法就是把孩子带到郊外。在一项唤起最珍贵记忆的研究调查中，所有参与者表示，童年在与父母进行户外玩耍时，他们感觉最开心。其实，不是只有到一些众望所归的旅游圣地旅行才是亲子的好办法，增强与孩子情感的活动无处不在，就是简单的郊游也能促进孩子与父母关系的亲近。比如在夏天，晚上与孩子一起外出散散步、数数星星、唱唱歌谣等，孩子可能会对此终生难忘，父母给孩子的安全感会使孩子对父母更依恋。

妈妈和孩子一起玩，和孩子一同沉浸在游戏的氛围中，一起探究游戏中碰到的问题，一起动脑筋想出更多更好的玩法，共同享受和交流游戏的乐趣，这更能融合彼此的感情。在孩子眼中，妈妈越天真越好，比如和孩子一起参加化装晚会，妈妈扮成小猪，一边学猪叫，一边和孩子追逐，没有了往日的威严，这时孩子会觉得妈妈是最可爱的人。因此，不要在玩耍中对孩子太疏远，这样对孩子不好。

有这样一个小镜头，在公园里，一对夫妇带着他们十岁的小男孩游玩，孩子在前面尽情地来回奔跑、跳跃，非常快活。这时，他的母亲突然冲他嚷道："为什么不好好地走路？你再疯跑，下次别想再出来！"孩子吓了一跳，之后便一声不吭地远远尾随在妈妈的身后。

很显然，孩子的情绪受到沉重的一击。如果这位妈妈能很好地利用这次游园的机会，在与孩子一起观赏公园风景的同时，和孩子多对话，多交流，使气氛变得和谐活泼一些，孩子就不会与妈妈保持“距离”了。那种亲子之间淡漠、紧张的关系，往往就是这样造成的。

所以，职场妈妈在闲暇时，与孩子一起玩耍，要孩子生活在轻松愉快、无拘无束的氛围中，可以增强亲子间的亲近感和亲密性，自然而然地就会加深骨肉亲情。

职场妈妈教子私房话

孩子在轻松愉快、无拘无束的氛围中，获得了亲情给他带来的很多快感，这种快感使妈妈与孩子的关系得到升华。

把握几个关键期，让孩子远离“团伙”

孩子进入一个学校，他是慢慢变坏的，在孩子“变坏”的过程中，妈妈对孩子教育的信心也是慢慢失去的，等到孩子要结束自己学业的时候，妈妈对一个坏孩子的教育信心已经丧失殆尽。这时，正是孩子在学校拉帮结派最盛的时候。孩子要毕业了，很多职场妈妈看到自己的孩子拉帮结派而在学校胡作非为，她们早已对孩子麻木了，她们的想法是，这群孩子目前是没有办法变好了，只有等到他们毕业分散以后就自然瓦解了。于是很多妈妈越是在一个学习阶段的末期，对自己的孩子就越是放松。但在现实中，她们忘记了孩子出事或出大事往往在孩子将要毕业的时候。就算孩子完成了在这个学校里的学习，也不等于孩子们的“集团”就此真正地瓦解了。如果他们把在学校里的恶习带入社会，这将会给孩子带来更大的危害。因此，职场妈妈要善于处理好孩子离开“帮派”后的事。

首先，在毕业的最后关头，妈妈要盯紧孩子。

孩子要离开某所学校的时候，学校在管理上可能会放松，这时“帮派”里的孩子们的行为会更加地无纪律性。这时，妈妈对孩子最好要比平时管得紧一些。在孩子学习的最后阶段，可以让孩子在家里学习，这样就把孩子与他们的“帮派”分离开来，避免孩子最危险的时期出现事故。

其次是孩子毕业后，不要使自己的孩子与他的“死党”去向一致。

孩子在即将离开学校的时候，其实他们在私下里已经“规划”了自己毕业后的去向。这种毕业的去向，孩子往往是和他们的“死党”捆绑在一起的。比如约定继续一同上某所学校、一同去学门手艺、一同出门打工等。如果“帮派”里的孩子把这种事前的约定变成现实的话，那么他们到了一个新的环境后，还会走以前的老路，更会容易走向邪路。因此，孩子在面临重新选择新环境时，妈妈要两手一起抓：一是借这个机会，给孩子创造一个新的环境；二是不给孩子与“帮派”里孩子继续在一起的机会。

妈妈要清楚毕业后孩子各个“死党”的去处，这样，在为孩子重新考虑去向时就能避开孩子的“死党”。例如，在条件允许的情况下，在班级、学校和城市的选择上，我们把自己的孩子和那帮孩子错开，使他们少有或没有接触的机会。当然，这只是孩子变好的第一步，在切断孩子与“帮派”的联系后，妈妈要在新的环境里给孩子新的要求，其中最重要的要求就是不要让孩子和他们再有什么联系。如果这方面妈妈做的不到位，不同的孩子分在不同的学校，而他们依然“联系密切”，这将使孩子的“帮派”发展成为“校际化”，孩子之间的矛盾会更尖锐，“帮派”对孩子的危害会变本加厉。

现在的很多孩子一离开校门便走向社会，这时的妈妈千万不要使自己的孩子与那些在学校的“死党”一同“闯天下”，他们往往在社会上也延续着在学校里的行为，这样很容易使孩子走上邪路。

不难看出，孩子在离开校园各奔东西的时候，在某种程度上对他们的“帮派”起到了一定的瓦解作用，但这种瓦解并不是很彻底的，其中的一些孩子可能还会聚集在一起延续着在学校里的习惯，这是很多妈妈容易忽视的地方。因此，妈妈不能指望孩子那个拉帮结派的小集团自然地分散，在孩子重新选择环境时，妈妈要利用好这个机会，使自己的孩子与他们避开，这样妈妈把孩子变好所用的精力就会小得多。

职场妈妈教子私房话

如果他们把在学校里的恶习带入社会，这将会给孩子带来更大的危害。因此，职场妈妈要善于处理好孩子离开“帮派”后的事。

单亲家庭，职场妈妈拿什么构建快乐

父母离异后，孩子不论是跟父亲还是跟母亲在一起生活，都将失去另一个亲人对他的呵护和抚养。缺少父爱或母爱，对于孩子都是一种先天性的残缺。单亲父亲和单亲母亲对子女的教育方式不一样，对子女性格形成产生的影响就会不一样。单亲父亲的教育方式大多以严厉惩罚型居多，所以生长在单亲父亲家庭中的孩子容易形成暴躁性格，易酿成暴力事件；生长在单亲母亲家庭中的孩子由于母亲常常过分保护，过分干涉，过分溺爱，容易造成孩子性格自卑、任性、适应力差。

因此，生活在单亲家庭里的孩子一般在性格上都会存在着缺陷，集中表现在两个方面：一是自卑、嫉妒心强；二是存在“破罐子破摔”的心理，有这种心理的孩子往往会显得很暴躁，有的甚至表现得很残忍。还有的孩子存在双重心理，在家一被训就低下头默不作声，一副唯唯诺诺的样子，可到外面却完全是另一副样子，总是把家里受到的气撒在弱小者的身上，有时会表现得很暴躁凶狠。

有些离异后的父母很快认识到了这一问题的严重性，选择再次走入围城，好给孩子一个完整的家，让孩子因此得到另一半的爱，能够健康快乐地成长。但是这并不能真正从根本上解决问题。事实上，许多因为孩子而盲目再婚的家庭，生活过得也并不幸福。情形恰恰相反，孩子在这样的家庭里长大，不但没有形成开朗活泼的性格，反而大多数会出现孤僻、内向、自卑、自恋以及性倒错等心理倾向或心理疾病，留下永远难以磨灭的缺陷。既然如此，作为一个单亲家庭里的孩子，父亲和母亲应该怎样为孩子构建一个快乐的家庭环境呢？

在西方的一些国家里，离异之后的夫妻首先会在孩子的头脑里注入这样的一种观念：离婚只是父母两个人的事，每个人都有追求幸福的权利，他们这样做的目的只是为了追求属于自己的幸福，和孩子无关，他们还是爱孩子的。不要轻视这种思想上的灌输，它会进一步使孩子在头脑里形成独立的念头，从而减轻给他们带来的伤害。其实在西方国家里，父母在孩子年纪很小的时候就告诉他们，“你必须学会自己保护自己，自己照顾自己！”孩子的独立性增强了，对父母的依赖性相对就会减弱。

在离异之后，不与孩子生活在一起的一方要时常去探望孩子，让孩子觉得自己并没有被抛弃，虽然现在不能住在一起了，但还是像以往一样爱着自己。很多父母在探望孩子的时候，因为心里怀着对孩子的愧疚，又觉得很长时间没和孩子见面了，一见面就带着去麦当劳、肯德基大吃一顿，或者去玩具、礼品店大肆花钱，以此作为弥补。其实这样的做法是完全错误的，孩子更需要贴心的交谈，而且年龄越大越是如此。所以在见面之后，应该多询问孩子些生活上的事情，比如问问他每天的生活是怎样的，学校里有哪些开心的事发生等。在这个基础上，更要注意和孩子在思想上、精神上的交流。只是在交谈中一定要注意到的是，不要在语言上攻击他的母亲（父亲），这会使孩子因偏听而忌恨父母中的一方，而且在这种互相诋毁环境中长大的孩子，潜移默化中就会形成性格上的冷漠，认为人世间是不存在真情的，因为连父母都在勾心斗角，人与人之间又怎么会有友爱可言？因此他会用一种冷酷的眼睛观察这个世界，缺乏相应的善良和爱心，更有甚者因此仇恨社会，走上违法犯罪的道路。

职场妈妈教子私房话

婚姻的不幸对于夫妻双方来说，可能是一种万劫不复的痛苦，但离异家庭的孩子所受到的身心上的创伤，远比离异妈妈感知到的更为严重，而且这样的伤害一旦形成，很难弥补。

第十章

学做保健医生，健康的孩子妈妈更省心

你是否为孩子的营养不良而焦心，是否为孩子的三餐吃什么而费神，是否因为一个小小的病痛而束手无策？妈妈为孩子这些事而忙，只能说妈妈没有尽到自己的责任，因为妈妈才是孩子最好的保健医生。妈妈只要在平时照看好孩子，就不会再有这样的琐事累自己了。

妈妈有压力，不妨和孩子一起释放压力

孩子就未必没有心理问题。据美国的一项调查表明，5年内咨询过儿科心理医生的孩子因社会环境的影响而造成心理疾病的比率从6.8%上升到18.7%，同时发现孩子们受长期压力的影响而出现的症状已与成年人一模一样，他们也会出现心动过速、失眠、忧郁和焦躁不安。

或许你觉得自己很忙、很累，原本纯净的心灵被生活的压力包围着。可你知道吗，你这种忙乱的感觉会影响到你的孩子，而小孩子本身也有压力，他们也需要放轻松。

一位职场妈妈诉苦道："当我每天奔波在外，在充满竞争的环境里打拼的时候，有时，压力简直让我喘不过气来。可我没想到的是，女儿那么小，也会有压力。"

1．压力从心底漫上来。

现在充满竞争和快节奏的社会已迫使孩子们不得不过早地承受压力和紧迫感。同时，因为自己太忙，所以职场妈妈总是每天都催促孩子做好自己的事情，比如赶紧穿衣服或吃饭。如今，轻松地和孩子们一起交谈和娱乐对于很多家庭来说都是非常稀少的，职场妈妈们已经没有时间能够和孩子们一起做游戏了。

还有，身处信息社会，孩子们从各种渠道获得对他们来说有些尚不能理解的事物。地球上不断的关于灾难、大气和水污染的报道，使孩子们感到危险、无助和害怕，对任何事情难免有点悲观的态度。一位母亲曾说："我女儿问过我一个问题，简直吓了我一跳。她问我每天晚上睡觉前我会不会担心下酸雨把所有的鱼都杀死了。我都不敢想像我女儿是如何带着这样的想法度过这段时间的。"

2．做妈妈的先放松。

在一般人的观念中，孩子只有紧张、紧张、再紧张，才能激发潜能，跟上时代的步伐，殊不知生活中所谓的空档若填充得满满当当，其结果势必徒增压力，生活品质也容易跟着变质。

还好，这并非无药可救，解决方法也没有想像中那么难，你首先要想办法让自己放松，毕竟孩子们的许多压力是由妈妈制造出来的。看到这里，你的脑海里也许立即浮现出“现在都忙得喘不过气来了，哪来多余时间搞这些花花道道呢？”这么想的确情有可原，但事情根本没有想像中的那么严重，现在就请你先暂停手边的电话，关掉五光十色的电视屏幕，尽可能把所有的注意力集中，全心全意地“饶自己一命”。

3. 让“放松”成为每天的生活习惯。

说实在的，这个世界充满着许多未知，就算你每天绞尽脑汁想着孩子如何考入好学校，甚至幻想着十年后如何让孩子功成名就等等，你也没有办法全部如愿以偿。资信爆炸的时代，就连每天相互传送的电子邮件、广告DM，甚至手机接收到的短信等，都会刺激强迫自己必须在极短的时间内做出适当的反应。但是，“就事论事”与“凭感觉做事”其实是两种截然不同的解决方式，既然短时间内你无法卸下身负重责的使命，建议你不妨当机立断，尤其是绞尽脑汁仍无法做出任何决定时，暂时让大脑回复平静，好好地休息一下。

“每当为孩子的学习把自己搞得心弦绷紧时，我便开始想像自己80岁的模样。”25岁的雅惠陈述着她的经验。“尤其脑海中出现自己不仅驼背，而且满脸皱纹时，突然间我不再担忧压得喘不过气来的孩子的前途，体会的反而是及时行乐的重要。”人生苦短，实在用不着因为责任感作祟而牺牲自我，你更需要的是属于自己该有的生活情趣。

4. 无所事事的放松。

孩子总是妈妈心头的痛。无论是在前往美容院的途中，或者午休、悠闲的时间，不少人还是免不了会想想孩子的学业、生活与成长。

但是，当你自认为凡事应该分秒必争的同时，其实也阻碍了可以自我改变的机会。举个例子来说，当你好不容易结束一天繁忙的工作行程，才刚踏出公司大门，你却又自动地勾勒下一个计划的蓝图，心情没一刻轻松过。不仅如此，脑海中突然闪过孩子成绩单有可能出现“不及格”的画面，又让你加速脚步，完全不理会此时可能难得一见的落日余晖，或者橱窗里光鲜亮丽诱人的折扣广告；说不定有机会在街角咖啡店邂逅的良缘，也被你匆匆忙忙的混乱给搞砸了。

总而言之，如果你还是习惯性或过度性的未雨绸缪，你的心理空间肯定充斥着紧张和不安，许多生活上的惊喜绝对被你给忽略掉了。倒不如制造出一个安静的时间，坐下来和孩子谈谈心，讨论一下这几天过得怎么样，有什么感觉。这既放松了自己，自然地也就减轻了孩子的压力。

5. 入境随俗的放松。

如果你也像大多数忙碌的职业妇女一样，在阅读这篇文章的同时都已经想好接下来准备要做哪些事情，无疑地，你根本没有将心思放在当下。除了不时地想起下一秒应该做什么之外，脑筋动得比谁都快的你，恐怕到后来连脑细胞也要摇旗抗议了！

谈起这样的情形，29岁的淑瑾发表了有关聚会的独特见解：“我记得以前要是遇到较大的场面时，我总是忐忑不安，只希望时间快点过去，完全无法放开自己，享受其中。后来，我终于明白，与其担忧自己是否应对得体，还不如在现场观察人生百态来得有趣。尤其每个人的穿着打扮、应对进退，甚至连餐桌上的美食佳肴等，都成了观察比较的来源，这么做，就乐在其中。”

所以，无论你身处何方，尽可能要求自己融入其中，这种看似“强迫”，实际上却无伤大碍的要求，可以让脑筋不至于只会无意义地抢先反射，反而可以延伸与周围更深刻的交流。最重要的是，身为妈妈，使自己成为孩子学习的榜样很重要。若妈妈给孩子的印象是：她们太忙了，没有时间和孩子在一起，甚至连回答孩子的问题都得见缝插针，孩子就会感到压力的程度剧增。显然，职场妈妈不能总是忽略自己的休闲时间，他们疯狂地工作使孩子有一种无助的感觉，并且感到压力也越来越大，因为孩子没有机会从职场妈妈那里学会怎样减缓心理压力。

所以，让你的孩子看到你在桌边悠闲地吃早餐；晚上把公文包放在一边，读本小说；或者晚饭后和你的孩子一起出去散步，这些都帮助孩子减轻了压力，同样使你自己也感觉很放松。

6．顺水推舟的放松。

你正埋首于工作，孩子的一通抱怨电话中断了你原本的思绪，就算你苦口婆心地解释此刻你正忙着，但这已经太迟了，因为你工作的注意力早已被分散，紧接着而来的便是心生恐慌。“外力介入的干扰通常会让人一下子失去自我控制，也因此，莫名恐慌也随着胡思乱想更趋合理。”

所以，就算你只是倾听孩子倾吐苦水，你无论多么超然，势必仍会受到影响，开始担心起自己的工作进度、会不会被炒鱿鱼、往后的职场生涯该如何规划，甚至还害怕自己活在大都市里，会不会因为吸入过多的一氧化碳而早夭……然而，你可能没想过，处于这些被打扰的时段，其实也是让自己喘口气的好机会。

职场妈妈教子私房话

或许你觉得自己很忙、很累，原本纯净的心灵被生活的压力包围着。可你知道吗，你这种忙乱的感觉会影响到你的孩子，而小孩子本身也有压力，他们也需要放轻松。

补锌补钙，孩子成长发育最重要

众所周知，孩子生长发育、智力发育、抵抗力发育都需要锌。孩子如果缺锌会影响味觉，表现为孩子不爱吃饭，造成营养吸收不均衡，生长发育缓慢，身高比同龄孩子要低3～6厘米，体重轻2～3公斤。恶性循环也直接导致孩子体质更羸弱，抵抗力也差，更易生病，同时缺锌的孩子智力水平也会比正常孩子低，记忆力差。

缺锌的孩子主要表现为，总是病恹恹的样子，反复感冒、发烧、拉肚子，贪吃零食不吃饭。

科学研究证实，锌可以提高人体免疫力，从而提升、激起抵抗疾病的能力。从现代免疫学的角度来看，原来不是问题的问题，随着研究不断深入，也可能成为大问题。所以，孩子保健专家提醒，孩子健康成长，职场妈妈应随时关注钙、锌等各种微量元素的指标是否正常。

职场妈妈首先要从日常的膳食结构和饮食习惯入手，不要以为孩子喜欢吃动物内脏和含锌的食物、或给孩子补充复合微量元素的补益品就可以补锌，应当了解食物在烹饪时锌元素容易流失的真相。而日常越来越精致的食物、孩子早期偏食等因素，都会给锌的摄入造成直接障碍。有机的液体补锌剂是更好的选择。但有一点需要注意：补锌的同时不可同补钙、铜、铁等元素。以钙和锌为例：钙和锌从肠黏膜细胞转运到血液的过程中，微量元素锌和常量元素钙需要使用同一种转运蛋白，这就好比“抢座比赛的过关游戏”，座位有限、抢座成功的才能顺利过关，而钙的优先级高于锌，锌很难占到便宜。因此钙、锌同补往往达不到有效补锌的目的。科学的方法是补锌与补钙间隔30分钟以上。

孩子生长很快，所以孩子需要大量的营养，比如微量元素等。其中钙铁锌等元素必不可少，但是孩子在饮食中吸收的微量元素含量有限，所以很多职场妈妈就选择了补充剂。然而补充剂的吃法是有讲究的，比如：钙和锌能否一起补。

为了促进钙吸收，一般2周以后就要补充维生素了。如果孩子夜里睡不安稳，而且易出汗，可能就是缺钙和维生素了。这两种补剂适合在两次喂奶或两餐之间吃，比如上午10点左右或下午二三点钟都可以。但需要提醒的是，钙剂最好单独服用，不要将其与牛奶、豆浆、果汁、菜汁、米汤同服，会降低钙的吸收率，大一些的孩子要避免与菠菜同吃，因为菠菜中含草酸，不利于钙的吸收。

一般孩子并不缺锌，尤其是母乳喂养的孩子。但如果孩子挑食，不爱吃肉、不爱吃奶，或者总爱出汗、头发黄、食欲差，可能就要及时补充锌了。补锌也是在两餐之间，且锌与铁、钙等补剂不能同时吃，因为锌与钙都是阳离子，被消化吸收时，会产生互相干扰，降低彼此的吸收率。如果需要两者都补充的，服用时间最好相隔2～3小时以上，比如上午服钙剂，下午再吃锌补充剂。

面无血色，且一活动就会累的孩子可能缺铁。由于铁制剂对胃有一定刺激性，所以要在饭后吃。早餐通常吃得比较少，因此最好选择在中午饭或晚饭后半小时左右吃，吃的同时要服用维生素或酸味水果，如橙子、猕猴桃等。这是由于铁元素只有从三价转变成二价才能被人体吸收，在酸性环境下，这种转化更容易。特别要提醒，在贫血得到纠正后，仍需继续服用铁剂2～3个月，以保证体内有足够的铁贮存，防止贫血复发。

此外，孩子反复的口角炎是缺维生素B_2；刷牙时牙龈总爱出血，很可能是缺维生素，这些补剂在吃法上相对随意。所以，孩子若是缺少各种微量元素就必需要谨慎补充，不能少补其中哪一种，当多种微量元素一起补时一定要注意这几种微量元素的同时补充是否会冲突。

职场妈妈教子私房话

孩子保健专家提醒，孩子健康成长，职场妈妈应随时关注钙、锌等各种微量元素的指标是否正常。

青春期就是关键期，孩子需要哪些营养

青春期是孩子生长发育的关键期，如果这个阶段营养跟不上，对以后的影响会很大。那么青春期究竟需要哪些营养呢？

1. 热量

青春期男子的热量需要比女子高，男：10～12岁应摄入2600千卡，13～15岁2900千卡，16～19岁3070千卡；女：10～12岁应摄入2350千卡，13～15岁2490千卡，16～19岁2310千卡。青春期机体内组织合成迅速增

加，如热量供给不足，组织合成受阻，出现营养不良，体重下降。有些女青年为保持身体苗条，有意减少每日热量的摄入，长此以往必造成营养缺乏，影响身体健康。但热量摄入也不是越多越好，否则易患青春期单纯性肥胖病。因此热量每天供给要适量。热量的供给来自机体每天从食物中摄取的糖、蛋白质及脂肪。

2. 蛋白质

青春期对蛋白质需要量个体差异很大，但总的来说青春期对蛋白质需要量是很大的，用于满足机体组织的大量合成。青春期蛋白质需要量不仅考虑摄入量的多少及个体生理状况，而且也要注意膳食蛋白质的氨基酸组成，热量摄入多少及其他营养素的摄入情况等因素。青少年男子蛋白质供给量每天不能低于35克，而女子不能低于30克，并应以优质蛋白为主。所以，动物性食品（尤以瘦肉为佳）及大豆制品等能给青少年提供优质蛋白的食物应多吃。

3. 维生素

维生素是保证青春期健康发育的得要因素。我国青少年膳食中维生素普遍缺乏，因为乳、蛋及动物性食品用量少，主要来自蔬菜中的胡萝卜素。青春期维生素供给量每天不少于700国际单位，才能满足正常生长发育的需要。维生素B_1和B_2及尼克酸的需要量均随热量摄入量的增加而增加，在紧张的脑力和体力活动期，上述三种维生素需要量也相应增加；所以在考试期间及大强度体育训练期间，应多补充高含维生素B_1和B_2及尼克酸等食物来满足特殊的消耗。维生素能促进发育和增加青少年对疾病的抵抗力，防止骨质脆弱和牙齿松动，青少年对维生素的需要量不低于成人每天75毫克的需要量，新鲜水果及蔬菜多富含维生素。其他维生素，如、VE、VB_{12}、叶酸等对青少年生长发育也是必需的。总之，为避免青春期缺乏维生素，应经常注意动物性食品及新鲜水果、蔬菜的摄入。

4. 矿物质

钙对青春期生长发育的速度影响很大，青春期身长发育与正常的骨骼发育是分不开的，而骨发育需要大量的钙来参加，一般要求每日钙供给量不少于0.5克。锌对青春期生长发育就更为重要，缺锌引起生长缓慢，严重可为侏儒，第二特征不发育，青春期锌的营养正引起各方面重视。每天青少年应从食物中得到锌15毫克左右，就能满足正常需要。青春期贫血患病率很高，尤其对已有月经的女青少年来说更为常见。其中贫血的原因主要是机体缺乏铁，所以平时青少年多吃些动物内脏（肝为最佳）对预防青春期贫血很有效。碘在青春期营养中的地位也很重要，碘与青少年体内某些生长激素有密切的关系，缺碘后生长发育明显延缓。海产品含碘普遍多丰富，多吃海带等海产品是很好预防缺碘的措施。

职场妈妈教子私房话

青春期是体格发育和智力发育的突增阶段，良好的营养将为青少年获得健康的体魄、智慧的大脑而打下坚实的物质基础。

一日三餐营养好，健康的孩子妈妈少操劳

孩子的饮食往往是妈妈负责，但是，职场妈妈往往会忙于工作而误了孩子的饮食营养。其实，让孩子科学饮食并不会花去妈妈多少时间，关键看妈妈是不是能科学调配。

俗话说“早饭要吃好，中饭要吃饱，晚饭要吃少”，把一日三餐进食及营养需要都阐述得一目了然，早餐放在第一位，而且要吃好，吃饱，充分显示出吃早饭的重要性。

有些人认为早餐就是“早点”，以为“早点、早点，找点食物垫一垫”即可，简简单单凑凑合合。时而就在路边小店随便买个油条，匆匆忙忙边吃边走，甚至时间来不及吃早饭就什么都不吃，就上学去了。认为不吃早饭，中午多吃一点就都补上了。这样做能补上吗？这样早餐对学习、身体健康有什么影响？

早餐是非常重要的。经过一夜睡眠，头天吃下去的食物都已经在胃肠道中消化吸收，完全排空，身体急需要补充热能及各种营养素，早餐吃与不吃，吃的什么食物就显得格外重要。我国在校学生，学习负担较重，上午一般都有四、五节课，而且多是主课，学习需要大量大脑高度的记忆理解。

如果不吃早餐或早饭马马虎虎，这样等不到中午饭的补充，就会饥肠辘辘，大脑兴奋性降低，反应迟钝，注意力不集中，其学习效果自然下降。有调查发现：不吃早餐或早餐凑合的学生，他们上午第1、2节课就出现疲劳，精力不集中，到第3、4节课时更加饥饿。

思维不集中，在不吃早餐或不重视早餐的同学中有1/3的文化课成绩不理想，早餐吃得好的学生则精力充沛，思考积极，成绩明显比不吃早餐和早餐吃得不好的学生好。经常不吃早餐除影响学习成绩外，还会影响健康，甚至导致疾病，所以要重视学生早餐，为了孩子们健康和学习，一定要安排可口的、质量好的早餐，让他们吃好早饭去上学。

如何安排好早餐呢？

早餐质量的好坏对学生的学习行为有着重要的影响，有人对小学生进行不同质量早餐的试验，第一组早餐为牛奶、面包、猪肉烧麦、花生等其能量达2092KJ，相当于营养学会推荐一天热量的25%；第二组早餐是米粥、馒头其热能是650KJ，仅占推荐量10%。

膳食中蛋白质摄入量也是第一组远远高于第二组。经试吃一周后测试五项认知行为和学生体能耐力，结果是：食用早餐第一组的对象在数字运算（加法、乘法）的完成率优于食用早餐第二组的对象。食用早餐第一组的对象创造力得分明显高于食用早餐第二组，耐力测试其食用早餐第一组学生比第二组同学好。

结果说明食用能量充足、配比均衡早餐的学生在数学运算，创造想像力和身体耐力等方面优于食用能量不足，配比不合理的早餐的学生，这充分说明早餐质量对学生学习行为具有显著影响。早饭质量的好坏对孩子的健康和学习至关重要，因此学生吃早饭，吃好早饭是他们正常生长发育和取得良好学习成绩的保证。

中小学生每日所需的能量的1/3～1/4应从早餐中获得。在安排早餐中要有谷类食品、动物性食物（奶类等）、豆类及制品，最好有蔬菜水果类。

职场妈妈教子私房话

安排早餐要注意质量好、味道可口，数量体积适中，荤素搭配，粗细混有，干稀适度等。

孩子喜欢运动，科学饮食保健康

天气酷热，孩子们的暑期生活开始丰富多彩起来，游泳、踩单车、打球、爬山……一系列的户外运动增加了孩子们的运动量，很多妈妈都会问道：该给孩子吃什么？

像打篮球、踢足球、跑步等一些运动量较大的活动，孩子们应在运动前2～3小时进食一些易消化吸收的食物或流质食物，吃些高纤维饼干或是优酪乳、葡萄干、新鲜的水果等，可以减少运动时的肠胃不适。此外，运动前40分钟，可以喝300～400ml的水补充水分，不至于在运动中丢失过多的水分，而使身体疲乏。

在运动过程中，最好不要进行固体饮食，可以每隔20分钟补充水分或引用50～100ml饮料，不能太热，也不能太冷，温度在16摄氏度左右最为适合。如果太热，不能有效减低体温；如果太冷，又会刺激胃黏膜。

运动后，体内的糖、脂肪和蛋白质被大量分解，产生乳酸、磷酸等酸性物质，会刺激人体组织器官，使人感到肌肉、关节酸痛和精神疲乏。

运动后30分钟可以再吃一些流质食物，同时补充水分，多吃一些富含碱性的食物，如蔬菜、水果和豆制品，以保持体内酸碱砬度的平衡，消除疲劳。此外，还可以引用一些电解质饮料。刘勇建议妈妈要尽量避免给孩子吃

大鱼大肉等油腻食品，这样会加重疲劳的感觉。此外，还要避免饮用含有咖啡因的饮料和茶。因为咖啡因有利尿作用，会令孩子体内水分补充不足。

最后还要告诉妈妈，没有任何一种食物或是任何的进食时间表适合每一个人，关键是根据孩子的运动项目找出最有效的食物和进食的时间。

1. 蛋白质是少年孩子生长发育必不可少的物质。

瘦肉中蛋白质含量最多。一般的摄入量是每天每公斤体重1.5～2克，但在孩子参加体育锻炼时，蛋白质的需要量增加，蛋白质的摄入一般要求达到每天每公斤体重2～3克。因为肌肉纤维的加粗和肌肉力量的加大，必须依赖肌肉中蛋白质含量的增加，而且最好是动物蛋白。但要注意，肌肉大小和力量的增长主要是练出来的，而不是吃出来的。

2. 糖是保护肝脏、维持体温恒定的必要物质。

脂肪糖给人体提供70%的热量，一般每天250～750克的主食，就可以满足人体热量的需求。机体各个组织中都有一定的糖储备，所以，一般孩子在参加一般性体育活动时，不需要额外补充糖，只有在孩子参加大运动量活动，或长时间的耐力活动时，要适当增加主食的摄入。因为运动中热量消耗较大，如果长期供能不足，会导致身体消瘦、机体抵抗力减弱。

3. 脂肪是人体内含热量最高的物质。

脂肪主要有四大功能：维持正常体重、保护内脏和关节、滋润皮肤和提供能量。一般人体日需脂肪占食物总热量的15%～30%。一般正常活动的人每天摄入25克左右的油脂就可以满足生理需要，长时间参加活动可以增加到每天30～36克。但要注意，如果活动量不足，额外摄入的热量就会转变为身体的脂肪，使孩子发胖，而不是长出结实的肌肉。

4. 维生素在孩子的生长发育和生理功能方面是必不可少的有机化合物质。

如果缺少维生素，会导致代谢过程障碍、生理功能紊乱、抵抗力减弱，以及引发多种病症。一般天然食物中就含有各种我们所需要的营养素，而且比例适宜，所以，孩子在合理膳食中就可以获得充足的维生素。只有在持续的、高强度、大运动量情况下，热能营养不能满足需要，或蔬菜水果供应不足时，才需要额外补充维生素。要注意，过量摄入维生素和维生素缺乏一样，会导致不良后果。

5. 可以通过运动饮料补充无机盐。

无机盐也叫矿物质、微量元素，也是人体代谢中的必要物质。孩子少年时期对钙、磷、铁的需要量较高，在运动期间，由于大量排汗，导致盐分随汗液丢失，必须即时补充，才能预防肌肉痉挛，并帮助缓解身体的疲劳。

6. 水是“生命之源”。

参加运动的孩子要积极主动地补水。比如，运动前15～20分钟补充400～700毫升水，可以分几次喝。在运动中，每15～30分钟补充100～300毫升水，最好是运动饮料。运动后，也要补水，但不宜集中“暴饮”，要少量多次地补。参加运动的孩子，只有保持良好的水营养，才能有良好的体能和健康。

职场妈妈教子私房话

孩子在运动前的饮食原则是既可以在运动过程中提供充足的营养和能量，又不至于在运动过程中造成肠胃的不适。

预防措施贴墙上，培养良好的用眼习惯

近视眼是孩子常见的眼病，近年来近视眼的发病率一直居高不下，因而它的预防越来越显得重要。对于孩子来说，近视眼防更重于治。

一般青少年的近视眼，多数属于“假性近视”，是由于用眼过度，调节紧张而引起的一种功能性近视。如果不及时进行矫治，日久后就会发展成真性近视。

职场妈妈要是忙，不能及时提醒孩子预防近视，可以把预防措施贴墙上，从小培养孩子良好的卫生习惯。具体是：

1. 培养他们正确的写字、读书姿势，不要趴在桌子上或扭着身体。书本和眼睛应保持一市尺。学校课桌椅应适合学生身材。

2. 看书写字时间不宜过久，持续1～1.5小时后要有一个短时间的休息，眼睛向远眺，做眼保健操（现在的手机等设备还有电脑的使用距离与读书写字差不多，所以也要注意使用时间）。

3. 写字读书要有适当的光线，光线最好从左边照射过来。不要在太暗或者太亮的光线下看书、写字，减轻学生负担，保证课间10分钟休息，减轻视力疲劳。

4. 积极开展体育锻炼保证学生每天有一小时体育活动。

5. 教导学生写字，不要过小过密，更不要写斜、草字。写字时间不要过长。

6. 认真做好眼保健操。

7. 看电视时要注意高度应与视线相平；眼与荧光屏的距离不应小于荧光屏对角线长度的5倍；看电视时室内应开一盏支光小的电灯，有利于保护视力；在持续看电视1～1.5小时后要有一个短时间的休息眼睛向远眺，做眼保健操。

8. 应多吃些含甲种维生素较丰富的食物各种蔬菜及动物的肝脏、蛋黄等。胡萝卜含维生素B，对眼睛有好处；多吃动物的肝脏可以治疗夜盲。

近视患者普遍缺乏铬和锌，近视患者应多吃一些含锌较多的食物。食物中如黄豆、杏仁、紫菜、海带、羊肉、黄鱼、奶粉、茶叶、肉类、牛肉、肝类等含锌和铬较多，可适量增加。补锌最好服用蛋白锌。

对近视要分档防治，抓早抓小。积极矫治和防止深度发展。如果已发生近视，要到医院去验光，配戴适宜的眼镜。假性近视可采用远雾视法、推拿操或晶体操以及物理疗法、药物等进行矫治。

9. 打羽毛球、乒乓球可防近视。在打球过程中眼睛须快速追随羽毛球和乒乓球这类灵活性很强的“小球运动”轨迹变化，这对5～9岁的孩子的眼球功能完善有意想不到的好处。

职场妈妈教子私房话

职场妈妈要是忙，不能及时提醒孩子预防近视，可以把预防措施贴墙上，从小培养孩子良好的卫生习惯。

孩子抵抗力好，妈妈少往医院跑

孩子生病，妈妈几乎每次门诊总是会问医生："我的孩子经常生病，每次流行感冒都有份，为什么？该如何增强抵抗力呢？吃免疫球蛋白有用吗？""医生，我的宝宝一年到头都在生病，几乎成了药罐子，是不是免疫系统出毛病？吃那么多西药难道不会伤身体吗？"大家都知道，感染的发生，是由环境中的病原进入宿主引起的。一群孩子处在同样的环境中，抵抗力却各人不同，抵抗力差的，最容易受到病原侵害，复原也慢，因此感染断断续续，一波未平，一波又起。

抵抗力就是人类抵抗外来物质（如细菌、病毒、霉菌和寄生虫）侵袭的能力，其中包括免疫力和体质状态。我们为了保护自己身体组织的功能，会产生一种排除异物的力量，对免疫方面的反应能力主要是淋巴系统占主导。人体的免疫系统分为细胞免疫和体液免疫，细胞免疫是我们的捍卫战警，包括中性球、淋巴球和巨噬细胞等白血球；而体液免疫包括免疫球蛋白、补体蛋白和化学物质，这是白血球用来对抗病原的工具。

决定体质的原因错综复杂、互有关联，包括遗传、荷尔蒙、营养和运动。每一个人的生理构造也有特定的弱点，有的人气管弱，有的人肠胃不好。具有过敏体质的小孩，在季节变化的时候，容易流鼻涕、咳嗽，也常被误会是反复感染。

影响孩子抵抗力的因素，归结起来，应该从3个角度来探讨，包括年龄因素、营养因素和习惯因素。

1．年龄

年龄是影响抵抗力最重要的原因，年幼的孩子容易生病，是因为免疫系统尚未成熟。刚出生的新生儿，只能借胎儿期通过脐血输入的母体免疫球蛋白对抗感染，此类球蛋白在出生后逐渐代谢，到4个月的时候含量已经不足，直到6个月的时候，婴儿本身免疫球蛋白才逐渐上升，在6岁以后追上成人的水准。

细胞免疫方面，两岁以下的孩子，T淋巴球功能不足，对于包着夹膜的细菌，无法消灭，因此若感染到这一类细菌（例如肺炎球菌、流行性感冒嗜血杆菌），病程会快速恶化成脑膜炎、败血症。所以，幼小的孩子在和环境中的病原对抗时，落居下风就不足为怪了。一个正常的孩子，在他前10年的生命中，估计会得到100次的感染性疾病，平均一年之内有6～10次罹患感染症。

2．营养

饮食的目的是让身体获得各种营养素，而营养素与身体健康有密切关系，饮食、营养、健康3方面息息相关。身体健康与否，不是与生俱来、靠运气，而是可借正确的饮食来达到。孩子厌食、偏食，抵抗力会下降。研究证明孩子缺铁质，免疫功能较差。

3．生活习惯

生活习惯包括饮食、运动和卫生习惯，能影响前述免疫和营养因素。运动能促进血液循环、增强心肺功能。现代生活的孩子闷在家里的时间太多，活动量不足，应该多带宝宝出去呼吸新鲜空气，有氧运动可以大大提升白血球杀菌的能力，当然最需要提醒的是自小养成良好的卫生习惯。

如何提高抵抗力？方法如下：

1．预防接种

预防接种是预防传染病最经济、安全、有效的方法，因此没有免疫力的孩子都应接种疫苗。目前常规预防接种可以提升宝宝对白喉、百日咳、破伤风、乙肝、结核病、小儿麻痹、麻疹、腮腺炎和风疹的免疫力。自费疫苗接种可以选择水痘、肺炎球菌、流行感冒嗜血杆菌、流行性感冒病毒等疫苗，以降低宝宝被感染的机会。

2. 均衡饮食

均衡营养是健康的基础，任何年龄的人都要注意饮食，以维持生命、预防疾病。均衡饮食是指这4大类食物，包括五谷类、肉蛋豆类、蔬菜瓜果类、奶钙类及其他食物，每天的食物都应包括这4类食物，并注意分量的适当。蔬菜瓜果类可以供应纤维质、维生素A、C和矿物质，增强身体抵抗力及防止便秘，多吃无妨。

3. 适度运动

任何动作都应该从宝宝的安全考虑，所以绝对不可做出任何超过宝宝能力的运动。不要因做体操而造成宝宝的不适，最好的时间，是在两餐之间。时间太短的健身效果不好，时间太长则会使宝宝太累，所以建议每次进行20分钟左右较适当（但要视宝宝的状况做弹性调整）。

4. 正确洗手

婴幼儿处于探索期，双手到处摸，将东西送进嘴里是司空见惯的事。凡是传染性的疾病，都是接触口鼻入侵，所以洗手可以在第一关就排除病原，洗手是最有效的预防方法。

5. 日常生活养成好习惯

人类的抵抗力来自多重因素，若要强化抵抗力，应该也是要从多方面入手，吃单一食品求强身，作用大不到哪去，为人父母者不用迷信健康食品的效能。如果您的宝宝有经常生病的困扰，请有耐心和毅力。就以上所提到的几个方向去探讨原因，并且在日常生活保健中养成好习惯。

伴随着孩子成长发育，免疫力会改善，许多体弱多病的孩子，长大成人以后便无病无痛，父母亲只要观念正确、持之以恒，宽心乐观期待孩子的茁壮成长吧！

职场妈妈教子私房话

若想让孩子健康，最好的做法还是要鼓励孩子多运动，并均衡摄取营养，且需适度休息，吃饱、睡好、多运动虽属老生常谈，但这却是增加抵抗力的有效方法。

急救不求人，掌握常见意外救护方法

2011年9月7日，卫生部首次发布《儿童溺水干预技术指南》、《儿童道路交通伤害干预技术指南》、《儿童跌倒干预技术指南》，高度关注孩子伤害问题。“每种意外伤害的发生原因不同，做好预防是避免悲剧的关键。”中国医师协会儿童健康专业委员会主任委员丁宗一教授告诉记者，此次指南的发布，就是希望提醒职场妈妈认真防范，并告诉他们，当孩子发生意外时该怎么办。

1. 跌倒：昏迷时一定要侧卧

清醒后，还要继续观察其是否有疼痛、嗜睡表现。世界范围内，跌倒是孩子伤害的主要原因，也是引起孩子非致命伤害和残疾的首要原因。世卫组织2004年的统计数据显示，跌倒占全球0～17岁孩子致死性伤害原因构成比的4.2%，是0～5岁和13～15岁孩子的第一位伤害原因。

在我国，跌倒也是造成孩子伤害的主要原因，其中1岁以下婴儿跌倒死亡率最高。由于头部重量相对较大，很容易从童床、童车等处坠落。1～3岁的孩子，运动和平衡能力不稳，很容易从楼梯、台阶、学步车、家具上坠落。5～9岁孩子刚刚脱离成人照看独自外出活动，缺乏安全与危险的体验，意识不到自己身处危险，容易在玩耍中滑倒、坠落。

所以，家中有3岁以下孩子，要注意消除家庭内安全隐患。将家里的窗户安上有开关但孩子打不开的护栏；确保地毯没有起褶，地板上没有电线、网线等；保证孩子不在湿地板上行走；浴缸或淋浴间内装上扶手和铺上防滑垫，避免孩子滑倒；瓷器或玻璃器皿放在带锁的壁橱里，或孩子够不到的高处；包裹家具锐利的边角，以防孩子碰伤等。2.5～9岁的孩子好奇心强、爱冒险，妈妈最好不要让孩子超出自己的视线，应时刻提醒他们注意安全。特别是玩自行车、滑板、秋千和蹦床时。

孩子如果头部受伤，导致意识不清，就要立即叫救护车。同时，要将孩子侧卧，手放在头下。这种恢复姿势有助于减少舌头向咽喉部的滑落，预防舌头影响呼吸，危及生命。

如果怀疑跌倒后出现骨折，就不能随意移动。值得一提的是，尽管孩子跌倒后有时会很快恢复，但有时头部损伤的反应表现得较晚。因此，应密切关注孩子的反应。如果他/她说某一局部部位疼痛，或有困倦表现，就应赶快就医。

2. 车祸：别轻易动伤者

戴头盔，装安全座椅能将伤害减至最低。道路交通伤害是全球孩子的主要伤害死亡原因之一，全世界每年死于道路交通伤害的孩子人数超过26万。2006年全国死因监测资料显示，我国孩子道路交通伤害死亡为1.3万余人，位居我国孩子伤害死亡原因的第二位。

骑自行车、电动车或摩托车带孩子时，应给他们佩戴亮色头盔，这样能在很大程度上减少颅脑损伤。

乘坐汽车时，安全座椅很重要。对于10岁以下的孩子来说，正确安装和使用安全座椅，能在碰撞事故中降低70%的婴儿死亡率，1～4岁孩子死亡率减少54%。10岁以上或身高150厘米以上孩子，应使用普通安全带，它可以使孩子在碰撞中与车辆内结构分离，防止从车中弹射出去，并将碰撞的能量分散到身体最结实的部位，将严重致死性伤害的几率降低40%～65%。

如果发现孩子遭遇交通伤害，应立即拨打120、119或110。除非会威胁孩子生命，否则一定不要立即移动伤者。你要做的第一件事是，查看伤情，确认有无意识、呼吸、脉搏、出血等情况。此外，从车内救出受伤人员的过程应根据伤情区别进行，对脊柱损伤者不能采用拖、拽、抱等方式，应使用脊柱固定板。

3. 溺水：迅速实施人工呼吸

2005年全国疾病监测系统死因监测数据显示，我国1～14岁孩子溺水死亡率为10.28/10万，溺水死亡占该年龄组伤害死亡的44%。孩子溺水死亡率最高的年龄段为1～4岁组，占伤害总死亡的37%，这些孩子溺水多发

生在家中或家附近的水塘。

1.5岁以下孩子父母或看护人应该做到：（1）绝不能将孩子单独留在浴缸、浴盆里，或呆在开放的水源边；（2）无论孩子在家里、室外或其他地点的水中或水旁，父母与孩子的距离要伸手可及，专心看管，不能分心，不要聊天、打电话、做家务；（3）孩子一定要由成人监管，不能将5岁以下的孩子交给未成年人看护；（4）在孩子乘船、嬉水、学习游泳时，父母应为孩子准备并使用合格的漂浮设备，如救生衣等。

中小学学龄孩子独立性增强，好奇、爱冒险，溺水的情况常发生在课余和假期，与同学结伴去江、河、水塘等开放性水体边玩耍或游泳时。对于这个年龄段的孩子，父母、学校、社区都有责任告知学生“游野泳”的危险，并对以下这些危险行为进行制止：无成人陪同到非正规场馆游泳，单独去野外开放性水域捉鱼，在水边或泳池里与同伴打闹，在不知深浅的开放性水域跳水或潜水。

看见小孩溺水，如果有条件的话，救援时最好能采用船、救生筏、冲浪板或漂浮物等交通工具。救援者应尽可能快地接近溺水孩子，但同时要牢记自身安全。

对溺水孩子来说，最初和最重要的治疗是立即给予通气，迅速开始人工呼吸能增加患儿生存的几率。如果救援时，溺水孩子发生呕吐，要将患儿的头偏向一侧，用手指或布除去呕吐物。还要对病儿做好保暖护理。

即便有些溺水孩子，经过简单的复苏就能苏醒，但同样需要在监护下转送至医院作进一步评估。现场做初步心肺复苏的同时，应及时拨打120、119急救电话，以便做进一步救助及转运。

职场妈妈教子私房话

妈妈是孩子的监护人之一，在看护孩子的过程中，难免会有意外发生，所以，好妈妈应该懂一些意外急救知识。

7个绝招记心中，让孩子远离便秘

便秘对于成年人来说，是一个无关痛痒的疾病，一般是不会去正视它的，但对于一个孩子来说，却是不能拖延的疾病。时间长了，有毒物质会滞留体内，影响身体内的所有器官，为生长发育埋下隐患，甚至威胁孩子的生命。

便秘虽不是大病，但危害却不小。便秘不仅会使有毒物质长时间滞留在体内，损害肝、肾，还可影响孩子的生长发育，导致肥胖、脂肪肝等疾患。最严重的是，长期便秘会影响孩子的智力发育。

因此，对于孩子的便秘，职场妈妈一定要重视。下面的7招可以让您的孩子远离便秘，职场妈妈不妨一试：

1. 准备的饭食要少，要养成孩子每顿吃饭必吃完的好习惯。

孩子的胃容量小，粗糙、大块或过量的食物，都容易让孩子的肠胃阻塞，引起消化不良。所以，孩子吃饭时，妈妈应给孩子准备一小份饭，一般约为成人量的三分之一或四分之一。这样，孩子就不会有永远吃不完的感觉，吃完之后还会有成就感。

2. 少食多餐，慎选优质点心。

虽然孩子的胃容量小，每次吃不了太多的食物，但其精力旺盛，活动量大，几乎每3～4小时就需要给其补充饮食。所以，孩子的饮食应坚持少量多餐。妈妈可以把孩子每日所需的营养，分成三顿正餐和两顿副餐来供给。至于副餐，可以选择一些富含营养的食品，如白木耳、杏仁、蜂蜜等。这些食物不仅含有优质蛋白质，还有软便润肠的作用，是孩子最佳的活力补给来源。妈妈可将白木耳煮软剁碎做成甜羹给孩子食用；也可将杏仁磨碎加点燕麦、葡萄干，用水冲泡给孩子当饮料喝；或将蜂蜜浇在水果或蛋糕上给孩子食用。

3. 巧妙补充纤维质。

如果孩子平时讨厌吃蔬菜、水果，可以让其多吃木耳、杏鲍菇、海苔、海带、果干等食物，以增加其纤维质的摄入，从而促进其排便。

4. 多摄取瓜果。

中医认为，孩子便秘的原因在于其体质燥热。因此，便秘的孩子平时可以多进食瓜类水果，如西瓜、香瓜、哈密瓜等，以消除其体内的燥热。

如果孩子不喜欢这类水果的味道，可以在水果上洒点炼乳、酸奶或冰淇淋，让香浓的甜奶味盖过瓜味。

此外，妈妈还应经常为孩子熬点绿豆薏仁粥吃，也能起到解热通便的作用。

5. 适当运动。

平时，妈妈应鼓励孩子多参加体育运动。因为运动可增加肠蠕动，促进排便。妈妈也可在孩子临睡前，以其肚脐为中心按顺时针方向轻轻按摩其腹部，这样不仅可以促进孩子的肠蠕动，还有助于其入眠。

6. 养成良好的排便习惯。

不按时排便是导致许多孩子便秘的原因之一。3～7岁的孩子，其腹部及骨盆腔的肌肉正处在发育阶段，排便反射的功能尚不成熟。他们还不知道有便意就该上洗手间，经常需要妈妈的提醒。因此，妈妈可以把早餐后一小时作为孩子固定的排便时间。开始时，妈妈可以陪伴孩子排便，每次10分钟左右，渐渐帮助孩子养成定时如厕的习惯。如厕前可给孩子喝杯果汁或温蜂蜜水润润肠。

7. 注意孩子的口腔卫生。

孩子的口腔卫生是很多妈妈容易忽略的。孩子牙齿不好会变得挑食、食欲不振、消化不良。这自然会影响排便。因此，妈妈平常除了注意让孩子餐后正确刷牙外，还应定期（每三个月）带其到牙医诊所做一下检查。

如果你的孩子经常便秘，采取上述措施后也没有改善，或者有腹部剧痛、呕吐等症状，或有精神懒散、尿量减少等明显脱水症状，一定要尽快送孩子到医院诊治，以便能对症下药，及时解除孩子的患疾之苦。

职场妈妈教子私房话

孩子便秘时间长了，有毒物质会滞留体内，影响身体内的所有器官，为生长发育埋下隐患，甚至威胁孩子的生命。

抓好衣食住行，孩子少感冒妈妈少费心

气温变化不定，孩子抗病能力较弱，容易患上感冒，对于感冒后或者是爱感冒的孩子，职场妈妈该如何照顾好他们呢？

虽然感冒是常见的疾病，但给孩子带来的后果却不可小觑。如果患上感冒，严重的会引发支气管炎和肺炎等疾病。所以，对小儿的感冒防范于未然是爸妈们应该注意的，在日常生活中多长几个心眼，注意孩子衣、食、住、行4方面的照护，标本同治，一样可以让孩子远离感冒！

1．衣：有效御寒

（1）适当添加衣服

天气一转冷，有的爸妈因为怕孩子着凉感冒，一下子就给孩子穿很多的衣服。其实，人的皮肤对寒冷的气候有自然的抵御能力，给孩子添加衣服要讲究合理和循序渐进，尽量避免一下子给孩子穿得过厚过多，这样反而阻碍了孩子自己体内御寒能力的锻炼，容易感冒。同时，爸妈要考虑一天早晚、室内室外温差的变化，给孩子及时添减衣服，避免让孩子处在冷热不均之中，患上感冒。

（2）及时擦汗

孩子穿过多衣服或运动量大时容易出汗，要注意及时擦干，需要时换掉内衣，否则衣服汗湿后，吸收身体的热量，容易使身体发冷，再遇到冷空气刺激时一吹风就着凉，容易感冒。在孩子运动时，要给他穿透气性好、吸汗、适合运动的衣服，而且要比平时穿得少，当孩子运动休息后再

及时添加衣服。

2．食：保障好体质

（1）饮食均衡规律

保证孩子饮食营养的均衡全面。让孩子在日常饮食中均衡摄取富含蛋白质、糖分、脂肪和矿物质等营养素的食物（如，蛋类、奶类、瘦肉和豆制品等），有助于增强体魄。让孩子养成良好的饮食习惯，挑食、偏食容易造成营养不均衡，导致身体抗病力减弱，容易受病毒的入侵。

（2）补充维生素

维生素能促进体内重要代谢，特别是维生素A和维生素C能增强皮肤和黏膜的功能，提高免疫力，对预防感冒必不可少，所以让孩子多吃胡萝卜、南瓜和西红柿等红黄色食物及水果，其中所含的β胡萝卜素（在体内转换成维生素A）可以防治感冒。

（3）少吃盐多喝水

给孩子准备的饮食要清淡，食物过咸会使唾液分泌及口腔内的溶菌酶减少，另外还会增加孩子肾脏负荷，降低人体免疫力，感冒病毒容易入侵呼吸道而诱发感冒。天气干燥，每天给孩子多喝水（特别是天气寒冷时，可以给孩子喝冷开水）或一定量的果汁，有利除燥，保护黏膜的功能，促进病毒的排除，预防感冒。

3．住：消毒隔离

（1）保持环境的通风透气

充分留意居家环境的温度、湿度和通风透气，减少病毒污染。定时开窗通风（每天不少于2次，每次不少于20分钟），保持室内空气新鲜流通，但避免对流风直吹孩子。室温过高会令身体对寒冷的抵抗力减弱，容易增加孩子患感冒的机会，因此必须注意室内温度和湿度的调整，保持室温的相对恒定。

（2）培养生活好习惯

勤洗手：由于感冒病毒常附着在某些东西上，而孩子又喜欢用手摸取东西，所以要让孩子远离感冒，洗手有重要作用。孩子玩耍回来、吃东西前均要认真洗手，养成勤洗手的好习惯。

冷水洗脸：冷水洗脸可增强鼻黏膜对空气的适应能力，有效预防感冒。爸妈要因孩子的年龄而异、循序渐进地进行，开始先用温水，然后再逐渐降温。

睡眠充足：充足的睡眠有助于提高机体的免疫机能，是身体最基本和最重要的保健条件。爸妈要培养孩子良好的作息习惯，让孩子有充足的睡眠时间。同时，注意对孩子睡觉的照顾，睡觉着凉容易引发感冒，要注意保暖。当孩子刚睡醒时，先让他活动一会儿再到户外。

经常清洗寝具：枕头、被子等寝具要经常清洗、在阳光中晾晒，经过阳光中紫外线的消毒，保持干燥的寝具也可以防止感冒病菌的积聚。

（3）自觉防范很重要

感冒易发季节，避免让孩子接触感冒病人，如果家里有人感冒，应注意尽量不要与孩子直接接触，如要接触，应带上口罩，清洗双手，避免传染。

4．行：锻炼好身体

强健的身体就是抗病的基础。除了给孩子好的营养外，带孩子多做锻炼也能为提高孩子御寒能力、增强免疫力加分。

（1）坚持户外活动

有调查表明，坚持户外活动的孩子患感冒的机会明显少于户外活动少的孩子。每天保证1～2个小时的户外活动，让孩子利用空气和日光锻炼身体和皮肤对外界冷暖变化的反应，可促进血液循环，增强对环境冷暖变化的适应能力和身体免疫力。

（2）慎入公众场所

在感冒易发的季节，要尽量避免带孩子到人群聚集的公众场所，如商场、超市等。因为人多的地方，空气中含有大量的感冒病毒，容易引起人与人之间呼吸道病毒的交叉感染。

职场妈妈教子私房话

感冒是常见的疾病，但给孩子带来的后果却不可小觑。如果患上感冒，严重的会引发支气管炎和肺炎等疾病。

居家干净太累人，孩子反而要生病

多穿衣服，是冬季预防感冒的第一要诀。可仅靠多穿衣来预防效果并不好，于是有些职场妈妈想出了一种方法：使用各种方法给孩子的生活环境和使用物品清毒。

免疫系统启动医学专家认为：让孩子生活在过度洁净的环境中，反而更爱得病。在呼吸道疾病高发的季节，还是以自然换气为预防办法更有效。

1．盲目追求无菌往往造成反效果。

从环境角度讲，我们生活的这个世界是有各种各样的生物体存在的，每种生物都在正常的生物链上生存，如果滥用消毒药物人为地把这种正常的链打破，对人的生存环境反而是不利的。尤其是长期生活在“干净”无菌环境中的孩子，一出门肯定要生病，因为他身体的免疫系统根本没有启动，一到自然环境中就不能适应，跟新生儿一样脆弱了。

从疾病的角度来看，医生讲究的是有病治病，没病防病。但是如果把正常的环境破坏了，很可能导致疾病。比如正常的菌群如果被消毒用品杀没了，不利的菌群就会因为没有天敌而开始迅速地繁殖，或者出现变异，出现这种新问题之后，现有的药物可能就会失去效力，没有用处了。所以日常用具、家具等用清水擦洗就好，不要盲目追求无菌。

2．开窗通风和洗手是最好的“消毒”。

对空气进行消毒，只有在当有经空气传播的呼吸道传染性疾病流行的时候才需要进行，而且消毒的地点应该是在有一定人群活动的地方，比如：会议室、医院、商场等公共场所。但是对家庭来说基本用不着。除非是家里来访的客人非常多的时候，如果对客人的健康状况不是很放心，可以对客人用的用具进行一定范围的消毒。但更主要或者说更好的消毒方法应该依靠空气的交换，就是开窗通风，用交换、对流来清洁空气，就能保证孩子的安全。

3. 强劲免疫力是锻炼出来的。

孩子的免疫力需要锻炼。那些学校离家比较远，每天都要和爸爸妈妈一起挤公车上下学的孩子都比较不容易感冒。就是因为他们早睡早起，生活很有规律，而且经常接受冷空气等刺激，让身体变得结实，不像一些孩子，稍微脱件衣服就感冒。

职场妈妈要帮助孩子找到正常的适合他们生长的环境。饮食要有营养，注意劳逸结合，同时要注意让孩子保持良好的心境，总是哭哭啼啼的孩子抵抗力往往都很弱。职场妈妈自己的心态要端正，对待一些问题的看法应该更科学，比如凡事都不能绝对，像一些针对衣物等的消毒剂是可以使用的，但是像过氧乙酸、含氯的消毒剂等最好少用，因为它们的用法一般都比较复杂，而且使用过度对大气、水源都可能造成污染，还容易造成孩子误服，家里尽量少用的好。

最后值得注意的是，以吃药来预防疾病也不是种好方法，药物或多或少都有些副作用，而且预防疾病的药几乎是不存在的。同时要注意不要让孩子拼命吃，吃多了孩子也容易出现不舒服。

职场妈妈教子私房话

让孩子生活在过度洁净的环境中，反而更爱得病。在呼吸道疾病高发的季节，还是以自然换气为预防办法更有效。